ERICH HACKL · EVELYNE POLT-HEINZL (HG.)

Im Kältefieber

MIX
Papier aus verantwortungsvollen Quellen
FSC® C012536

Gedruckt nach der Richtlinie des
Österreichischen Umweltzeichens
„Druckerzeugnisse",
Druckerei Theiss GmbH, Nr. 869

Grafische Gestaltung: Dorothea Löcker, Wien
Umschlagabbildung:
© Verein für Geschichte der ArbeiterInnenbewegung, Wien
Druck und Verarbeitung:
Druckerei Theiss GmbH, St. Stefan im Lavanttal
ISBN 978-3-7117-2009-2

Informationen über das aktuelle Programm
des Picus Verlags und Veranstaltungen unter
www.picus.at

ERICH HACKL · EVELYNE POLT-HEINZL (HG.)

Im Kältefieber

FEBRUARGESCHICHTEN 1934

MIT EINEM VORWORT VON ERICH HACKL

PICUS VERLAG WIEN

Inhalt

VORWORT

Es gibt mehrere Gründe, die Evelyne Polt-Heinzl und mich bewogen haben, Geschichten und Berichte zum Arbeiteraufstand im Februar 1934 zusammenzutragen. Den ersten, daß er achtzig Jahre zurückliegt – so lange, wie nach Ansicht von Erinnerungstheoretikern das kommunikative Gedächtnis andauert. Das also, was innerhalb einer Familie oder Sippe mündlich weitergegeben wird, bis es mit dem Tod der ältesten Generation erlischt. Von da, von nun an sind wir auf historische und literarische Quellen angewiesen, um uns die Ereignisse vorzustellen.

Der zweite Grund liegt darin, daß die gesellschaftliche Auseinandersetzung mit den Februarkämpfen, nach einem Höhepunkt vor dreißig Jahren, in Österreich immer mehr nachgelassen hat – zu Unrecht, wie wir meinen. Damals, Anfang der achtziger Jahre, wollten viele junge Historiker, Künstlerinnen und Intellektuelle an die Erfahrungen der österreichischen Arbeiterbewegung anknüpfen, der sie zu einem guten Teil auch entstammten, um Antworten auf die drängenden Fragen der Gegenwart zu erhalten. Sie begründeten dabei einen neuen, kritischen Patriotismus; einen, der sich um die Aneignung der nationalen Geschichte jenseits von Verdammung und Verherrlichung bemüht. Zwei große Ausstellungen, »Mit uns zieht die neue Zeit«, über die Arbeiterkultur 1918–1934, und »Die Kälte des Februar. Österreich 1933–1938«, beide von Helene Maimann und Siegfried Mattl geleitet, waren 1981 und 1984 sichtbarer Ausdruck dieser Hinwendung zu einer durch Naziherrschaft und Kalten Krieg unterbrochenen linken Tradition.

Der Umschwung, und damit auch der Bruch mit diesem Vermächtnis, erfolgte paradoxerweise in der Auseinandersetzung um den nachmaligen Präsidenten Kurt Waldheim, der der Beteiligung, zumindest der Mitwisserschaft an Naziverbrechen verdächtigt und wegen seiner Äußerung, er habe als Soldat der Deutschen Wehrmacht nur seine Pflicht erfüllt, des Opportunismus geziehen wurde. Im Verlauf der öffentlichen Debatte verfestigte sich unter den Waldheim-Kritikern die Überzeugung, daß dessen Verhalten während der Nazizeit samt der fehlenden Reue danach für eine ganze Generation seiner Landsleute typisch und die These von Österreich als einem oder dem ersten Opfer der nationalsozialistischen Aggression als kollektive Lebenslüge zu verwerfen sei. Die Folgen dieser Pauschalierung waren und sind desaströs – weil ihre Vertreter damit die rechtsextreme Schutzbehauptung übernahmen, es seien eh alle Österreicher für Hitler gewesen, und daraus den Schluß zogen, es gebe in der Vergangenheit nichts, das Wert hätte, an das man anschließen, aus dem man Kraft oder Lehren für die Gegenwart ziehen könnte. Durch die solcherart propagierte nationale Selbstaufgabe, den scheinbar unaufhaltsamen Aufstieg der FPÖ unter Jörg Haider, den Zerfall des staatssozialistischen Lagers und die Diskreditierung revolutionärer Bestrebungen erschien vielen Schriftstellern und Intellektuellen ein Aufgehen des Landes in den neoliberalen Wirtschaftsblock der Europäischen Union als ein verlockendes Ziel.

Wie weit sich diese Geschichtsauffassung auch im Wissenschaftsbetrieb verfestigt hat, zeigt eine unlängst veröffentlichte Studie des deutschen Politikwissenschaftlers Cornelius Lenguth über »Waldheim und die Folgen«, in der die Berufung öffentlicher Instanzen auf Widerstand und Freiheitskampf »als Instrument der Verschleierung der österreichischen NS-Vergangenheit mit anderen Mitteln« gedeutet wird. Das Wort Freiheitskampf stellt Lenguth dabei zwischen Anführungszeichen, das heißt: in Frage.

Auch deshalb erscheint es mir wichtig, diesen Sammelband vorzulegen: wegen des trüben Blicks auf die jüngere österreichische Geschichte, der nur Täter und Opfer auszumachen glaubt, keinen Widerstand, keinen Klassenkampf, keine Bewegung, keinen Freiheitswillen, lediglich, in einer Rückprojektion der eigenen stumpfbürgerlichen Misere, eine Gesellschaft, die als unveränderbar, ja unheilbar abzuschreiben ist, weswegen jede und jeder beanspruchen darf, sich dem bestehenden Unrecht durch Karrierismus anzupassen. Die Erinnerung an den Februarkampf ist dieser hegemonialen Auffassung lästig. Man muß ihn deshalb kleinmachen, zum Klamauk verschandeln (wie Franzobel in seinem Stück »Hunt«, 2005), als belanglose Episode am Rande des Weltgeschehens abtun, den Aufständischen abwechselnd Naivität, Brutalität, Ungeschicklichkeit, Verblendung vorwerfen oder ihnen postum unterstellen, daß sie schon vom Keim nazistischer oder stalinistischer Gesinnung befallen waren.

Aber der Aufstand war mehr als die Verzweiflungstat einiger Unentwegter, mehr als eine von Anfang an besiegelte Niederlage, nämlich das Aufbäumen sozialistischer Arbeiter (und einiger Intellektueller), die sich nicht nur ihrer christlich-sozialen, in den Faschismus abgedrifteten Feinde erwehren mußten, der Staatsgewalt, der Exekutive, sondern gleichzeitig die ihnen oktroyierte Einstellung zu überwinden hatten, stillzuhalten, abzuwarten, zu kapitulieren, ehe noch der Kampf begonnen hat, so wie es führende Funktionäre ihrer Partei hielten, die – wie Walter Fischer bei aller Wertschätzung über Otto Bauer urteilt – die Verantwortung für ein unabsehbares Risiko fürchteten und es vorzogen, die Verantwortung für die Niederlage in Kauf zu nehmen.

Österreich war, früher als Spanien, das erste Land, in dem demokratische Errungenschaften gegen den Faschismus verteidigt wurden. So unerträglich das Wissen auch ist, daß im März 1938 kein Schuß auf die Okkupanten und ihre österreichischen Gesinnungsfreunde abgefeuert wurde, so legitim ist die Vorstellung, daß gekämpft worden wäre, wenn die Sieger von 1934 dem Angebot aus den Reihen der Besiegten – und dem Bestreben einiger weniger in ihren eigenen Kreisen – gefolgt wären, sich gegen die Nazis zusammenzuschließen. Weil es ihnen dafür an Größe fehlte, geriet die Annexion 1938 zur Vollstreckung des Unheils der Jahre zuvor. »Niemand will jenen glauben, für die der Februar 1934 einen härteren Einschnitt bedeutet hat als der Anschluß«, schreibt Hilde Spiel in ihren Erinnerungen. »Als nach jahrelangen Gefechten in Spanien Madrid fiel, wurde in einer Gruppe von Londoner Exilanten einer Frau der Vorwurf gemacht, daß sie keine Tränen finde. Sie sagte: ›Ich habe schon bei Barcelona geweint.‹ Wir weinten in jenem Februar. Was vier Jahre später geschah, war entsetzlich, aber vorhersehbar gewesen für alle, die ihre Augen nicht davor verschließen wollten.« Auch deshalb gibt es diese Anthologie: weil sie sich einem Ereignis widmet, durch das, wäre es anders verlaufen, die Geschichte einen günstigeren Verlauf genommen hätte. Weil in ihr Menschen vorkommen, die sich erhoben, als es geboten war, sich zu erheben.

Zwingend erschien uns die Beschäftigung mit der Februarliteratur auch deshalb, weil die Nachfolgepartei der damaligen Sozialdemokratie ihr Erbe abgestoßen hat – nicht jäh, sondern verhohlen in einem jahrzehntelangen Prozeß politischer Entmündigung. Am 1. März 2012 trat das Gesetz zur Rehabilitierung der Schutzbündler und anderer Verfolgter des Dollfuß-Schuschnigg-Regimes in Kraft – durch eine überfällige, wenngleich nur symbolische Initiative, die bezeichnenderweise nicht von Parlamentariern der SPÖ, sondern von zwei Abgeordneten der Grünen, Albert Steinhauser und Harald Walser, gestartet worden war. Aus diesem Anlaß hat der Historiker Florian Wenninger darauf verwiesen, daß die Beschäftigung mit demokratischen Traditionen nicht traditionspflegerischer, sondern grundsätzlicher Natur sei. »Sie berühren elementare Fragen der Gegenwart: Wie weit darf und soll Demokratie gehen? Wie weit dürfen persönliche Rechte und Freiheiten zum vermeintlichen oder tatsächlichen Wohl des Staatsganzen eingeschränkt werden? Und: ab wann ist Widerstand legitim?« Wenninger zitiert seinen britischen Kollegen E. P. Thompson, demzufolge die Geschichte, »bei allem abgenützten Pathos des Begriffs«, Menschen und Taten von Würde und von Ehre kenne. Eine wichtige Aufgabe der Geschichtswissenschaft – und der Literatur, meine ich – bestehe darin, solche Geschichten zu dokumentieren und weiterzugeben. Künftige Generationen könnten dann aus einem Fundus menschlicher Verhaltensmöglichkeiten schöpfen, der ihnen Orientierung für ihr eigenes Handeln bieten würde – und Hoffnung.

Florian Wenninger: »Der Schutzbundaufstand ist zweifellos eine Geschichte tiefer Erschütterung, maßloser Enttäuschung, unbändiger Wut. Aber er ist mehr als das. Er gehört zu einer langen Kette kleiner und großer Rebellionen in der österreichischen Geschichte, die im öffentlichen Bewußtsein kaum vorhanden sind. Diese Akte des Aufbegehrens strafen alle Versuche Lügen, das verbreitete Duckmäusertum mit dem Fehlen einer widerständigen Tradition in unserem Land zu erklären und damit zu ›vernatürlichen‹.«

Das Verlangen nach einer Literatur, die dieser Tradition verpflichtet ist, wird heute ebenso belächelt wie das Bemühen, sich ihrer in oppositionellen, antikapitalistischen Parteien und Gruppen zu versichern. Läßt man sich davon nicht beirren, dann ist es wohl lohnend, den Februar 1934 und seine literarischen Darstellungen im Spannungsfeld von Fakten und Fiktionen zu erforschen. Man macht Entdeckungen, erlebt Überraschungen, findet Verbündete: Zeitgenossen. Und vielleicht wird der eine oder die andere der vorherrschenden Art von Literaturbetrachtung überdrüssig – jener, die eine Fetischisierung des Begriffs Qualität betreibt (die offenbar losgelöst von den gesellschaftlichen Umständen wie der Heilige Geist über uns schwebt), parteiliche Literatur bestenfalls als »gut gemeint« abqualifiziert und sich im übrigen darum kümmert, ob ein literarisches Werk, wie ein Bügeleisen, ein Haarfön oder ein Staubsauger, »funktioniert«. Tut es das nicht, darf es getrost entsorgt werden.

Welche Erfahrungen haben Polt-Heinzl und ich gewonnen, nachdem wir etliche tausend Seiten gelesen und mehrere Bibliotheken durchforstet haben? Erstens, wie recht Karl-Markus Gauß hatte, als er vor dreißig Jahren in einem Aufsatz über die Februarliteratur feststellte, daß für die »große österreichische Literatur« des 20. Jahrhunderts, die etablierte, kanonisierte, der Bürgerkrieg kein Thema gewesen sei. Er ist es, nebenbei gesagt, auch für die heutzutage für groß gehaltene nicht, und betrachtet man das Inhaltsverzeichnis oder blättert in den bio-bibliographischen Notizen dieses Bandes, wird man nur selten auf Autorinnen, Autoren stoßen, deren Werke in Buchhandlungen aufliegen oder in germanistischen Seminaren behandelt werden. Die Bekanntesten unter ihnen gelten als bloße Außenseiter (Jura Soyfer, Veza Canetti, Michael Guttenbrunner, Reinhard Federmann) oder werden, wie Jean Améry, Ulrich Becher und Robert Neumann, alle zehn Jahre aufs neue entdeckt – und bald wieder vergessen.

Zweitens, wie recht auch Ulrich Weinzierl hatte, als er, ebenfalls 1984, im Nachwort zu seiner Anthologie »Februar 1934. Schriftsteller erzählen« darauf hinwies, daß selbst konservative, ja reaktionäre Schriftsteller in ihren Romanen und Erinnerungen keine oder nur geringe Sympathien für die austrofaschistische Galgendiktatur aufgebracht haben. Für den österreichischen Bürgerkrieg gilt, was der spanische Autor Andrés Trapiello zum Spanischen angemerkt hat: daß die Rechte zwar den Krieg gewonnen, aber die Literatur verloren habe.

Aus der Sichtung des Materials ergab sich außerdem, daß der Februaraufstand viel häufiger und eingehender von kommunistischer als von sozialdemokratischer Seite behandelt wurde. Literarisch gesehen gehört er demnach zum Vermächtnis der österreichischen und anderer kommunistischer Parteien. Daran ändert auch die Tatsache nichts, daß zahlreiche Autoren sich später von Praxis und Ideologie ihrer Parteien abgewandt haben – in unserer Auswahl Walter Fischer, Kurt Kläber, Gerda Lerner, Josef Toch – oder dem Terror der Stalinära zum Opfer gefallen sind, wie Franz Leschanz, der 1938 im sowjetischen Exil hingerichtet wurde, und Tibor Déry, der nach dem Ungarnaufstand 1956 drei Jahre lang eingesperrt war.

Unhaltbar erscheint mir nach der Lektüre so vieler Texte die Meinung, daß die sozialdemokratisch inspirierte Februarliteratur vom Durst nach Rache und die kommunistische vom Vorwurf des Verrats der sozialistischen Führer durchdrungen sei. Diese Motive finden sich zwar häufig in den unmittelbar nach den Kämpfen entstandenen Gedichten, treten in Erzählungen und Romanen jedoch kaum in Erscheinung. Nur bei Karl Wiesinger blitzt, außer in der hier veröffentlichten Skizze über den Schutzbündler Anton Bulgari auch im Roman »Standrecht«, der Mythos vom großen Verrat auf – verständlich aufgrund des geschilderten Umgangs der Linzer SPÖ mit der eigenen Geschichte. Verblüffend oft stehen Frauen im Zentrum der Prosastücke (auch der Frauenanteil unter den Autoren ist hoch), hingegen ist es angesichts der Klassenzugehörigkeit der Schutzbundkämpfer nicht verwunderlich, daß sich die meisten Geschichten dem Schicksal von Arbeitern widmen, von Arbeitslosen, Bedürftigen, Bewohnern zerschossener Gemeindehöfe, Menschen aus dem Proletariat. In Weinzierls Anthologie kamen sie selten zu Wort.

Das war uns durchaus ein Auswahlprinzip – möglichst viele Beiträge zu sammeln, die von denen handeln, die an den Kämpfen beteiligt und von diesen unmittelbar betroffen waren. Dagegen haben wir einige ambitioniert geschriebene Romane verworfen, weil ihre Urheber – Rudolf Brunngraber, Fritz Habeck, Siegfried Freiberg, sogar Manès Sperber – die Realität als Kulisse für eine Fabel verwenden, die jeder Wahrscheinlichkeit entbehrt: Ein Konservativer, aber dem Extremismus abhold, nicht unbemittelt oder in der Wirtschaftskrise als Unternehmer gescheitert, manchmal adeliger Herkunft, oft Reserveoffizier, gerät durch Zufall, Liebe oder Blutsbande zwischen die Fronten und kommt beim Versuch, zwischen den Bürgerkriegsparteien zu vermitteln oder jemanden zu retten, tragisch ums Leben. Das ist Kolportage, nicht weil es schlecht geschrieben wäre (es liest sich spannend und wirkt authentisch), sondern weil es unwahr ist. Glaubhaft in vielen Details, unglaubwürdig im Ganzen.

Ein Gegenbeispiel, der knappe lakonische Bericht über den Nettingsdorfer Kriegsinvaliden Georg Buttinger, der sich am 12. Februar in seiner Wohnung verschanzt und allein der Übermacht trotzt, bis die Gendarmerie am Morgen darauf das Haus in Brand steckt. Buttinger entleibt sich in den Flammen. Das erinnert an eine Heldenlegende, nur daß sie nicht die Identifikation des Lesers sucht, ist aber in allen Einzelheiten (bis auf die Zahl der Belagerer: waren es siebzig oder nur dreißig?) beglaubigt. Sowohl der anonyme mündliche Chronist als auch sein Redakteur

Hans E. Goldschmidt haben es unterlassen, der Wirklichkeit eine neue, falsche überzustülpen.

Noch ein Gegenbeispiel: Franz Höllerings Roman »Die Verteidiger«, eine der großen Entdeckungen im Rahmen dieses Projekts. Die Inhaltsangabe arg zusammengestrichen, könnte man sagen, es geht um eine junge Frau und zwei Männer, die sie begehren. Der eine steht im bürgerlichen, der andere im Lager der Arbeiter. Letzterer kommt bei den Kämpfen ums Leben. Der Überlebende bekommt die Geliebte dennoch nicht. Also Kolportage wie bei den oben Genannten? Nein, weil in Höllerings Roman das Verhalten und Empfinden der Protagonisten aus den Verhältnissen erwächst. Diese gewinnen durch sie an Schärfe.

Auswählen, was uns aufgrund unserer historischen und politischen Kenntnisse, und unseres Hausverstands, plausibel erschienen ist (und trotzdem überrascht hat). Dazu die Lust, Unbekanntes zu Tage zu fördern. Zum Beispiel die Romanauszüge von Martha Florian, Margarete Petrides, dem gerade erwähnten Franz Höllering: allesamt in den späten vierziger Jahren erschienen, in denen außer Schuttwegräumen und Vergessen angeblich nichts los war. Eine Erzählung (von insgesamt dreien) des Oberösterreichers Franz Kain, über das Begräbnis, 1956, des Heimwehrführers Ernst Rüdiger Starhemberg. Lajos Bartas unter dem Pseudonym Erich Barlud in Moskau veröffentlichtes Romanfragment, in dem sich – ein häufiges Thema – die widerstreitenden Gefühle der von den Kämpfern isolierten Angehörigen äußern: Angst, Erwartung, Ungeduld, Kleinmut. Als Kontrast dazu, bei Margarete Rainer alias Gerda Lerner, die autobiographisch grundierte Darstellung eines Familientreffens: Bourgeoisie, die noch im Grollen der Kanonen daran denkt, sich mit den Siegern zu arrangieren, während die Tochter des Hauses zu den Geschlagenen hält.

Ferner der Wille, den Bürgerkrieg in der Außenansicht und in der Optik von Ausländern zu betrachten. Weil Außenstehende einen frischen, unverbrauchten Blick haben, sehen, was Einheimischen nicht mehr auffällt, oder weil sie, wie die britische Upperclass-Sozialistin Naomi Mitchison, in einem fremden Milieu den

Menschen zu helfen versuchen. Weil einige der bedeutendsten europäischen Schriftsteller – Tibor Déry, Miroslav Krleža, Anna Seghers, Prežihov Voranc – über den Februaraufstand geschrieben haben, Ilja Ehrenburg fast zeitgleich zu den Geschehnissen eine zornige, dabei schneidend kalte Analyse der Niederlage geliefert hat, mit einer großen historischen Geste, die den Aufstand der russischen Dekabristen, dieser adeligen Revolutionäre gegen die Zarenherrschaft, einschließt. Weil die Erhebung der Schutzbündler, wie bei Willi Bredel nachzulesen, den Häftlingen in einem deutschen KZ zwei, drei Tage lang Hoffnung und Lebensmut gegeben hat. Dérys Erzählung, zwischen Klammern seinem monumentalen Roman »Der unvollendete Satz« einverleibt, ist der längste Text dieser Sammlung und vielleicht der gegenwärtigste. Eins greift ins andere, und mit der jungen Evi Krausz, die just am 12. Februar aus Budapest nach Wien kommt, um hier einen Tanzkurs zu machen, geraten wir Schritt für Schritt und dann immer rasanter in die Kampfhandlungen und nehmen doch, überscharf, die kleinen alltäglichen Dinge wahr, die inmitten von Tod und Trümmern weiterbestehen.

Ein Hinweis noch, und ein Eingeständnis unserer Qual: Wir haben wegen des beschränkten Umfangs, oder weil wir uns nicht immer einigen konnten, auf einige Beiträge verzichten müssen. Schweren Herzens auf Alfredo Bauers Erzählung »Ausbruch«, in der sich ein obrigkeitsgläubiger Gymnasiallehrer zu seinem aufrührerischen, weil gerechtigkeitsgläubigen Sohn bekennt; auf ein Feuilleton Elisabeth Freundlichs über den Messerstecher Nepomuk Leberzipf, der sich im Gefängnis zu »Meines Vaters Hüter« aufschwingt; auf Friedl Hofbauers innige Kindheitsgeschichte »Der Engel hinter dem Immergrün«, welcher sich als flüchtiger Februarkämpfer entpuppt; auf Ernst Fabris Bericht über das kurze Leben des Jungsozialisten Josef Gerl. Gerl hatte am 20. Juli 1934 einen Sprengstoffanschlag auf eine Signalanlage verübt und am Morgen danach, bei der drohenden Festnahme, einen Polizisten angeschossen. Nach schweren Folterungen wurde er wegen des Anschlags (Sachschaden: fünfundzwanzig Schilling) zum Tod durch den Galgen verurteilt. Die Vollstreckung fand am 24. Juli statt – einen Tag vor der Ermordung des österreichischen Kanzlers durch Naziputschisten. Mit Gerls Sterben, nicht mit dem Dollfuß', endet der Februar, dieser kalt-fiebrige Monat »im Schatten von Galgen und unter Kanonendonner«, wie Krleža schreibt, unser erbitterter Gewährsmann.

Eine Anthologie, glaube ich, sollte mehr sein als eine Aneinanderreihung mehr oder weniger herausragender Texte zu einem gemeinsamen Thema. Geht es um einen historischen Vorfall, müssen sich die Erzählungen und Romanfragmente miteinander verzahnen, einander ergänzen oder widersprechen, gelegentlich auf der Stelle treten, dann wieder mehrere Stationen überspringen. Ziel ist, daß sie sich wie eine vielstimmige und perspektivenreiche Geschichte lesen lassen, als ein einziges, wenn auch gemeinschaftliches Werk. Der Ablauf des Geschehens muß sich den Lesern erschließen, ebenso die Topographie, man soll die Vorgeschichte erfahren wie das, was nachher geschah und zu den Ereignissen und ihren Schauplätzen zurückführt. Die Anthologie darf nicht langweilen und nicht ablenken. Sie soll ein Bild der Zustände geben, der damaligen und, in diesen gespiegelt, der heutigen. Und natürlich soll sie im vorliegenden Fall auch Ehrenrettung betreiben, für die Februarkämpfer und ihre literarischen Chronisten, die so wenig bekannt sind. An all diesen Erwartungen will unser Buch gemessen werden. Und gelesen.

Erich Hackl

I
In Bereitschaft

ILJA EHRENBURG

Der Bürgerkrieg in Österreich

Persönlicher Mut schließt politische Feigheit nicht aus. Wir erinnern an die Lehre des 14. Dezember 1825. Niemand wird den Dekabristen Kleinmut vorwerfen, doch ihr Aufstand wurde mit Recht eine »Revolution auf der Stelle« genannt. Die österreichischen Sozialdemokraten unterschieden sich von ihren deutschen Genossen insofern, als sie sich eher auf lebenslänglichen Kerker vorbereiteten als auf lebenslängliche Pension. Ihre Kampftruppen versahen sich energisch mit Waffen. Doch das war kein strategischer Plan, sondern eher eine Vorbereitung zum Selbstmord. Mit allen Kräften schoben sie die Entscheidung hinaus. Jeden gewonnenen Tag empfingen sie mit Dankbarkeit, ohne zu begreifen, daß dieser Tag in Wirklichkeit von ihren Feinden gewonnen wurde. Schritt für Schritt gaben sie Stellungen auf, aus Furcht, den Kampf aufnehmen zu müssen.

Die Faschisten, befeuert von den deutschen Ereignissen, wurden von Tag zu Tag entschlossener. Im März 1933 ordneten sie die Entwaffnung der österreichischen Arbeiter an. Wieder wichen die Sozialdemokraten zurück.

Da sagten sich die Faschisten, daß ihnen nicht die Arbeiterklasse gegenüberstehe, sondern bloß Berge von Stimmzetteln. Sie schlugen den Streik der Eisenbahner nieder. Alle revolutionären Arbeiter wurden entlassen. Für sie stellte man Streikbrecher und Verräter aus der »Vaterländischen Front« ein. Die Sozialdemokraten forderten weiterhin die Arbeiter zur Geduld auf. Sie träumten nicht mehr von dem »friedlichen Sieg des Sozialismus«, ja nicht einmal mehr von einer parlamentarischen Mehrheit. Sie wollten nur noch eins: das Recht aufs Dasein. So kam es zur Losung der »bewaffneten Verteidigung«. Die Generale der ehemaligen österreichisch-ungarischen Armee hatten nie den Ruf, gute

Soldaten zu sein. Es schlugen sie nicht nur die Russen, sondern selbst die Montenegriner. Jedoch auch diese geschlagenen Generale lasen mit Genugtuung die Resolution der Sozialdemokraten. Sie erinnerten sich noch aus den Lehrbüchern der Kadettenanstalt daran, daß die Verteidigung strategisch ungünstig ist, und daß der Angreifende die Schlacht gewinnt. Sie griffen an: Die gebrechlichen Generale, Großgrundbesitzer, Tiroler Großbauern, Jesuiten, die Banden der Heimwehr, die Patrioten, die ihre Löhnung in italienischen Lire empfingen, der bourgeoise Pöbel vom Ring und der Zwerg, dessen Gestalt und Blutdurst an Thiers und dessen Bigotterie und Familiensinn an Murawjew, den Henker, erinnern. Die Sozialdemokraten wichen weiter zurück.

X. sagt: »Wir werden nicht den Weg der Noske und Löbe gehen, wir werden heldenhaft zu sterben verstehen.«

Y. wendet ein: »Wir haben aber nicht das Recht, alle Errungenschaften der Arbeiter auf eine Karte zu setzen. Nein, wir müssen abwarten!« So stritten sie auf den Parteiversammlungen, in den Redaktionen und in den Kaffeehäusern.

Die Arbeiter wurden immer unruhiger. Sie verstanden nicht die scharfsinnige Strategie ihrer Führer, sie wollten den Kampf. Man lehrte sie jedoch nur Eines: den Rückzug. Langsam impfte man ihnen jenen Fatalismus ein, der zu heroischen Handlungen befähigt, soweit es sich um die Gefühle von Individuen handelt, der aber politischen Kleinmut bedeutet, sofern man ihn zur Taktik einer ganzen Klasse macht.

Von Anfang Februar an wurde die Lage in Wien derart gespannt, daß die Passanten erschreckt stehen blieben, wenn auf der Straße ein Autoreifen platzte. Selbst die Unentschlossensten sprachen von der Nähe des Endes. Die Schutzbündler drohten: »Wenn sie nicht wollen, dann werden wir selbst die Waffen ausgraben.« Die Führer der sozialdemokratischen Partei schwankten noch immer. Die Regierung schwankte nicht. Sie glaubte offensichtlich nicht an einen Widerstand der Arbeiter. Vizekanzler Fey sog mit Genuß die Kasernenluft ein, doch bereitete er sich nicht auf den Kampf, sondern auf eine Strafexpedition vor. Unverblümt erklärte er: »Im Laufe der nächsten Woche werden wir Österreich von den Marxisten säubern!« Die jungen Burschen von der Heimwehr betranken sich in den Gasthäusern am Heurigen und grinsten verwegen, sie sahen einen frischfröhlichen Sturm auf die Arbeiterviertel voraus. Als Antwort erwarteten sie die traditionelle Formel: »Wir protestieren gegen die Verletzung der Verfassung und unterwerfen uns nur der Gewalt.« Sie glaubten, daß ihnen nicht die Arbeiterklasse gegenüberstehe, sondern einige Dutzend Gemeindebeamte.

Der Minister für soziale Fürsorge Schmitz erklärte, daß aus den Staatsbetrieben alle Arbeiter, die Gewerkschaftsmitglieder seien, entlassen würden. An ihren Platz kämen Mitglieder der »Vaterländischen Front«. Die Arbeiter drängten zum Generalstreik. Die Führer zögerten noch immer. Worauf hofften sie? Etwa auf einen neuen Waffentransport? Nein, sie verfolgten aufmerksam die verschiedenen Gruppierungen innerhalb der christlichsozialen Partei. Sie lebten weiterhin in der Welt der parlamentarischen Arithmetik, der Abstimmungen und Resolutionen. Für das wichtigste Ereignis der letzten Tage vor der Entscheidung hielten sie, daß einige alte Stadtverordnete vom linken Flügel der Christlichsozialen für einen Antrag der Sozialdemokraten stimmten. Doch in den Kasernen reinigten die Soldaten bereits die Maschinengewehre, und die Heimwehrleute spreizten sich vor ihren Mädchen: »Diese Woche gibts viel Arbeit – wir werden das rote Gesindel abknallen.« Während die Führer der Sozialdemokraten die verschiedenen Nuancen der Christlichsozialen studierten, brachen Polizisten Türen auf, bohrten Wände an, stiegen in die Keller, stöberten die Böden durch: sie suchten Waffen. Manchmal stießen sie auf einige Gewehre, doch die Waffenlager fanden sie nicht. Die Heimwehrleute beruhigten sich endgültig; sie sagten, daß die »bewaffnete Verteidigung« nur so eine parlamentarische Redensart war. Die Arbeiter behielten ihre Gewehre und Maschinengewehre. Dafür verloren sie in jenen Tagen drei Viertel ihrer Obleute. Einen Kommandanten der Kampfgruppen nach dem anderen, einen Vorsitzenden der Betriebsräte nach dem anderen verhaftete die Polizei. Diese Verhaftungen enthaupteten gleichsam die österreichische Arbeiterschaft. Die Sozialdemokraten und die Gewerkschaften hatten in den Arbeitern das Gefühl mechanischer Disziplin entwickelt. Sie wagten nicht, sie zur Selbständigkeit zu erziehen. Jeder wartete auf Befehle, bereit, sie zu befolgen. Doch selten entschloß sich einer, an die Stelle eines Verhafteten zu treten und etwas auf eigene Gefahr zu unternehmen.

Die Verhaftung von Arbeitern dauerte in der ganzen Woche vor der Entscheidung an. Jeder neue Tag nahm irgendeinem weiteren Bezirk den Kopf. Wenn die Arbeiter sich trafen, fragten sie einander unwillig: »Warum zögern sie noch? Wenn die Polizei den Karl faßt, wissen unsere Jungen nicht, was sie tun sollen.« Die Partei schwieg. Tags darauf verhaftete die Polizei jenen Karl. Das war auch ein Kampf – wenn auch noch ohne Waffen. Und jeder Tag brachte den Arbeitern eine neue Niederlage.

Die Arbeiter in Wien, Linz, Steyr und in den anderen Arbeiterzentren forderten entschiedene Schritte. Die Führer der Sozialdemokraten beriefen sich auf den Herbstbeschluß des erweiterten Parteivorstandes, und riefen noch immer zur Ruhe auf. Am Sonnabend den 11. Februar gab der Vizekanzler Fey ein Regierungskommuniqué über die Entdeckung einer »marxistischbolschewistischen Verschwörung« heraus. Allen war es klar, daß der »Reichstag brennt«, und daß die Regierung nun zum offenen Terror übergehen werde. Am Sonnabend sagten die Mitarbeiter der *Arbeiter-Zeitung* beim Abschied zueinander: »Heute haben wir wohl die letzte Nummer gemacht ...«

Die Arbeiter erwarteten, daß am Sonntag der Befehl zur Bewaffnung ausgegeben würde. Doch die Führer entschlossen sich noch abzuwarten. Jetzt warteten sie auf die Zusammenkunft des Kanzlers Dollfuß mit den Vertretern der Bundesländer. Sie erhofften die Rettung nicht von den Gewehren der Arbeiter, sondern von der staatsmännischen Klugheit des kleinen Männleins, den die Wiener Witzbolde zum Unterschied von Metternich »Millimetternich« nannten. Die Sozialdemokraten gaben am Sonntag ein Flugblatt heraus. Sie polemisierten friedlich mit dem Vizekanzler Fey. Sie bewiesen teils den Arbeitern, teils dem Vizekanzler, daß sie von irgendwelchen Verschwörungen weit entfernt sind.

Die Arbeiter in Linz waren offen empört über die »Feigheit von Wien« und in Linz fanden sich einige entschlossene Männer. Der Sekretär des Parteikomitees, Bernaschek, sandte nach Wien einen Brief. Er berichtete, daß die fünf verantwortlichen Genossen, in Erwägung der politischen Situation und der Stimmung der Arbeiter, der Regierung Widerstand entgegenzusetzen beschlossen hätten. Bernaschek berichtete, wenn die Polizei am Montag einen Anschlag auf das Arbeiterhaus »Schiff«, wo Waffen eingemauert seien, auszuführen versuchen sollte, so würden die Schutzbündler mobilisiert. Es ist schwer zu sagen, wie die Kopie des Briefes von Bernaschek der Polizei in die Hände fiel. Die Regierung versichert, daß diese Kopie von der Polizei im Zimmer von Bernaschek gefunden wurde. Es ist möglich, daß Bernaschek, der, so wie alle österreichischen Sozialdemokraten, keine konspirative Erfahrung hatte, tatsächlich die Kopie eines derart wichtigen Dokumentes bei sich aufbewahrte. Jedenfalls gelangte das Original am Sonntag nach Wien. Die Führer in Wien erschraken. Jene Stunde der »bewaffneten Verteidigung«, von der sie so oft gesprochen hatten, war da. Der Brief aus Linz war das Signal. Die Antwort darauf wäre gewesen, die Arbeiter zu bewaffnen. Doch unter den Führern gab es nicht wenig friedliebende Bürokraten, die von vornherein bereit waren, die weiße Fahne zu hissen. Auf den Sitzungen der Parteileitung wurde lange diskutiert. Die Führer beschlossen, die Linzer Genossen zur Disziplin zu ermahnen. Die Führer warteten noch immer auf die Ergebnisse der Zusammenkunft zwischen Dollfuß und den Vertretern der Bundesländer. Nach Linz wurde telegraphiert, Tante Emma sei erkrankt; das war eine vereinbarte Chiffre und bedeutete, die bewaffnete Verteidigung sei zu verschieben. Das Telegramm kam nicht nach Linz, es gelangte auf den Tisch des Vizekanzlers Fey und im Gegensatz zu den Führern der Sozialdemokratie entschloß sich der Vizekanzler, nicht zu warten. Die Regierung drängte jetzt auf die Entscheidung. Die Polizei meldete, daß die meisten Führer verhaftet seien. Die Heimwehrleute setzten Fey zu. Sie sehnten sich schon nach dem frischfröhlichen Werk. Die Schüsse der Pariser Faschisten klangen in ihrem Herzen wie ein Jagdhorn! Heissah! Im Restaurant »Hochhof« in Wien tranken einige bewährte Patrioten auf den Sieg, sie tranken nicht »Asti«, sondern französischen Champagner; sie verstanden das Nützliche vom Angenehmen zu unterscheiden. Der Vizekanzler und Fürst Starhemberg erinnerten nicht zum ersten Male den »kleinen Kanzler« daran, daß Signore Suvich nur energische Leute schätze. Der »kleine Kanzler« nahm bewußt die Pose des großen Korsen an. Er dachte an die Größe seiner Sendung und an die heißen Gebete des römischen Papstes. Der Vizekanzler war weit nüchterner. Statt die Posen eines General Gallifet einzustudieren, informierte er sich über die politische Verläßlichkeit der Artillerieregimenter. Die Nachricht vom Fall des Linkskabinetts in Frankreich begrüßten die Heimwehrleute mit tiefer Befriedigung. Ungeduldig wieherten die Pferde der Kavalleristen. Über den Ring marschierten kriegerische Jünglinge. Der Vizekanzler las das Telegramm von der »Tante Emma« und gab die letzten militärischen Befehle.

JURA SOYFER

Waffensuche

Dies war die elfte Bereitschaft im Monat Jänner. Jede Körperbewegung, jede Sehnsucht schien endgültig abgeleiert, jedes Wort zum Überdruß verbraucht. Da waren sie im obersten Stock eines großen Hauses, in einem kleinen Sekretariat eingenistet. Was außerhalb lag, war Fremde. Der Bezirk, wo sie geboren und aufgewachsen waren, der prächtige, laute, wimmelnde Arbeiterbezirk schwieg erstarrt im Jännerkot, weil Militärautos durch die Straßen rumpelten. Die Stadt, die das »Rote Wien« hieß, war eine scheue, fast feindselige, eine fremde Stadt. Sie fühlten sich vergessen, verlassen und sehr einsam.

Viele Schritte und leises Klirren kamen die Treppe hinauf. Sie wußten sofort, daß es die Polizei war.

Aus der atemlosen Stille des Zimmers stieg plötzlich scheppernd und unwirklich Kaliwodas Lachen auf.

»Jetzt kriegen wir auch einmal Besuch, Burschen. Wer sich undiszipliniert benimmt, kriegt's nachher mit mir zu tun, verstanden?«

Die Tür wurde aufgestoßen, schwang krachend gegen die Mauer. Acht Wachleute standen auf dem Flur und hielten die Revolver im Anschlag. »Hände hoch!« sagte der Oberinspektor. Es war der kleine Dicke, der Nazi, von dem Sennhofer erzählt hatte. Seine Stimme war heiser und unsicher. Gstettner stand auf, sein Sessel knackte leise. Die unruhigen Gesichter der Polizisten fuhren alle zu ihm herum.

Gstettner, der Lederarbeiter, verschränkte die Arme auf der Brust, würdig wie ein Postoberoffizial. Seine rotblonden Favoris schimmerten im Licht der schwankenden Lampe. Wieder ging unerwartet Kaliwodas Lachen los. »Treten Sie nur ein, Herr Oberinspektor. Hier hat kein Mensch was Verbotenes bei sich.«

In den Augen des Dicken war Wut, während die Hand mit der Pistole sich unentschlossen senkte und er eintrat. Die sieben anderen folgten ihm. Sie hatten die Waffen gesenkt.

Der Oberinspektor wies mit dem Finger in das Eck des Saales, in das die Gipsbüste Victor Adlers blickte. »Alles dorthin«, befahl er. Bobby, der in der Mitte des Zimmers gerade unter der Lampe stand, machte eilig drei hinkende Schritte in die gewiesene Richtung. Dann sah er, daß sich außer ihm niemand rührte, errötete bis an die Haarwurzeln und blieb stehen.

»Wird's ?« sagte der Oberinspektor tonlos und hob die Pistole. Kaliwoda lächelte, wartete einige Sekunden und murmelte: »Also gehn ma halt, Genossen.« Wer lag und saß, stand auf. So langsam und so nahe an den Pistolen vorbei jeder konnte, bewegte man sich schlurfend zum Eck des Saales hin. Erich sah den Oberinspektor bleich werden. Sein Herz schlug einen Trommelwirbel, und ohne Staunen begriff er, daß er in diesem Augenblick bereit war, ohne Überlegung alles zu tun, was der kleine, bleiche Arbeitslose mit dem scheppernden Lachen befehlen mochte. Als sie alle im Eck zusammengepfercht waren, lösten sich aus der Gruppe der Grünen drei los und postierten sich Front zu ihnen.

Sie waren jung, sauber rasiert und glänzten vor guter Nahrung und Training wie Derbypferde. Ihre Augen schienen aufmerksam, aber als Erich einen fixierte, wich der Blick des Mannes aus. Fritz, der neben Erich stand, sagte mit einer Stimme, die niemand an ihm kannte: »Ja, sammer denn …«

»Ruhääá!« Als wäre das ein Kommando gewesen, stürzten zwei Wachleute zu den Fenstern, schwangen Spitzhacken, die Erich erst jetzt bemerkte, hieben auf die hölzernen Paneele los. Die Paneele splitterten.

[Als wäre er in irgendeinen gewöhnlichen Straßenauflauf geraten, drängte sich Panetti durch die Schutzbündler und an den Polizisten vorbei. »Werden Sie für den Schaden aufkommen?« fragte er. Mit einem Ruck der Schulter machte er sich von dem Grünen los, der ihn am Arm gepackt hatte. Wie eine MG-Salve brachen jetzt Ausrufe der Entrüstung aus der zusammengedrängten Masse in der Ecke.

»Was wollen Sie denn eigentlich hier, Sie?«

»Was wird denn da gespielt?«

»Ja, wer hat euch denn die Erlaubnis gegeben, die Einrichtung zu demolieren?«

Einer stieß sarkastisch hervor:

»Gehts doch zur Heimwehr! Dort werdts mehr Glück haben!«

Das hätte er nicht sagen sollen, das war unklug, dachte Erich, und im selben Augenblick wurde ihm klar, daß er es gewesen war, der es gesagt hatte. Ein roter Kragenspiegel leuchtete vor seinen Augen auf – in Reichweite. Plötzlich wurde ihm bewußt, daß er wie gebannt diesen Kragenspiegel anstarrte. Groß genug, daß man den Kerl daran packen könnte, dachte er, aber im nächsten Moment sagte er sich: Nein, Blödsinn. Er zwang sich wegzusehen, und sein Blick fiel auf das Gesicht des jüngsten Polizisten. Der hatte Angst; sein Unterkiefer zitterte. Die Krampen hackten wie wild auf die Täfelung los. Panetti und der Oberinspektor standen unmittelbar unter der Lampe, wenige Schritte voneinander entfernt. Der Dicke bellte: »Halten Sie den Mund!« Er versuchte, Panetti mit der rechten Hand zurückzustoßen. Die Pistole in seiner Linken war ein überflüssiger Gegenstand geworden, der ihn nur behinderte. Panetti rührte sich nicht. Die zwei Grünen am Fenster, blind und taub für alles andere, hackten die letzten Reste der Täfelung in Stücke, obwohl die Mauer dahinter längst sichtbar war. Die Augen der drei Polizisten blitzten von einem Schutzbündler zum andern, als wollten sie erraten, welcher als erster zum Angriff übergehen würde. Die zwei an der Tür standen regungslos. Alle acht fürchteten sich. »Komm her, Panetti«, befahl Kaliwoda.

»Meinetwegen stell' ich mich halt eine Weile ins Eck«, murmelte Panetti. Er drehte dem Oberinspektor den Rücken zu und ging zu den übrigen. Das Gesicht des Oberinspektors ließ erkennen, daß er die Situation wohl verstand. Er dachte: Ich habe nichts zu befürchten und: Ich muß den Kopf verloren haben. Er warf Kaliwoda einen Blick offenen und unversöhnlichen Hasses zu. Zornig rief er den zweien beim Fenster zu: »Aufhören!« Dann befahl er allen Polizisten: »Durchsuchen!«

Die Finger, die Erichs Jacke und Hose abtasteten, zitterten. Er verhielt sich wie die anderen. Er hob die Arme, sagte kein Wort und lächelte so verächtlich wie möglich. An keinem der dreißig wurden Waffen gefunden.

»Und jetzt den Kasten!« sagte der Oberinspektor. Der Kasten war nicht versperrt, aber die Grünen versuchten gar nicht, die Tür zu öffnen, sie zertrümmerten das Möbelstück mit den Krampen. Drinnen waren ein paar Wintermäntel und die Kartei der »Kinderfreunde«. Der Oberinspektor klopfte die Wand hinter dem Kasten ab. Kaliwoda lachte.

»Probierts einmal die Wand da drüben!« sagte der Oberinspektor. Die Polizisten machten sich mit ihren Krampen über die Mauer hinter dem großen Tisch her. Die Hängelampe schwankte hin und her und warf ein trübes Licht auf die Szene. Dicke Gipsstücke fielen auf den Boden.

»Herrgott im Himmel«, sagte Herrmann leise.

»Nur ruhig«, ermahnte ihn Kaliwoda.

»Jetzt beim Ofen«, sagte der Oberinspektor, während er auf den Fersen eine blitzschnelle Kehrtwendung machte. Seine Stimme war belegt.] Die Luft war voll Mörtelstaub. Die Mauern hinter dem Tisch und beim Ofen waren bis in Mannshöhe nackt bis auf die Ziegel. »Gib mal her«, sagte der Oberinspektor, steckte die Pistole ins Futteral und nahm einem eine Spitzhacke ab. Er zertrümmerte mit vier Schlägen den großen Tisch. Das Telephon rollte zu Boden. »Ist der verrückt geworden?« heulte Warenberger. »Ruhig!« befahl Kaliwoda. Der Oberinspektor wendete sich nach Kaliwoda um; so merkten sie, daß seine Augen blutunterlaufen waren. Er ging auf die Bank zu und zerschlug sie. Außer dem rührte sich nichts im Zimmer. Die Wachleute standen wie angegossen und wußten nicht, wohin mit ihren Pistolen. Der Oberinspektor zerschlug einen Sessel und wendete sich nach Kaliwoda um.

Dann stöhnte er etwas Unverständliches, stellte sich auf die Zehenspitzen und holte weit aus, wie um einen Menschen zu erschlagen. Er traf nicht die Büste, sondern das Wandbrett. Victor Adlers Kopf verbeugte sich mit leeren Augen vor der Kompanie, schlug einen Purzelbaum, fiel auf den Ofen und war ein Haufen Gipsscherben. Kaliwoda lachte.

»Schluß«, sagte der Oberinspektor, mehr zu sich selbst als zu seinen Leuten. Sie gingen rücklings zur Tür wie Tierbändiger, die den Käfig verlassen. Der letzte, der die Tür zuschlug, hatte ein gutmütiges Gesicht, dickwangig, pockennarbig, vor Aufregung weiß und rot gefleckt. Dieses Gesicht, bevor es verschwand, verzerrte sich plötzlich, riß ein Maul auf und schrie: »Wir kommen wieder, rote Saubagage, verfluchte!« Dann schlug die Tür zu, und es war aus. Die Wanduhr über der zerhackten Mauer beim Ofen schlug schüchtern halb. Die Ewigkeit hatte alles in allem zehn Minuten gedauert.

[Eine Flut von Worten staute sich in Erichs Brust. Aber sein Schamgefühl hinderte ihn daran, sie auszusprechen. Wie konnte man während der ganzen verdammten Razzia zusehen, ohne ein Wort zu sagen, und dann, sobald die Polizei verschwunden war, das Maul aufreißen? Auch alle anderen blieben einige Sekunden still in der Ecke stehen. Erst als Kaliwoda zum Telephon ging und daneben niederkniete, löste sich ihre Betäubung. Erich stand vor der zerhackten Mauer und starrte mit zehn anderen Schutzbündlern die Ziegel an, als wären sie von einer Naturkatastrophe heimgesucht worden. Dann wurde ihm bewußt, daß er seine Stirn gegen die kalte Fensterscheibe preßte, dann, daß er neben Kaliwoda stand, der ins Telephon sprach: »Ich wiederhole die Meldung: Die Leute sind zu entlassen. Freiheit!«

Dann stellte Erich fest, daß er auf das Schachbrett starrte, während Panetti seinen Kommentar zur Lage abgab: »Das war ja gar keine regelrechte Waffensuche. Denen war es weit weniger darum zu tun, was zu finden, als uns Angst einzujagen.«

Erich hörte sich selbst sagen: »Vielleicht wäre ihnen das sogar gelungen, wenn sie nicht selbst die Hosen voll gehabt hätten.«

Dann stolperte er zwischen den Mörtelbrocken herum. Ein paar Schritte vor ihm kniete Gstettner und versuchte vergeblich, den zerschlagenen Kopf Victor Adlers wieder zusammenzusetzen. Immer wieder sagte er: »Den werden wir uns vormerken! Mit dem werden wir schon noch abrechnen. Der kommt uns schon nicht aus!« Erich hörte sich selbst sagen: »Verfluchte Sauerei, daß man sich so was gefallen lassen muß. – Laß es bleiben, Gstettner, den kannst du nimmer zusammenflicken.«

Das nächste, was Erich sah, war, daß Herrmann unter der Lampe stand; den Kopf zurückgeworfen, starrte er ins Licht. Fast ohne die Lippen zu bewegen, sagte er: »Ich kann euch nur sagen, daß ich mich schäme. Ich weiß nicht, wie's bei euch aussieht, aber ich schäme mich.«

Kaliwodas Stimme ließ die der anderen ins Bedeutungslose versinken: »Schluß der Vorstellung, Burschen! Hörts auf, in der Gegend kopflos herumzuschwirren, packts eure sieben Sachen und gehts schlafen! Und laßts euch keine grauen Haar' wachsen über das, was geschehn ist. Die können uns alle – was ich den Mithörern am Telephon g'sagt hab'. Die Zeit ist nicht mehr fern, wann wir denen alles heimzahlen werden!«

Als Erich seinen Mantel vom Haken nahm, hörte er, wie Kaliwoda ihm von hinten zuflüsterte: »Du bleibst da, Weigel.«

Wahrscheinlich zum Mist Zusammenkehren, dachte Erich, als er sich auf die eine Bank setzte, die noch ganz war. Alle anderen gingen aus dem Zimmer, bis nur mehr er, der Kommandant und Hans übrig blieben. Kaliwoda sagte, sie sollten warten, und verschwand. Die Lampe hing endlich wieder vollkommen ruhig. Das Fenster war offen. Ihre Lungen sogen frische Luft ein. Die jüngsten Vorfälle begannen fast sichtbar in die Vergangenheit zurückzuweichen. Sie lagen schon so lange hinter einem, daß es möglich war, darüber Betrachtungen anzustellen. Aber was für Betrachtungen gab es da anzustellen? Und was konnte man sagen außer: »Die alte Geschichte«? »Die alte Geschichte«, sagte Hans und ließ die Arme resigniert sinken.

Erich beobachtete ihn neugierig. Wann hatte er, sein ehemaliger Führer in der Sozialistischen Arbeiterjugend, das letzte Mal ein echtes Gespräch mit Hans geführt? Gute sechs Monate war das her; damals waren sie in der Gewerkschaftsversammlung so vernichtend geschlagen worden. Hatten sie damals die roten Fahnen noch entrollen dürfen oder nicht? Hatten sie damals noch gegen Italien sprechen dürfen? War das Streikverbot bereits in Kraft gewesen? Großer Gott im Himmel! Wie unmerklich, mit welch teuflischer Durchtriebenheit hatte man ihnen ein Recht nach dem anderen entzogen und sie an die Wand gespielt!

Drei, nein, vier Tage waren es, die einem im Gedächtnis blieben: der 11. März, der Tag der großen Bauernkundgebung; der 15. März, an dem das Parlament ausgeschaltet wurde; der 29. März, als der Schutzbund verboten wurde – oder war das am 1. April? Im September marschierte die Heimwehr auf den Trabrennplatz hinaus; das war am 17.; oder war der 17. der Tag, an dem die *Arbeiter-Zeitung* zum ersten Mal zensuriert worden ist? Zwischen diesen drei oder vier Daten schien nichts geschehen zu sein, und war doch alles geschehen. Ein Sumpf hatte sich gebildet. Und in diesem Sumpf versank die Partei langsam und hilflos.

»Ja, das stimmt. Aber sag einmal, Hans, ich seh' dich in der letzten Zeit ja überhaupt nicht mehr. Lange hab' ich schon geglaubt, du wirst dich überhaupt verdrücken – wie der Franz. Aber dazu habe ich dich doch zu gut erzogen, nicht? Was hast du denn gemacht die ganze lange Zeit?«

»Nicht viel«, sagte Hans. Sein Äußeres hatte sich beträchtlich verändert. Seine Augen waren härter. Seine Züge waren härter. Seine Stimme war härter.

»Viel gelesen?«

»Sicher.«

»Was?« fragte Erich, teils weil er es von früher so gewohnt war, teils weil er wieder einmal jene überzeugte, leidenschaftliche, leicht gekünstelte Sprache hören wollte, in der ihm die Genossen früher so oft von ihrer Lektüre berichteten.

»No ja, ›Die österreichische Revolution‹ von Otto Bauer und von Max Adler die ›Neue Menschheit‹ und die ›Materialistische

Geschichtsauffassung‹ von Kautsky, aber den Kautsky hab' ich nur so durchgeblättert. Dann hab' ich gelesen –«

»Das waren noch Zeiten«, dachte Erich. Ohne Hans weiter zuzuhören, sprach er weiter, wie er gesprochen hätte, wenn Paula dabei gewesen wäre, Paula, die Dümmste in seinem Kreis – seinem Kreis? Wo war der jetzt? Und wo waren die alten Zeiten?

»Hast du viel Zeit verloren mit dem Bereitschaftsdienst heute?«

»Nein.«

»Hast du momentan ein Mädel?«

»Nichts Besonderes.«

»Siehst du, bei mir ist es genauso. Und eigentlich will ich gar keins. Wie wir heute da gesessen sind und, wie üblich, gewartet und gewartet haben, die Nase voll von dem ganzen Zeug, dem Gerede, den leeren Gesten und Gedanken, da hab' ich mich gefragt, ob es in meinem Leben überhaupt noch etwas gibt, was mich wirklich interessiert. Und da bin ich draufgekommen, daß es für mich nur mehr eines gibt: ein Gewehr anlegen und abdrücken.«

»Da hast du schon recht«, sagte Hans, »aber das hat nicht viel Sinn.«

»Was? Das Abdrücken?«

»Nein. Das Sentimentalwerden.«

Oho, dachte Erich. Er sah Hans genau an. Seine Stimme hatte sich verändert. Sein ganzes Wesen war hart geworden.

Kaliwoda kam zurück. Er trug, was Erich am allerwenigsten erwartet hatte: drei Krampen, eine Maurerkelle und einen Kübel Kalk.

Kaliwoda deutete auf die Ecke, in der sie gestanden waren, als die Polizei nach Waffen gesucht hatte. Er sagte: »Brecht da die Mauer auf, Burschen, und nehmt die Kisten heraus.« Dann zeigte er auf die übel zugerichtete Wand beim Ofen. »Dort mauern wir sie wieder ein. Ich zeig euch, wie man das macht. Wenn die Bande wiederkommt, schauen sie bestimmt überall nach, nur dort nicht. Verstanden?«

»W – Waffen?« stotterte Erich.

Kaliwodas rauhes Lachen erklang, das seltsame Lachen, das sie in den vergangenen Stunden immer wieder gehört hatten.

»Und – und was hättest du gemacht, Kali, wenn die an der richtigen Stelle nachgeschaut hätten?«

Kaliwoda schloß die Augen. Sein kleines Gesicht sah plötzlich seltsam mitgenommen aus, als hätte es jemand zusammengedrückt, geknetet.

»Also, wenn du's genau wissen willst: Dem Dicken wär' ich an die Gurgel gesprungen. Ein paar von uns wären dabei draufgegangen, aber dann hätten wir alle achte erledigt; die Bestien haben nichts anderes verdient.«

Auf einmal wurde der kleine Körper des Kommandanten von Kopf bis Fuß wie von einer unsichtbaren Hand gebeutelt. Er hob die geballten Fäuste. Sein Mund öffnete sich.

»Hunger hab' ich!« stieß er hervor, so laut er noch konnte. »Hörst du, Weigel? Hunger hab' ich! Ich halt's nimmer aus!«

Dann fiel er plötzlich in sich zusammen, ohne Zittern, ohne einen Laut, wie ein Bündel alter Kleider.

Erich sah Hans hilflos an. Aber der war schon bei der Tür.

»Ich hol' was vom Gasthaus. Bleib da, ich hab' einen Schlüssel.«

»He, Hans –«, rief Erich. Aber Hans war schon einen Stock tiefer. Erich wußte nicht genau, was er während der nächsten Minuten tat. Lange Zeit nachher konnte er sich nur an den kalten, klebrigen Schweiß auf Kaliwodas weißem Gesicht erinnern. Er mußte ihm die Stirn gestreichelt oder gerieben haben. Als er vom Gang mit einem Glas Wasser zurückkam – nützte Wasser überhaupt, wenn einer vor Hunger ohnmächtig wurde? –, da saß Kaliwoda bereits mit offenen Augen an der demolierten Wand.

»Das ist nicht notwendig«, sagte er heiser. »Meine Nerven sind nur ein bißchen unten durch, das ist alles.«

Erich kniete neben ihm nieder. Der kleine Kaliwoda, fahl wie eine Leiche – wo die Lippen hätten sein sollen, waren zwei dünne, violette Striche, und sein Kinn zitterte – hatte bereits wieder den autoritativen Ton angenommen, in dem er in den Schulungsstunden zu sprechen pflegte.

»Aber vergiß nicht, Weigel: Was ich getan hätte, das hat nichts mit dem Zustand meiner Nerven zu tun. Und was ich jetzt tun werde, ist das einzig Mögliche in dem Schlamassel, in das wir geschlittert sind. Die Parteibonzen haben den Karren in den Dreck gefahren, und da stecken wir jetzt drin. Merk dir das: Das einzige, was uns jetzt noch retten kann, ist: zuschlagen.«

»Du meinst doch nicht Terrorakte, Kali? Das kann ich von dir nicht glauben! Du bist doch ein geschulter Sozialist – ich mein', ein geschulter Marxist ...«

Zwei rote Flecken zeigten sich auf Kaliwodas hohen, scharfen Backenknochen; jeden Augenblick wurden sie dunkler.

»Alles, was du mir jetzt sagen willst, Weigel, könnte mich eventuell überzeugen, wenn ich es nicht selbst das ganze Jahr meinen Genossen gepredigt hätte. Ich kann doch die ganzen Tricks schon auswendig: ›Abwarten!‹ – ›Waffen in Ordnung halten!‹ – ›Revolutionäre Geduld!‹«

Er hustete trocken und spuckte, irritiert, weil er sich unterbrechen mußte. In seiner Spucke waren kleine Blutfäden.

»›Die einzige Aussicht auf Erfolg hat jetzt nur mehr die Aktion der Massen. Isolierte Verzweiflungsakte provozieren nur eine Verschärfung des Polizeiterrors!‹ Nicht? Na, kenn' ich die Parolen, oder kenn' ich sie nicht? Ich kann sie auswendig, sag ich dir, von hint' nach vorn. Heut abend erst hab' ich sie wieder heruntergebetet, eine Phrase nach der anderen, bis die Genossen geschrien haben, ich soll aufhören, sie haben schon genug. Ich hab' so dahergeredet, weil ich schließlich Kommandant bin und das halt dazugehört zu meinen Pflichten, verdammt noch einmal. Und dabei sage ich mir selbst seit Wochen nichts wie: ›Genug! Genug !‹«

Er hustete wieder, versuchte, trotz des Hustens weiterzusprechen, rang nach Luft, hustete stärker denn je und spuckte, spuckte Blut.

»Nein, Weigel. Damit ist's jetzt vorbei. Hör, was ich dir sag': Diese Juden in der Parteiführung haben uns lang genug ruiniert. Jetzt müssen wir die Sache selber in die Hand nehmen, oder es ist zu spät.«

»Zuerst mußt du einmal was essen«, sagte eine frische Stimme hinter Erich. Er drehte sich um. Es war Hans. Er trug einen Teller Suppe und ein Päckchen.

Kaliwodas Gesicht wurde über und über rot. Er stotterte wie ein kleiner Bub, wollte das Essen nicht annehmen, begann schließlich, die Suppe zu löffeln.

Während Kaliwoda aß, redete Hans beharrlich auf ihn ein. Erichs Kopf drehte sich in einem Wirbel von Ungewißheit, Furcht und Verzweiflung. Er verstand nicht, wo Hans hinauswollte. Aber irgendwie dämmerte ihm jenseits der Verwirrung in seinem Hirn die verblüffende Gewißheit, daß Kaliwoda aufmerksam dem kleinen Hans zuhörte, dem Jüngsten von ihnen allen. Wie war das zu begreifen? Erich murmelte bloß, wenn Hans gerade nicht sprach, ein mechanisches »Nein, so was, Kali! Nein, so was!«.

Sobald Kaliwoda fertiggegessen hatte, legte er Hans die Hand auf den Arm und sagte:

»Du wirst mich nicht mehr überzeugen, Hans. Aber ich freue mich über dich. Mach nur so weiter, laß nicht locker! Wenn es jemals so weit kommt, wie du sagst, wenn sich aus diesem Fiasko einmal eine wirkliche revolutionäre Partei herausbildet, dann wirst du eines Tages das große Wort führen –«, er verbesserte sich, ohne zu lächeln, »– dann wirst du ein richtiger Führer sein.«

»Das ist momentan ganz was Sekundäres«, sagte Hans und legte die Stirn in Falten.

Eine Zeitlang blieben sie so auf dem Boden hocken; über ihnen schwankte leicht die Lampe, um sie herum lagen die Gipsbrokken, aus denen Gstettner den Kopf Victor Adlers nicht mehr hatte zusammensetzen können. Dann nahmen sie die Krampen auf und begannen, auf die Wand einzuschlagen.]

RUDOLF JEREMIAS KREUTZ

Immer im Traum

Eines Tages im Februar, noch früh am Morgen, besuchte mich der Rittmeister Freiherr von Lerchenreuth im Auftrag des Heimatschutzkommandos. Es sei die oberste Alarmstufe angeordnet, meldete er. In den nächsten Stunden werde sich Entscheidendes gegen die Sozialdemokratie vollziehen.

»Nimm bitte zur Kenntnis, daß ich mich krank melde«, sagte ich, »solange der Heimatschutz Österreicher bekämpft, statt sie zu beschützen, will ich mit ihm nichts zu tun haben.«

»Pardon ... ich hab' keine Ahnung g'habt, daß dir ... äh ... die rote Partei ... nahesteht, sonst hätt' ich natürlich delikaterweis' überhaupt nicht ...«, gackerte der Freiherr.

Ich mußte lächeln. Genügte denn in der politisierenden Vorhölle unseres Seins die Betonung eines menschlichen Standpunktes schon, um parteigeeicht zu erscheinen ?

Ich klopfte dem verblüfften Kameraden auf die Schulter: »Beruhige dich. Ich habe nie einer politischen Partei angehört und werde auch in Zukunft keiner angehören, außer, wenn du schon durchaus eine Etikette willst, der der Menschen.«

Lerchenreuth nickte befreit: »Ganz mein Fall, da sind wir ja d'accord.«

»Und doch«, konnte ich mich nicht enthalten, zu erwidern, »tust du an dieser irrsinnigen Aktion mit.«

»Verzeihung, Herr Major ...«, der Rittmeister sah mich voll an, seine Augen blinzelten und liefen voll Wasser: »Schau, ich bin halt ein Desperado. Seitenlinie, wenig g'lernt ... kein Geld, Reiten, innerlich ein Herr bleiben und auf den Kaiser hoffen, das ist mein Um und Auf. Dafür leb' ich und dafür möcht' ich gerne sterben, wenn's schon sein muß. Vom Heimatschutz denken viele wie ich. Drum mach' ich sogar contre cœur mit, wie jetzt. Immer im Traum, daß …« Er sprang auf, schneuzte sich und schlug die Hacken zusammen. »Jawohl, immer im Traum!«

FRANZ LESCHANZ

Die ersten Schüsse in Linz

Bis zum 12. Februar 1934 stand Linz unter sozialdemokratischer Gemeindeverwaltung. Das Parteihaus »Hotel Schiff« lag im Zentrum der Stadt. Die Schutzbündler nannten es mit Recht eine »Mausefalle«, da es hier, wenn's drauf ankam, kein Entrinnen gab. Und gerade hier sollte der Kampf beginnen.

Am Freitag den 9. Februar 1934 ließ Genosse Bernaschek mich rufen. Er erklärte mir, daß wir, wenn die Polizei unser Parteiheim überfallen sollte, in Linz Widerstand leisten würden, unabhängig davon, wie sich Wien verhalten werde. In der Schutzbundkanzlei wurde mir gesagt, wir sollten die Waffen bereitstellen. Samstag abend haben wir dann die Waffen aus dem Versteck herausgeholt.

Sonntag abend hatten wir eine Besprechung mit den verantwortlichen Genossen. Die Atmosphäre war bis zur Siedehitze gespannt. Die Besprechung dauerte die ganze Nacht. Am gleichen Abend fuhren zwei Genossen nach Wien zur Parteizentrale mit einem Brief von Bernaschek. Nachts kam dann aus Wien an Bernascheks Adresse ein Telegramm mit dem Inhalt: »Otto und Erna schwer erkrankt. Unternehmen aufschieben.« Der erste Satz sollte dem Telegramm den Anschein einer privaten Mitteilung geben. Die beiden Genossen kamen noch in der Nacht aus Wien zurück und erzählten, daß in der Parteileitung die Meinungen geteilt seien: von fünf Mitgliedern der Zentrale hätten sich zwei für den Kampf ausgesprochen, drei dagegen. Dennoch hofften wir, daß Wien sich uns anschließen werde, auch wenn der Parteivorstand nicht zum Kampf aufrufen sollte.

Im »Hotel Schiff« war die ganze Nacht mit Vorbereitungen ausgefüllt. Aus Linz und Umgebung kamen Schutzbündler zusammen. Sie wurden im Hotel einquartiert, mit der Weisung, um fünf Uhr früh aufzustehen, noch bevor die Polizei die übliche

Fremdenkontrolle vornehme. Tatsächlich kamen um sechs Uhr einige Kriminalbeamte; sie zogen aber bald wieder ab.

Um halb sieben Uhr wurde die Bereitschaft aufgehoben, die meisten unserer Leute gingen zur Arbeit. Nur vierzig Mann blieben zurück, hauptsächlich Ordonnanzen. Die Waffen waren in der Nacht in Bereitschaft gebracht worden und lagen im zweiten und dritten Stock des Hofgebäudes. Wir glaubten, daß der Kampf erst Dienstag oder Mittwoch beginnen würde.

Eine halbe Stunde später. Ich befand mich gerade im zweiten Stock, als ich, durch irgend etwas aufmerksam gemacht, in den Hof blickte. Polizei! Ich lief zum Fenster auf der anderen Seite – auch hier Polizei! Also das Hotel war umzingelt!

Fünfundzwanzig Polizisten, die mit einem Überfallsauto gekommen waren, hatten uns überrumpelt. Sie waren fast alle alte Sozialdemokraten. Später zeigte sich, daß ein Großteil der Toten, die die Polizei gehabt hat, Sozialdemokraten waren. Die Polizei stellte ihre Sozialdemokraten in die vorderste Linie des Gefechtes. Sie rechnete damit, daß die Aufständischen auf ihre alten Parteigenossen nicht schießen würden. Wir kannten jeden von diesen Leuten: es waren alte Parteimitglieder, und nun standen sie mit der Waffe in der Hand gegen uns.

Die Polizisten drangen sofort in die Kanzlei ein, brachen die Tür auf und verhafteten die Genossen Bernaschek und Kreindl.

Auf der Treppe begann nun ein hastiges Laufen, der Rest der Belegschaft stürmte hinüber zu den Waffen. Kiste auf, Munition heraus – das war das erste. Ich wartete keinen Befehl ab und begann unverzüglich, die Gewehre auszugeben. Jeder bekam zwanzig Schuß Munition. Die Maschinengewehre und Handgranaten waren im dritten Stock eingeschlossen; die Schlüssel aber lagen in der Kanzlei, die bereits von der Polizei besetzt war. Es gelang uns, die Tür einzuschlagen und ein Maschinengewehr und Handgranaten nach unten zu schaffen. Das Maschinengewehr brachten wir auf einem Tisch am Fenster des zweiten Stocks in Stellung. Wir waren sechsunddreißig Mann, alle bewaffnet und mit Handgranaten ausgerüstet.

Vom Fenster aus sahen wir, wie zwei Wachleute den verhafteten Bernaschek wegschleppten. Wir wollten schon auf die Polizisten schießen, aber der Kommandant erlaubte es nicht. Er fürchtete, wir könnten Bernaschek treffen.

Als Bernaschek abgeführt war, kamen von der Hofseite drei Kriminalbeamte mit einem Schlosser. Sie versuchten, die Hoftür zum Kinotrakt, in dem wir eingeschlossen waren, zu öffnen.

Wir konnten von oben das ganze Stiegenhaus übersehen. Mäuschenstill war's, nur von unten hörte man das Rasseln der nicht passenden Dietriche. Fünf Minuten, zehn Minuten – schließlich ging die Tür auf und die Polizisten betraten die ersten Stufen des Stiegenhauses. Aber nur die ersten. Da krachte schon eine Salve und unter lautem Getöse platzten einige Handgranaten. Sofort nahm auch vom Fenster aus unser Maschinist, Genosse Kunz, das Hoftor unter Maschinengewehrfeuer, begleitet von Gewehrschüssen, so daß die Polizisten zwischen den beiden Schußlinien – Stiegenhaus und Hof – eingeschlossen waren. Dumpf krachten die Handgranaten im Hof und kündeten den Genossen in der Stadt: Alles zu den Waffen!

Gegen zehn Uhr vormittags erschien Militär. Nun nahm der Kampf die schärfsten Formen an. Von vier Seiten wurden wir unter Maschinengewehrfeuer genommen. Aber Maschinist Kunz bediente sein MG so meisterhaft, daß die Regierungstruppen keinen Schritt vorwärtszudringen vermochten. Es gelang uns auch, ein Maschinengewehr des Militärs zum Schweigen zu bringen.

In einer Kampfpause traf uns aber ein schwerer Schlag. Maschinist Kunz, der gerade in den Hof blickte, brach nach einem scharfen Knall lautlos zusammen, während der zersprungene Stahlhelm dumpf am Boden aufschlug. Er war das erste Todesopfer der Februarkämpfe in Österreich. Das Photo hat den Weg in alle Zeitungen des In- und Auslandes gefunden, fast jeder Genosse kennt es: am offenen Fenster das Maschinengewehr, auf dem Boden hingestreckt Kunz, der unerschrockene Kämpfer – einer von denen, die wenig sprachen, aber viel leisteten.

An das Maschinengewehr konnte niemand von uns mehr gelangen, es wurde wütend unter Feuer gehalten. Dadurch wurde es dem Militär möglich, eine äußerst günstige Kampfposition zu beziehen, da es jetzt die ganze gegenüberliegende Häuserfront – noch dazu einen Stock höher – besetzen konnte.

Kurz darauf stürzte ein anderer Schutzbündler schwer verwundet zusammen; wir brachten ihn in den Vorraum. Gegen Mittag hörten wir von fern Schüsse hallen und wußten nun, daß der Kampf sich ausgebreitet hatte; als dann um elf Uhr fünfundzwanzig Minuten die Sirene der Bundesbahnwerkstätte zum Generalstreik heulte, wurde unsere Stimmung wieder zuversichtlicher. Aber nur für kurze Zeit – denn das elektrische Licht brannte, die Wasserleitung funktionierte, und die Entsatzmannschaft kam auch nicht …

Wir spürten deutlich, daß die Sache sich dem Ende näherte. Da rief uns der Polizeioffizier zu, er wolle uns einen Parlamentär zum Verhandeln schicken.

Ich werde euch einen Parlamentär geben! – schrie empört ein Genosse zurück. Aber von allen Seiten widersprach man ihm.

– Waffen wegwerfen, runtergehen, Hände hoch! – ertönte plötzlich im allgemeinen Lärm ein Kommando.

Und so marschierten wir Montag, den 12. Februar 1934 Punkt zwölf Uhr mittags, zwei Gruppen zu je achtzehn Mann, »Hände hoch«, umringt von unzähligen Polizisten mit schußbereiten Gewehren aus der zerschossenen »Mausefalle«, begleitet von den Rufen der auf der Straße stehenden Spießer: »Sofort an die Wand mit diesen Banditen!«

Schweigend schritten wir dahin und hörten nur auf den rings um die Stadt entbrannten Kampf unserer Genossen, die uns nicht im Stich gelassen hatten.

FRANZ HÖLLERING

Schnellzug nach Wien

Baron Wiesner erfuhr beim Frühstück im Speisewagen, daß in Linz geschossen wurde. Es war kurz nach acht, der Schnellzug bog schon aus dem Donautal nach Süden ab, das tausendjährige Kloster Melk drehte sich vorbei, hohes, gelbes Gemäuer mit vielen Fenstern, die fahl den grauen Himmel spiegelten. Er hatte während des Aufenthaltes in der oberösterreichischen Hauptstadt noch geschlafen und nichts gehört. Der Bericht des Kellners legte bei einiger Interpretation die übliche polizeiliche Waffensuche in einem sozialistischen Parteihaus nahe, nur schienen sich diesmal die Arbeiter zu wehren. Noch weniger war der politischen Morgenansprache zu entnehmen, die ein alter Mann mit blauer Weinnase, weißem Schnauz- und Spitzbart seinen drei Reisebegleiterinnen hielt, ältlichen, verschnupften und übernächtigen Frauen in Trauer, die sich offenbar auf einer Reise zu oder von einem Begräbnis befanden. Der Redner, gekleidet in eine Art ziviler Heimwehruniform, einen grauen Lodenanzug mit breiten, grünen Aufschlägen und grünem Lampaß an den Hosen, sprach von einer Autorität, die aufgerichtet werden müsse. Die Schüsse von Linz, wie er schon sagte, nannte er ein Signal und begrüßte sie, Metapher an Metapher reihend, als den Beginn eines großen Aufwaschens der roten Sintflut, eines Ausmerzens aller Geschwüre am Volkskörper, und diese Stunde, diese Morgenstunde des 12. Februar 1934, in der er seine Melange mit Kipfel im Expreßzug Paris–Wien einnahm, bezeichnete er, sich verschluckend, hustend und prustend, als die zweite Geburtsstunde der Christenheit. Seine Damen in Trauer nickten im Takt, aber sie waren, das konnte man ihren verlorenen Blicken ansehen, innerlich nicht bei der Sache. Der aufmerksamste Zuhörer des alten Mannes war ein junger Mann, ein Reichsdeutscher mit trotz Winter kahlgeschorenem Kopf und schütterem Haarbürstchen über der Stirn. Er horchte gespannt, tat aber so, als schaute er geistesabwesend hinaus in die halbverschneite Landschaft.

Als sich der Speisewagen füllte, gingen die lauten Reden des Bramarbas, dem ein größeres Publikum sichtlich nur erwünscht war, bald allen Gästen auf die Nerven. Sie warfen ihm irritierte Blicke zu und beschwerten sich beim Oberkellner. Der versuchte, den Alten zu beruhigen, er aber sprach und sprach von der Rettung des Mittelstandes, der Hebung des Fremdenverkehrs und immer wieder von einer Regierung der starken Hand. Er hörte nicht eher auf, als bis ihn ein respektloser jüngerer Mensch, der auch nicht auf den Mund gefallen war, mit höhnischen Zwischenrufen aus dem Konzept brachte. Er zahlte entrüstet seine Rechnung und verließ zur allgemeinen Erleichterung zornrot den Wagen. Der Anblick der ihm im Gänsemarsch folgenden Trauerweiden, hilfloser, tragisch umwehter Gestalten, ließ das Gelächter nicht aufkommen, das ihn sonst begleitet hätte.

An Wiesners Tisch nahmen zwei Ausländer Platz, ein Franzose und ein Engländer, die den grotesken Auszug mit der Neugierde Landfremder beobachteten. Der Franzose hatte auffallend zarte Hände, in deren feinen Linien etwas Grausames steckte. Auf seiner schmalen Nase schwebte wie ein Schmetterling ein von Goldrändern eingefaßter Zwicker, von dem ein schwarzes Moiréband nach unten flatterte, Wiesner nahm ihn für einen Arzt oder Literaturprofessor. Der Engländer sah wie ein Geschäftsreisender aus. Diese Eindrücke waren falsch. Aus der Unterhaltung der beiden, die sie englisch führten, ging bald hervor, daß der Franzose ein Seidenhändler aus Lyon war, der Engländer ein Journalist.

Von den blutigen Vorfällen in Linz waren sie beide besonders, aber in entgegengesetztem Sinne berührt. Der Engländer freute sich. Er hatte London vor vierundzwanzig Stunden Hals über Kopf verlassen, wütend und mißtrauisch gegen seine Zeitung, die – so hatte er angenommen – einem Tip aus Wien aufgesessen war, wie schon zweimal im vergangenen Jahr. Zuerst sollte es ein Arbeiteraufstand sein, dann ein Naziputsch, und jedesmal blieb es windstill. Nun war zur Abwechslung ein Coup d'Etat der österreichischen Regierung selbst angesagt und siehe, kaum daß er in Österreich erwachte, schien der Rummel wirklich loszugehen, diesmal auf die Minute. Er hatte schon das Zugspersonal und Reisende interviewt, niemand wußte, was in Linz wirklich los war, niemand antwortete offen, aber daß er diesmal zur rechten Zeit gekommen war, das konnte er heraushören. Es versetzte ihn in gute Laune und verstärkte noch seinen englischen Frühstücksappetit.

Der Franzose war verstört. Er zerkrümelte den Zwieback nervös und nahm seinen Tee in kurzen Schlucken, nach jedem hob er den Kopf wie ein trinkendes Huhn. Wörter wie Coup d'Etat, Straßenkampf, Generalstreik waren ihm sichtlich ein Greuel. Der Journalist warf sie freigiebig über den Tisch und beobachtete mit Vergnügen, wie er unter dem Bombardement zuckte.

»Das habt ihr davon«, sagte der Engländer plötzlich ernster, »hättet ihr der deutschen Republik Konzessionen gemacht, dann gäbe es jetzt kein Drittes Reich, Italien dürfte sich nicht erlauben, die österreichische Demokratie umzubringen, und Sie, Monsieur Girofleur, könnten Ihre Seide in einem friedlichen Wien verkaufen. Aber sorgen Sie sich nicht zu viel, Sie werden das Geschäft schon machen. Je blutiger die Zeiten, desto größer der Luxus. Soldaten sind leichtsinnige Liebhaber.«

»Den Deutschen kann man nicht trauen«, sagte der Franzose. Es klang mehr wie ein Bedauern, als eine Anklage. Und nach einer Pause setzte er fort, legalistisch, mit der rechthaberischen Nervosität eines in die Enge getriebenen Advokaten: »Der Völkerbund hat die Unabhängigkeit Österreichs garantiert.«

Der Engländer lachte auf. »Werdet ihr für die Unabhängigkeit von sechs Millionen, von denen die Hälfte nicht einsieht, was diese Unabhängigkeit wert ist, einen europäischen Krieg führen?«

Der Franzose hob beschwörend seine Hände. »Keinen Krieg.« Es klang wie das Amen im Gebet.

Wiesner folgte dem Gespräch mit halbem Ohr. Der Journalist hatte recht. Österreichs Politik wurde nicht in Wien bestimmt, schon seit 1918 nicht, dem Beginn der Neueinrichtung Europas. Die Deutschen und die Italiener revoltierten gegen die englisch-französische Aktienmajorität, die Kleinen wurden von der einen oder anderen Seite mitgenommen, sie hatten keine Wahl. Das so feierlich proklamierte Selbstbestimmungsrecht der Völker war eine kindliche amerikanische Illusion. Hinter den Kleinen standen die Großen. Welch ein Narr war Major Schrack! Er hauchte in den Wind und fühlte sich als seine Ursache. Er führte dumme Bauernburschen in den Bürgerkrieg, sie sangen wie einst die Soldaten der kaiserlichen Armee und waren nichts als arme, kleine Hunde, die auf einen Pfiff aus Rom bellen und beißen durften. Und zwei Fremde, aus einer Welt, von deren Existenz sie in Langenbruck trotz des früheren Umganges mit verrückten Touristen keine Ahnung hatten, sprachen über Österreichs Leid zum Zeitvertreib und ohne Herzklopfen.

Wiesner beobachtete die Landschaft, durch die der Zug wie ein Pferd, das den Stall spürt, immer schneller dahinstampfte. Ein Förster stand mit seinem Setter am Waldessaum. Ein Bauer pflügte sein Feld, fett glänzten die dunkelbraunen Furchen. Vor einem Konsumverein wurden Bierfässer abgeladen. Fröstelnde Kranke gingen im Park eines Sanatoriums spazieren, die Schwester winkte dem Zug zu. Ein Fabrikschornstein qualmte, ein anderer stand wie vergessen zwischen den Hügeln. In ein Schultor liefen Kinder. Je mehr Fakten der Realität sein Blick verzeichnete, desto unähnlicher und absurder erschien Wiesner ihr Abbild, das sich in den Köpfen der Menschen malte. Die zweite Geburtsstunde der Christenheit und immer wieder »Die Vöglein im Walde«. Das Lebensmittel regierte noch immer den Lebensinhalt, der Magen den Kopf und das Herz, aber der kurzlebige, größenwahnsinnige Mensch legte das Universum aus. Wie aufrichtig dagegen die Angst dieser Kinder, die zu spät in die Schule kamen, wie schön das Winken der Krankenschwester. Und wie ahnungslos ruhte die Landschaft! In ihr hingehen, pflügen oder am Waldrand stehen und sich nicht überheben, war das nicht genug?

Aber da schlugen auch die Telegrafenstangen an den Waggonfenstern vorbei, eins, zwei, drei, jede Sekunde eine. Auf ihren Drähten sprachen sie jetzt zwischen Wien und Linz, die Politiker und Polizisten, hin und her und durcheinander, den ganzen ungestimmten Babelchor, den er haßte. Nein, was immer geschah, ihn sollten sie nicht mehr aus seinem Leben locken. Er hatte mit einem Weltkrieg genug und diese Scharmützel der Dummheit durften ihn erst recht nicht verführen, Partei zu nehmen. Das stille, tägliche Bekenntnis zu den kleinen Dingen – welch ein Hochmut schon die Unterscheidung groß und klein – zum Einmaleins des Lebens, dem der Mensch unterworfen war, gab der Welt den Atem, nicht der Lärm der Wichtigtuer. In der Summe der stillen unbemerkten Existenzen bewegte sich das Leben. Die zwanzig Jahre, die ihm noch blieben: sie ehrlich leben und sich nicht darum kümmern, welcher Fahne der Steuereinnehmer die Treue schwor.

Gegen zehn traf Wiesner, direkt vom Bahnhof kommend, im Ministerium ein. Der große innere Hof war voll von Polizei. In den weitläufigen und verwickelten Gängen des Gebäudes, von dem aus vor hundert Jahren Fürst Metternich dem Ansturm einer neuen Zeit, die jetzt starb, sein beharrliches Nein vergeblich entgegenkommandiert hatte, war ein ungewöhnliches Kommen und Gehen. Uniformen drängten sich zwischen das vornehme Dunkel der Bürokratie, Militärstiefel knallten aufdringlich über die Parkette. Ernste Mienen wurden bedeutungsvoll herumgetragen. Zwei Kabinettsmitglieder unterbrachen ein hitzig geflüstertes Gespräch, als Wiesner an ihnen vorbeiging.

Sein Sekretär orientierte ihn ungefragt über die Situation. Viele einander widersprechende Gerüchte schwirrten durch das Haus, aber sicher war, daß in Oberösterreich ernsthaft gekämpft wurde. In Wien und in den Industriestädten der Länder stellte eine Fabrik nach der anderen die Arbeit ein. Der Generalstreik drohte. Im Landhaus verhandelten gemäßigte Arbeiterführer unter Führung des Abgeordneten Hippmann über eine Verständigung, aber der Befehl war schon gegeben, sie zu verhaften. Die Regierung wollte den Kampf. Sie war entschlossen, diesmal ganze

Arbeit zu tun. Das Wort des Sicherheitskommissars flog kriegerisch von den Lippen des sonst so friedsamen kleinen Beamten, der in die Eintönigkeit seiner Amtsstube plötzlich einen großen Tag beschert bekam.

II
Es schießt

FRANZ TAUCHER

Neugier und Schrecken

Der 12. Februar 1934 war ein Montag. Um die Mittagsstunde ging ich vom Lesesaal der Nationalbibliothek zur Mensa der Universität. Auf dem Weg bis zur Freyung schien mir alles so wie es immer war, aber bevor ich noch zum Ring kam, schob und drängte sich eine Menschenmenge wild durcheinander. Auf dem Ring standen mitten auf der Strecke einige leere Straßenbahnzüge. Vollbesetzte Einsatzwagen der Polizei flitzten vorüber, die Polizisten trugen Stahlhelme und waren mit Gewehren bewaffnet. Die Sozialdemokratische Partei und die Gewerkschaft hatte den Generalstreik ausgerufen. Der elektrische Strom war von einer gewaltigen Hand unterbrochen. Es war mir eher ärgerlich, daß mir in dem Augenblick, als ich der Situation bewußt geworden war, nichts anderes einfiel als die pathetischen Verse des Georg Herwegh: »Alle Räder stehen still, wenn Dein starker Arm es will.«

Der junge Mensch, lebt er allein, ist er für lange Zeit aus dem natürlichen Verband der Familie und der vertrauten Umgebung des geregelten Berufslebens herausgerissen, erlebt kollektive Aktionen in ungleich größerer Spannung als andere. Er hat gleichsam vergessen, auf die Regungen der Gemeinschaft zu achten, zuweilen nimmt er überhaupt nicht mehr wahr, daß es diese Gemeinschaft gibt. Der Unterschied zwischen jung und alt macht sich in der Reaktion auf solche Gemeinschaftsregungen deutlich. Die natürliche Distanz zu Lebensvorgängen ist ein Produkt der angewachsenen Jahre, sie ist dem Alter angemessen. Der schöpferische Beobachter mag sich aus Gründen einer individuell gefärbten Arbeitsökonomie in eine mittlere Distanz zu den Geschehnissen freiwillig schicken. Ich war weder das eine noch gehörte ich zu den Alten. Ich war innerlich nur aufgeregt und zwischen Furcht und Hoffnung gestellt. Die Furcht oder ihre Ursache wußte ich nicht zu benennen, die Hoffnung bestand in dem Glauben, es könne von dieser Stunde an nicht nur das allgemeine, sondern auch mein privates Leben sich ins Bessere wenden. Eines wußte ich genau: Ich hatte nichts zu verlieren. Meine Sympathie gehörte den Streikenden. Es war schließlich mein Vater, der mir, dem Knaben, einmal begreiflich gemacht hatte, es sei ein Streikbrecher verächtlicher als ein Dieb. Ich hatte, nicht viel später nach diesem beiläufigen Exkurs der klassenbewußten Solidarität bei dem Straßenbahnerstreik in Graz, erlebt, wie ein Streikbrecher der allgemeinen Verachtung ausgesetzt war. Er mußte seinen Wohnplatz wechseln.

Mein erster Impuls war, Doktor Vetter anzurufen, doch gleichzeitig fiel mir ein, es werde auch das Telephon nicht funktionieren. Das war übrigens falsch gedacht. Bereits in den ersten Stunden des Generalstreiks gab es bei den Bahn- und Postbediensteten spürbare Ausfälle, die seine lähmende Wirkung zum Teil aufhoben. So trieb ich mich bis zum Dunkelwerden auf den Straßen herum, horchte da und dort in die raunende Menge, ohne etwas zu erfahren, was mehr als ein Gerücht wert gewesen wäre. Schließlich ging ich nach Hause und beschloß im Gehen, mich am nächsten Morgen nach dem Mädchen zu erkundigen, das der eigentliche Antrieb meiner Reise nach Wien gewesen war. Es wohnte bei seinen Eltern im Fuchsenfeldhof in Meidling.

In der Nähe meiner Wohnung wurde ich von einem Polizeibeamten in Zivil aufgehalten. Er lenkte den schmalen Strahl einer Taschenlampe in mein Gesicht und wies mir zugleich seinen Ausweis vor. Er wollte wissen, woher ich komme und wohin ich gehe. Mit der eingeschüchterten Beflissenheit, die einen überkommt, wenn man es mit der Polizei zu tun hat, zeigte ich ihm meine Arbeitslosenkarte. Ich wies ihm auch eine Bestätigung der Universität vor, die mich berechtigte, als außerordentlicher Hörer Vorlesungen zu besuchen. Die letztere schien ihn von meiner Harmlosigkeit überzeugt zu haben. Er ließ mich laufen. Ich hatte von dem Mann nichts wahrgenommen als seine Stimme, sein Gesicht war von der Dunkelheit gleichsam ausgelöscht, aber die frechen und gewandten Finger, mit denen er mich abgegriffen hatte, sagten mir, daß er ein Scherge war, ein Mann, der im Schutz und im Dienst der Macht das Private unbekümmert anfällt.

Am Morgen des 13. Februar war es grimmig kalt. Wie mit Nadelspitzen drang mir der Frost ins Gesicht. Schon nach wenigen Schritten wehte mein Atem wie eine graue schmale Fahne vor mir her. Als ich die breite Altmannsdorfer Straße hinaufging, überfiel mich eine niederdrückende Empfindung. Ich wußte sie weder zu benennen noch zu erklären. Ohne erkennbaren Grund hatte sie sich in meinem Inneren ausgebreitet und dort heimisch gemacht.

In der stummen, unbelebten Frühe schien dieser Teil der Stadt, sonst hell erleuchtet und vom Verkehr durchpulst, in schweren Schlaf versunken. Die Schienen der Straßenbahn waren von einem stumpfen Frosthauch überzogen. Ich ging über die Philadelphiabrücke und die Eichenstraße entlang. Kein Mensch kam mir entgegen oder überholte mich. Auch der Meidlinger Bahnhof war dunkel und stumm. Dort, wo die Häuserreihe aufhörte und die Lagerplätze begannen, von mannshohen Planken umgeben, hörte ich den scharfen Knall.

Dicht an die Planken geschmiegt kauerten zwei Männer. Sie hatten Gewehre, trugen aber keine Uniform. Ich ging auf sie zu, doch ehe ich sie erreicht hatte, sprang der eine auf, zerrte mich mit festem Griff zu seinem Platz und zwang mich nieder.

»Du Idiot«, sagte er.

Ich brauchte eine Weile, bis ich, schwer atmend, fragte: »Was ist denn eigentlich los?«

»Auch einer, der alles verschlafen hat«, sagte der zweite. Er beachtete mich nicht, sondern spähte um die Ecke. Sein Gesicht war grau. Seine Stimme war verletzend, aber doch so, als wäre ich gar nicht gemeint. Plötzlich hob er das Gewehr und drückte ab. Dort, wohin er gezielt hatte, waren ganz kurz eine schwarze Uniform und ein Stahlhelm sichtbar geworden.

Ich habe später die Vorgänge an diesem Morgen oftmals in Gedanken überprüft, und ich bin immer zum gleichen Ergebnis gekommen: Jetzt erst, da der Mann das Gewehr gehoben und abgedrückt hatte, wurde mir die Situation wirklich klar und bewußt: Es schoß ein Österreicher auf den anderen. Der Mann, der mich zur Planke zerrte, hatte Recht gehabt: Ich war ein Idiot, und der andere hatte ebenfalls Recht gehabt: Ich hatte am Tag vorher nichts begriffen und alle Anzeichen verschlafen.

Damals freilich blieb mir keine Zeit zum Überlegen. Ich hörte das Pfeifen und Sausen einiger Schüsse, ich verspürte im trockenen Mund einen süßlichen Geschmack. Die zwei Männer hatten sich indes erhoben. Der eine gab mir einen Stoß. »Jetzt nichts als laufen.« Wir rannten die Längenfeldgasse hinunter. Am Tor des Fuchsenfeldhofes hörte ich Rufe. Eine feste Hand zog mich hinein.

Es ist manchmal so: Ein flüchtiger Augenblick, kaum wahrgenommen, kommt nach geraumer Zeit wieder zurück. Das Gedächtnis nimmt ihn, der verloren schien, auf, hält ihn fest und entläßt ihn wieder. Aber keine Gewalt der Erde kann sein Wiederkommen aufhalten. Gleichviel ob er Trost bringt oder Leid, er ist wie von Gott gesandt und brennt uns eine Ahnung von der bitteren Kürze unseres Daseins in die Seele.

Es war der Mann mit der Binde des Roten Kreuzes auf dem Ärmel seines Mantels, von dem ich, kaum, daß ich ihn wahrgenommen hatte, wußte, daß ich ihn von Fall zu Fall vergessen, aber mich seiner immer wieder erinnern würde. Er war Arzt. Mit seiner Ledertasche in der Hand lief er von einer Gruppe der im Hof sich aufhaltenden Männer zur anderen. Er war sichtlich aufgeregt, mehr als jeder andere, und plötzlich hatte ich die Vision, er, dem das Heilen und Helfen im Sinn lag, schleppe eine unsichtbare Zündschnur hinter sich her. Es ging eine Bedrohung von ihm aus. Sie war größer als die von den Gewehren in der Hand der Männer.

Von der Straße waren wieder Schüsse zu hören. Eine kräftige Stimme gab Befehle. Die bewaffneten Männer verteilten sich, einige sprangen in das in der Hofmitte eingelassene Plantschbekken, andere stellten sich hinter die beiden Mauerecken und spähten zum Tor wie ein Jäger hinter einem Baum nach dem Wild.

Die kräftige Stimme befahl mir, ich solle aus dem Hof verschwinden. Ich war überflüssig. Als ich ging, empfand ich keine Scham.

Im zweiten Hof war der Stiegenaufgang zur Wohnung der Eltern von Steffi, dem Mädchen, dem meine Neigung immer noch gehörte, ihr Vater öffnete mir. Er hatte die fünfzig bereits überschritten, und das bedeutete für einen Mann, der damals ohne Arbeit war, die feste Gewißheit, niemals mehr eine zu bekommen.

Steffi und ihre Mutter hatten Nachricht gegeben, daß sie die Nacht in ihren Arbeitsstätten verbringen würden. Der noch schulpflichtige Sohn Ernst hatte einen Stuhl an das Fenster gerückt und sah hinunter in den Hof. Er beachtete mich kaum. Mit der Hand wischte er über die beschlagene Scheibe. Er verfolgte die Vorgänge unten wie ein Schauspiel.

»Jetzt verriegeln sie das Tor«, sagte er.

Ich trat ebenfalls ans Fenster und sah, daß zwei bewaffnete Männer die breite eiserne Schließe in die Haken legten. Der Wohnblock glich einer verteidigten Festung. Es würde dem Angreifer schwerfallen, einzudringen. Aber zugleich war er für die Verteidiger eine Falle. Ihre Zahl und mögliche Tapferkeit erschien mir mit einem Mal sinnlos. Ich würde wohl hierbleiben müssen, sagte der alte Mann.

Die Stunden gingen hin. Er blieb am Küchentisch sitzen, die Ellenbogen auf die Platte gestützt, den eisgrauen Kopf in die Handflächen gelegt, eingeschlossen in sein Schweigen wie ein Gefangener hinter den dicken Mauern eines Gefängnisses. Ich hatte sein Schweigen zu ehren. Ich wußte, daß die meisten Männer, die sich im Hof aufhielten, seine Freunde waren. Ernst verließ die Küche. Der alte Mann schien es nicht zu bemerken. Es war auch fraglich, ob er die Nachrichten, mit denen Ernst, als es bereits dunkel war, wiederkam, in sein Bewußtsein aufgenommen hatte: Der Hausmeister habe auf dem Dach eine weiße Fahne angebracht, die Männer im Hof wären verschwunden und im Keller in den Kanal eingestiegen, um sich nach Floridsdorf durchzuschlagen. In Ottakring und Favoriten werde gekämpft und Mussolini habe Hitler den Krieg erklärt.

Der alte Mann sagte nichts. Er stellte Teewasser auf und schnitt einige Scheiben Brot ab, und als es klingelte, ging er selbst zur Tür und ließ eine Frau ein. Sie wohnte im gleichen Stiegenaufgang, ich kannte sie vom Sehen. Die Art, wie der alte Mann mit einem Tuch schnell über die Sitzfläche eines Sessels wischte, den er der Frau zurechtrückte, erinnerte mich an meine Mutter, die stets das gleiche getan hatte, wenn sie Besuch bekam, den sie ehren wollte. Gleichzeitig wurde mir klar, es sei doch etwas anderes, Menschen im Unglück zu wissen, mit denen man blutsmäßig verbunden ist, als solche, die man bloß vom Ansehen kennt oder überhaupt nicht. Diese plötzliche Einsicht brachte mir die Frau näher. Sie hatte einen Sohn unten, und nun wußte sie nichts von ihm. Sie legte den Kopf auf die Tischplatte und begann zu weinen.

Der alte Mann war nun wie ein Gespenst, das sich allmählich zu einer Gestalt von Fleisch und Blut zurückverwandelte. Zögernd zunächst, dann immer schneller, redete er auf die Frau ein, helfend und tröstend, aber ich war sicher, daß er selber an keines seiner Worte glaubte. In einem Fenster an der gegenüberliegenden Hausfront flammte ein Licht auf, und dann noch eines. Bald waren alle Fenster hell erleuchtet. Ich sah es und wußte, daß der Streik endgültig zusammengebrochen war.

Der alte Mann wußte ebenfalls, was das Wiederkommen des Lichtes bedeutete. Aber er versagte es sich, an das Fenster zu treten und in den Hof zu blicken, der jetzt vom Schein der elektrischen Lampen erhellt war. Er wollte es nicht sehen. Und er wollte nicht Zeuge sein und hören, wie die Leute zusammentraten und das Ereignis beschwatzten. Er wollte nicht dabei sein, wenn die Neugier über den Schrecken siegte. Er blieb in der dunklen Küche sitzen und versuchte, die Frau zu trösten. Und ich war nicht sicher, ob er mein Weggehen überhaupt bemerkt hatte.

PREŽIHOV VORANC

Punt heißt Aufstand

Am Vormittag des Tages, an dem die Revolte des »Schutzbundes« ausbrach, arbeitete ich daheim. Ich redigierte ein Blatt, das eine Gruppe Kärntner slowenischer Studenten – Hochschüler – in Wien herauszubringen beabsichtigte. Es sollte »Punt« heißen, Aufstand. Vorbereitet war die erste Nummer. Geschrieben hatten sie die Studenten selbst. Das Blatt sollte die Situation der slowenischen nationalen Minderheit in Kärnten in einer Zeit darstellen, als sich am Horizont bereits die schwarzen Wolken des Faschismus auftürmten. Der »Punt« war also der letzte Blitz vor dem Gewitter.

Gegen Mittag beendete ich die Redaktion, und die Manuskripte mußten in die Druckerei getragen werden. Meine Gasse mündete in die Mariahilfer Straße, die eine der Hauptverkehrsadern Wiens ist. Ich dachte, auf die Straßenbahn aufzuspringen, die mich dorthin hätte bringen sollen, wo mich der Drucker erwartete. Doch es kam keine Straßenbahn. Erst da wurde ich aufmerksam. Etwas mußte geschehen sein. Auf den Schienen, nicht weit weg, standen zwei Tramwagen – leer. Auf der nahen Kreuzung bemerkte ich zwei Wachen mit aufgepflanzten Bajonetten. Neben einem Polizisten stand ein Volkswehrmann, ein Soldat. Die Polizei war nicht verläßlich, deshalb sorgte Dollfuß für Beistand, der etwas verläßlicher war.

Ich stierte herum, was war wohl geschehen. Über der Stadt lag eine seltsame Stimmung. Mir schien, als hallten von irgendwo ungewöhnliche Laute wider, doch ich konnte mir nicht erklären, was das bedeuten sollte. Irgendwie war das alles unheimlich. Da erst bemerkte ich, daß auf den Straßen fast keine Leute waren. Die da waren, eilten rasch und mit gesenkten Köpfen weiter. Ein älterer Wiener trat an mich heran. Er war ein stellenloser

Arbeiter. Das sah man auf den ersten Blick, am Gewand und am Gesicht.

»Sie warten umsonst auf die Tram. Heute wird sie nicht fahren und morgen auch noch nicht«, sagte er geheimnisvoll zu mir und wollte weiter.

»Was ist denn los?« fragte ich und ging ihm nach.

»Die Straßenbahner streiken. Dollfuß hat die Arbeiterheime besetzt. Hören Sie denn nicht, wie geschossen wird?« antwortete er und ging weiter.

Mir war es noch nicht genug, und ich eilte ihm nach. Da schenkte mir der Arbeiter reinen Wein ein.

»Standrecht ist, gehen Sie Ihren eigenen Weg. Die Leute dürfen sich auf den Straßen nicht sammeln und miteinander reden.«

Durch meine Adern schoß eine wonnige Hitze. Also ist doch gekommen, was niemand erwartet hat.

Weil keine Straßenbahn fuhr, ging ich zu Fuß weiter. Zuerst dachte ich nicht einmal daran, daß ich den »Punt« einstecken hatte. Ich muß ihn rechtzeitig dem Drucker, der auf mich wartet, in die Hände schaffen. Gerade in diesen Zeiten ist der »Punt« notwendig und muß erscheinen. Bestimmt hallt der Wiener Aufstand auch in Kärnten wider.

Der Drucker erwartete mich am anderen Ende der Stadt, irgendwo im siebzehnten Bezirk. Ich nahm den kürzesten Weg durch Ottakring und kam so in die Nähe des Arbeiterheimes dieses Bezirks, der das mächtigste Zentrum der Wiener Arbeiterschaft war und zur Zeit des Aufstands auch ihre stärkste Festung. Ich bemerkte nicht einmal, daß ich ins Kampfgebiet geraten war. Plötzlich hielt mich ein Volkswehrmann auf und befahl mir, mich auf die Straße zu legen. Da erst begriff ich, daß es um mich herum knallte. Aus dem nahen Arbeiterheim pfiffen Kugeln auf den Platz, auf dem ich lag. Die Volkswehr beschoß das Arbeiterheim, wo sich die Arbeiter verbarrikadiert hatten. Ungewollt fand ich mich also unter den Angreifern wieder. Was für eine Ironie! Aber da war nichts zu machen. Nur gut, daß die Volkswehr nicht meine Taschen abklopfte. Doch dafür hatte sie keine

Zeit. Aus der Entwicklung des Kampfes erkannte ich sofort, daß die Angreifer zum Kämpfen überhaupt keine Lust hatten. Einzig der Volkswehroffizier, der den Angriff leitete, war voller Eifer und gab ganz nervös seine Kommandos. Ich bemerkte, daß auf dem Platz noch mehr Zivilisten, die ganz zufällig in den Kampf geraten waren, hinter den Randsteinen lagen. Unter ihnen waren auch Frauen.

Das Feuer aus dem Arbeiterheim war heftig, und einige Soldaten waren bereits verwundet. Die Verteidiger des Arbeiterheimes beherrschten einigermaßen den Platz. Bald stellte ich fest, daß die Arbeiter nicht auf die Zivilisten schossen. Einige zogen sich nämlich schon über die Straße in eine Seitengasse zurück. Die Volkswehr munterte sie sogar dazu auf. Da begann auch ich mich zurückzuziehen und kroch auf dem Bauch über die Straße. Bald war ich soweit in Sicherheit, daß ich mich in der Seitengasse davonmachen konnte, weiter meinem Ziel zu, wo ich mit ziemlicher Verspätung ankam ...

Der Drucker wartete schon ganz ungeduldig auf mich.

Er war ein dicker Wiener, wie die Gewerbetreibenden in dieser Stadt eben sind. Das heißt, die kleinen Typographen, die aus der Facharbeiterbewegung hervorgegangen waren und sich mit der Zeit selbständig gemacht hatten. Viele davon waren ihrer Sache untreu und zu Gegnern des Fortschritts geworden, einige aber blieben Freunde des arbeitenden Volks und druckten auch weiterhin seine Sachen. Den Drucker kannte ich nicht näher, ich wußte nur, daß seine Druckerei fortschrittliche Sachen für teures Geld druckte. Doch über das Äußere des Druckers erschrak ich. Sein Gesicht zeigte überhaupt keine kämpferischen Züge. Er war ein gleichmütiger, feister Mann mit einem Doppelkinn.

»Haben Sie's mit?« fragte er mich im Tonfall des Eifers. Da wurde mir leichter.

»Ich hab's dabei«, sagte ich.

»Wie sind Sie gegangen? Ich bin zu Fuß aus dem 19. Bezirk gekommen. Mindestens zehnmal haben mich diese Teufel aufgehalten und durchsucht.«

»Teufel noch mal, ich habe Glück gehabt. Mich haben sie nicht gefilzt, obwohl ich zu Fuß unterwegs war.« Dann besprachen wir den Druck; natürlich in aller Eile.

»Bei uns ist Streik, wir streiken alle, denn das ist einfach eine Sauerei. Aber die täuschen sich, wenn sie glauben, daß sie uns überrennen werden. Das Arbeitervolk kämpft überall. Eure Sachen werden wir drucken, das ist abgemacht.« Seine Augen blitzten dabei kampflustig auf: Er war doch ein Kämpfer.

Dann verabredeten wir, daß er schon am nächsten Tag die Korrekturen ganz ans andere Ende der Stadt bringen würde. Wir bestimmten die Zeit des Treffens und trennten uns.

Ich ging zu der Arbeitslosenfamilie, die mich als erste aufgenommen hatte. Ich dachte, ich würde bei ihr etwas erfahren und möglicherweise auch irgendwie helfen. Es wäre dringend nötig, sich einzuschalten, wenn es um eine so große Sache geht. Ich fand den Mann zu Hause. Er war gerade im Begriff, nach Floridsdorf seine Karte stempeln zu gehen. Ich ging mit ihm. Der Mann wußte nichts weiter, als daß irgendwo geschossen wurde, obwohl er organisiert war. Als wir durch die Stadt gingen, bot sich uns überall das gleiche Bild: leere Gassen und stille Gestalten, die sie durcheilten ... Wir begegneten Patrouillen, sie hielten uns an und wir legitimierten uns. Doch über die Brücke nach Floridsdorf, in den reinen Arbeiterbezirk, ließen sie uns schon nicht mehr. Wir mußten umkehren. Auf dem Rückweg gingen wir auf den Stempelposten im neunten Bezirk. Er war geschlossen, und davor wogte eine tausendköpfige Menge stellenloser Arbeiter, die die Polizisten und Soldaten auseinanderzutreiben versuchten. Die Menge war aufgebracht, offenbar unter dem Einfluß der Ereignisse, die sie ahnte. Auch gegen die eigene Führung wurden Rufe laut. Traurig war es, die Auseinandersetzungen mit den Soldaten zu hören.

»Schämt ihr euch nicht für das, was ihr tut. Ihr seid bei uns organisiert, und seid ein Werkzeug der Reaktion!« riefen die Arbeiter.

»Ihr werdet hier Aufstand machen! Wo sind denn eure Führer?

Wie die Hasen haben sie sich geduckt. Hat das alles zusammen einen Sinn?« antworteten die Soldaten.

Langsam verlief sich die Menge.

»Sie haben uns provoziert, wir haben das ganze verpaßt«, sprachen die Arbeitslosen und gingen. Mein Genosse ging niedergeschlagen heim und ich mit ihm. [...]

Am zweiten Tag des Kampfes traf ich mich wegen der Korrekturen wieder mit dem Drucker. An diesem Tag fuhren schon Autos und auch einige Straßenbahnen. Ich nahm ein Auto, um mich nicht ausweisen zu müssen. Ich hatte Glück. Als ich zu dem Treffen komme, sagt mir der Drucker:

»Das war verdammt knapp, ich bin mit dem Auto hergekommen, und sie haben mich dreimal angehalten und durchsucht. Aber ich hab die Korrekturen in den Schuhen gehabt.«

Noch am selben Tag brachte ich ihm die Korrekturen zurück. Wieder hatte ich unwahrscheinliches Glück, ich wurde nicht durchsucht. Als ich am dritten Tag den gedruckten »Punt« übernehmen wollte, kam der Drucker nicht zum Treffen, obwohl ich eine Stunde über die verabredete Zeit auf ihn wartete. Noch am selben Tag erfuhr ich, daß Dollfuß' Polizisten in die Druckerei eingedrungen waren, die gesamte Auflage des gedruckten »Punt« erbeutet und das Druckereipersonal eingesperrt hatten. Inzwischen hatte die Wiener Reaktion schon systematisch mit der Arbeit begonnen.

Der Drucker verriet mich nicht.

Der »Punt«, das Kärntner Leuchtfeuer, kam nicht heraus. Er verbrannte in der Flamme des Wiener Aufstands, in den er geboren worden war. Seine Geburt war schön. Vielleicht wird einmal jemand in den Archiven der Wiener Polizei diesen Druck finden, der auch beweist, daß die Kärntner Slowenen leben wollen.

FRANZ HÖLLERING

Zum ersten Mal ein Gewehr

Karl kam gegen zwei in die Sitzung der Vertrauensmänner. Sein Weg führte ihn eine halbe Stunde weit durch die Straßen. Bis auf die Elektrischen, die verlassen auf offener Strecke standen, schien alles wie immer. Wer nicht wußte, daß überall gestreikt wurde, hätte es nicht schnell entdecken können. Kein einziger Heimwehrmann begegnete ihm. Polizeiautos patrouillierten, aber ihren Anblick war man schon seit langem gewöhnt.

Die Betriebsräteversammlung fand in dem ebenerdigen Saal im Schlingerhof statt, einem Wohnblock der Gemeinde. Der große Raum war bis in die letzte Ecke überfüllt, die Luft vom vielen Rauchen dick zum Schneiden. Die Stimmung der Vertrauensleute war nicht viel anders als in einer gewöhnlichen Betriebsrätekonferenz. Sie horchten gespannt auf den Redner. Er stand auf der kleinen Bühne neben dem Tisch des Vorsitzenden. Hinter ihm hing schlapp der Prospekt einer Seelandschaft mit sturmgepeitschten Wellen. Karl drängte sich mit Mühe durch den Saal. Endlich entdeckte er Kraus, der am anderen Ende auf einem Fensterbrett saß.

Gedämpftes Zustimmungsgemurmel folgte der Warnung des Redners, sich von niemandem und nichts provozieren zu lassen. Die Situation verlangte den besten Streik, den die Floridsdorfer Arbeiterschaft je geführt hatte. Disziplin sei das Gebot der Stunde. Ein Generalstreik voll demonstrativem Ernst und Beherrschung. Aktionen seien die Aufgabe des Schutzbundes. Seine Mitglieder warteten auf den Bewaffnungsbefehl. Er werde diesmal erteilt werden, wenn es die Faschisten wagen sollten, Gewalt vor Recht und Gesetz zu stellen. Dann werde ihnen das Floridsdorfer Karl-Marx-Regiment antworten. So weit sei es aber noch nicht, und es käme darauf an, der Polizei und den Heimwehren keinen Vorwand zum Angriff zu geben. Sollten die Faschisten es dennoch wagen, ihre verfassungswidrigen Pläne ausführen zu wollen, dann würden sie auf eine der hohen Traditionen der Wiener Arbeiterschaft würdige Abwehr stoßen.

Der nächste Redner referierte über die Streiklage. Die privaten und städtischen Betriebe des Bezirkes streikten, alle, ohne Ausnahme. Der begeisterte Beifall, der dieser Feststellung folgte, wurde durch die nächste Mitteilung gedämpft. In den großen staatlichen Betrieben gab es Schwierigkeiten. Die Stimmung unter den Eisenbahnern und den Post- und Telegrafenangestellten ließ zu wünschen übrig. Sie hatten sich dem Streik noch nicht angeschlossen, sondern warteten noch ab.

Karl kam vor Kraus an, der langsam den Kopf hob und ihm lang in die Augen schaute. Zu reden brauchten sie nichts. Sie gaben sich die Hand und niemand sah, wie fest der Griff war.

»Ott möcht' wissen, ob er die Belegschaft nach Haus schicken soll. Die Kommunisten agitieren für einen Angriff auf die Polizeiwachstuben«, sagte Karl.

Karl wollte weitersprechen, aber am Saaleingang entstand ein furchtbarer Lärm und wieder ertönte der Ruf »Polizei«, wie er ihn an diesem Tag schon einmal gehört hatte. Der Eingang und die Straße vor dem Haus steckten plötzlich voller Uniformen. Polizeimannschaften drangen in den Saal. Ein höherer Offizier schrie etwas, er war in der allgemeinen Aufregung, die die Versammlung ergriff, nicht zu verstehen. Nur der Schluß »aufgelöst« und »verhaftet« drang durch. Es genügte. Der Vorsitzende auf dem Podium protestierte, man sah es nur an seinen Gesten. Der ungeheure Tumult verschluckte, was er sagte. Die Polizisten waren auch nicht neugierig, es zu hören. Sie fielen über die zurückweichenden Betriebsräte her, rissen einzelne von ihren Nachbarn los und schleppten sie hinaus. Wer sich wehrte, wurde niedergeschlagen. Auf den Gesichtern der Arbeiter malte sich eine Überraschung, größer noch als die Empörung über den brutalen Überfall auf eine gesetzliche Körperschaft. Es war, als wollten die Augen noch nicht wahr haben, was sie sahen.

Wirklicher Widerstand war unmöglich. Die Polizei war in der Überzahl, hielt die Ausgänge besetzt und drängte die Betriebsräte immer dichter zwischen Tischen und Stühlen zusammen. Sie steckten in einer Falle.

Kraus riß das Fenster hinter sich auf und sprang in einen kleinen verfrorenen Hintergarten hinunter. Karl folgte ihm. Sie stolperten über niedergebogene, eingepackte Rosenstöcke, kletterten ein leeres, grünes Gitterspalier hoch, zerrissen sich Hände und Mantel an den Glasscherben, die in der oben abgedachten Mauer steckten, und landeten in einem engen Hof, der, sie empfanden es trotz Eile und Aufregung als Überraschung, voll dicker Milchkannen stand. Karl schlug sich an einer das Schienbein an, es war ein scharfer Schmerz, und er wäre gefallen, wenn ihn nicht jemand, der hinter ihm über die Mauer gekommen war, zurückgerissen hätte. Als er sich dankbar umschaute, war es Schurl. Außer Atem keuchte der Bub: »Ich möchte mit Ihnen sein, wenn's losgeht.«

Sie liefen weiter, aus dem Hof, in einen finsteren Gang, durch eine Hauseinfahrt, irgendwo schrie ein Kind. Kraus stand schon am Tor und spähte vorsichtig auf die Straße hinaus. Weit und breit keine Polizei. Sie verschnauften, staubten sich gegenseitig ab und verließen ruhig unverdächtig das Haus.

»In die Remise, zum Schutzbund«, sagte Kraus und schlug ein schnelleres Tempo ein. Jetzt erst bemerkte er, daß sie zu dritt waren. »Wo kommst denn du her, Knirps?« fragte er Schurl.

»Ich bin dem Genossen Merk nachgegangen.«

»Ja, was willst denn?«

»Was halt ihr macht.«

Darauf antwortete Kraus nicht und auch Karl schwieg.

Nach einer Weile sagte Kraus: »Ich fürcht', es wird nichts werden mit einem ruhigen, würdigen Streik. Die Polizei ist nicht darauf aus. Wenn wir uns einzeln von ihr angreifen lassen, sind wir erledigt. Auf die Weis' könnt' sie ganz Floridsdorf verhaften. Einen Genossen nach dem andern.«

Die Regierung begegnete den relativ friedlichen Mitteln, von denen Karl gesprochen hatte, mit Maßnahmen, die zu einer schnellen Verschärfung des Konflikts im ganzen Lande führten. Das Standrecht wurde verkündet, die gesamte bewaffnete Macht, Militär, Polizei und Gendarmerie aufgeboten. Die Heimwehren waren wirklich entschlossen, ganze Arbeit zu leisten. Ehemalige Offiziere zogen die seit langem vorbereiteten Felduniformen an und schnallten die Revolvertaschen um.

Seit 1918 lebten sie für diesen Tag, an dem sie die Geschichte korrigieren wollten. Der junge Graf Üxcüll, der sonst gern lange schlief, hatte schon um sieben Uhr morgens sein Palais in einem neuen grauen Militärauto verlassen. Der verstärkten Heimwehrwache, die er am Abend vorher in die Portierloge gesetzt hatte, schärfte er nochmals ein, daß das Gebäude niemand betreten und niemand verlassen dürfe, auch seine Exzellenz, der alte Graf, nicht. Major Schrack waggonierte gegen Mittag sein Heimwehrbataillon auf dem Hütteldorfer Bahnhof in derselben musterhaften Ordnung aus, wie vor zwanzig Jahren seine Batterie auf dem russischen Kriegsschauplatz.

Die Führer der Arbeiter, die nach den Gesetzen der demokratischen Wahlarithmetik bei den nächsten Wahlen die Majorität der Stimmen für sich erwarteten – nur daß diese Wahlen eben deswegen nicht stattfanden – hatten ausgespielt. Die ehemaligen Staatshäupter und Minister aus den Gründungstagen der Republik, Parlamentspräsidenten, Landeshauptleute, Gewerkschaftsführer und Abgeordnete, hatten seit 1918 alle ihre Kraft für eine demokratische friedliche Entwicklung eingesetzt. Sie opferten, von Jahr zu Jahr weiter zurückweichend, die radikalen Ideen ihrer Jugend und überwanden selbst ihren persönlichen Haß gegen einen Gegner, der entgegen den demokratischen Spielregeln nicht mit sich reden ließ und für ihre geistigen Waffen keinen Gebrauch hatte. Im entscheidenden Augenblick, der gegen ihren Willen kam, wurden sie beiseite geschoben. Abgeordneter Hippmann wurde mitten in der Beschwörungsrede verhaftet, die er im Landhaus einigen untergeordneten Mitgliedern des Regierungsapparates hielt, deren Hauptsorge einer weiteren Störung des ohnehin so schwer leidenden Fremdenverkehrs galt. Das Wiener Rathaus wurde von Militär besetzt und dem Bürgermeister der Zweimillionenhauptstadt des Sechsmillionenstaates die Gelegenheit gegeben, sein Wort wahr zu machen und nur der Gewalt zu weichen. Den alten, liberalen Herrn schützten seine großen Verdienste um Staat und Stadt und seine siebzig Jahre nicht. Er wanderte wie alle anderen angeblichen Revolutionäre, die, harmlos besorgt über den Lauf der Welt, von den Verhaftungsdetachements unvorbereitet an ihren Adressen gefunden wurden, in das große graue Haus mit den vielen vergitterten Fenstern, das sich nahe dem Zentrum der Stadt dahinstreckt, gleich hinter der Universität. Sie schritten, der historischen Stunde würdig, erhobenen Hauptes durch das Gefängnistor, obwohl sie beim Verlassen der Polizeiwagen ein garstiger eiskalter Wind anfuhr. Die Gefängnisbeamten salutierten.

Die Polizeioffiziere in den Arbeitervierteln salutierten nicht.

In Meidling fielen am frühen Nachmittag die ersten Schüsse. Polizeiwagen fuhren vor dem großen Gemeindehaus vor, bei dessen Eröffnung vor sieben Jahren Gemeinderat Birkmeier seine optimistische Rede über die luftigen Balkone und die Kinderspielplätze gehalten hatte, von denen seiner Meinung nach eine überzeugende friedliche Kraft ausging. Die Mannschaften, ausgerüstet mit Stahlhelmen und Karabinern, sprangen von den Wagen, schossen ohne Warnung in die Fenster, stürmten das Gebäude. Sie hatten Befehl, das Wohnhaus zu räumen, das ihr Kommandant für einen Sammelplatz des Schutzbundes hielt. Ein ungeheurer Lärm brach auf Stiegen und Gängen los, Türen wurden eingeschlagen, Fensterscheiben splitterten, Verwundete schrien, Mütter rissen, die Augen wahnsinnig vor Angst, ihre Kinder zurück. Flüche mischten sich mit Sammlungsrufen, hinter einer Tür hörte eine Mundharmonika nicht zu spielen auf, ein Hund heulte. Dagegen klang das Krachen der Schüsse unmenschlich schnell und genau. Die überraschten Bewohner, Frauen, Kinder, Arbeitslose, alte Leute – die Männer waren noch in den Betrieben – begannen sich zu wehren. Schlecht bewaffnete Schutzbündler, noch war kein Bewaffnungsbefehl ausgegeben, kamen ihnen mit Pistolen, Jagdflinten und selbstangefertigten Handgranaten zu Hilfe. Die ersten Opfer fielen.

In Ottakring überfiel die Polizei den großen Wohnblock Sandleiten und das Arbeiterheim, in Döbling ging sie gegen den Karl-Marx-Hof vor – überall mit dem gleichen Ergebnis. Die Bewohner setzten sich nach der ersten Überraschung zur Wehr. Gegen Abend wuchs mit der zunehmenden Bewaffnung des Schutzbundes ihr Widerstand, die Polizei wurde aus allen Häusern wieder verdrängt und mußte Verstärkungen anfordern. Kanonen, Minenwerfer und Tanks setzten sich gegen die Arbeiterviertel in Bewegung. Die modernen Wohnbauten der Gemeinde Wien, die stolzen Zeugen einer reformistischen Sozialpolitik, die hellen sauberen Wohnungen tausender armer Familien waren ihr Ziel.

In Floridsdorf, dem einundzwanzigsten Bezirk am linken Donauufer, der eine Stadt für sich bildet und mit den anderen zwanzig Bezirken Wiens nur durch ein paar Brücken verbunden ist, fiel bis in die späte Nacht nicht ein einziger Schuß. Die Sprengung der Betriebsrätekonferenz war der Polizei vollständig gelungen. Sie besetzte in Ausnützung dieses Erfolges den ganzen Schlingerhof, ohne auf Widerstand zu stoßen. Das Schicksal der Vertrauensleute, die in die Autos geschleppt wurden oder flüchteten, wirkte deprimierend. Ehe die Bewohner des Gebäudes noch wußten, daß der Kampf begonnen hatte, sahen sie die Niederlage. Es dauerte, bevor sie sich sammelten.

Ein Versuch, die Arbeiter des Gaswerkes Leopoldau unter Androhung des Erschießens zur Arbeit zurück zu zwingen, scheiterten an der stummen, einmütigen Abwehr der ganzen Belegschaft. Sonst beschränkte sich die Polizei, von ängstlichen Heimwehrleuten eher geschwächt als gestärkt, auf das Patrouillieren in den Straßen. Ihre Geheimagenten und Spitzel, als streikende Arbeiter verkleidet, schnüffelten überall herum. Sie bemühten sich, dem Schutzbund auf die Spur zu kommen. Alles, was sie erreichten, war eine Verzögerung seiner Bewaffnung. Die Vorsicht, mit der die Depots geräumt werden mußten, kostete Zeit. Es schien kein Unglück, denn die Faschisten hielten sich in der Defensive. Sie hatten ihre Hauptmacht auf dem rechten Donauufer eingesetzt.

Die Führer des Schutzbundes wichen ihrerseits allen Zusammenstößen aus. Zuerst sollte jeder Kämpfer ausgerüstet auf seinem Platz stehen. Die seit Monaten hin und her überlegten Abwehrpläne wurden der Wirklichkeit, wie sie nun war, angepaßt. Das Bezirkskommando arbeitete, allen Späheraugen verborgen, im Innern der großen Remise, geschützt von den Straßenbahnern, die jeden Polizisten und Detektiv des Bezirkes kannten. Einer der ersten Befehle, die das Kommando ausgab, ordnete an, die auf offener Strecke stehenden Straßenbahnwagen abzuschleppen. Sie sollten die geplante Offensive der Schutzbündler nicht hindern. Die Polizei täuschte sich und hielt die Arbeit, die sich die Straßenbahner machten, für ein Schwächezeichen, für einen dem Streik feindlichen Ordnungssinn.

Die frühe Winterdämmerung und die Nacht brachen herein. Aus den weiten, offenen Ebenen des Marchfeldes, auf dem Napoleon seine erste Niederlage erlitten hatte, wehte ein scharfer Ostwind. Die Straßen lagen verödet und in tiefer Finsternis. Polizeiautos mit starken Scheinwerfern fuhren in ihnen dahin, so schnell, als hätten sie Angst. Kaum waren sie vorbei, rückten die Schutzbundpatrouillen weiter auf ihren Wegen. Gaststätten und Kaffeehäuser blieben leer und schlossen bald. Die Streikenden waren aus den Fabriken heimgekehrt. Hinter verhängten Fenstern saßen sie mit Weib und Kindern um spärliche Kerzenlichter. Gesprochen wurde nicht viel. Sie horchten auf das Schießen, das vom westlichen Donauufer her immer deutlicher zu hören war. Die Radios, aus denen die verlogenen Regierungsnachrichten kamen, waren längst abgestellt.

Karl war seit dem frühen Nachmittag Mitglied des Schutzbundes, mit Freuden empfangen und ohne Formalitäten eingereiht in die Kompagnie Kraus, die aus Arbeitern der Fabrik bestand. Gegen acht Uhr erhielten sie ihre Waffen. Jeder Mann ein Mannlicher, zweihundert Patronen und drei Handgranaten. Kraus nahm seinem Freund die Handgranaten wieder weg. »Das Werfen muß gelernt sein«, sagte er. Frauen und Kinder der Schutzbündler brachten warme Sweater, Windjacken, Fäustlinge. Karl wurde seinen fadenscheinigen, zerrissenen Winterrock los. Eine alte Frau gab ihm die dick gefütterte Lederjacke ihres Sohnes, eines Chauffeurs, der in der Früh gestorben war. »Den Augenblick, daß es endlich losgeht, hätt' er erleben sollen«, sagte sie, »tragen S' seine Jacken in Ehren, Genosse, er hätt's auch getan.«

Kraus teilte die Kompagnie in kleine Gruppen ab und schickte sie zum Abendessen in die Küche eines nahen, nach außenhin geschlossenen Wirtshauses, das einem Parteimitglied gehörte. Nachher verteilte er Zigaretten und Zigarren. »Geht sparsam um damit«, warnte er, »wer weiß, wann ihr wieder was zu rauchen kriegt.« Er wußte noch aus dem Weltkrieg, wie leicht ein Raucher ohne Zigaretten seine Nerven verlor. Gegen zehn Uhr erhielt Kraus Befehl, die Verbindung mit dem Schutzbund auf dem rechten Donauufer herzustellen. Er sollte das Döblinger Kommando, das sich im Karl-Marx-Hof oder in seiner Nähe befinden mußte, über die Lage im Bezirk unterrichten, Floridsdorf plante, nach Mitternacht einen Angriff auf alle Polizeistationen zu unternehmen, mit dem Ziel, den ganzen Bezirk von Regierungskräften zu säubern. Gebeten wurde um Nachrichten über die Gefechtssituation am rechten Ufer und in den westlicheren Bezirken. Das Kommando war besonders ernstlich über die Stille in der Brigittenau besorgt. Es wollte wissen, ob dieser Bezirk seiner Aufgabe, den Zuzug von Polizeiverstärkungen über die südlicheren Donaubrükken nach Floridsdorf zu verhindern, nachkommen werde. Mit der obersten Kampfleitung bestand keine Verbindung, selbst ihr Aufenthaltsort war unbekannt. Nach erfolgreicher Durchführung der Säuberungsaktion beabsichtigte der Floridsdorfer Schutzbund mit ganzer Kraft über die Brücken gegen die Innere Stadt vorzustoßen. Das Kommando war auch bereit, dem Karl-Marx-Hof im Notfall Hilfe zu schicken. Der Bezirk verfügte augenblicklich über ungefähr zweitausend Mann, hoffte aber nach dem ersten Erfolg auf Verstärkung durch Nicht-Schutzbündler.

Menschen, die auf Ihrer Seite stehen, getötet werden und sterben?« Er erhielt die hartnäckige, bornierte Antwort: »Wir haben keinen Befehl.« Ein dritter Vertrauensmann sagte, soviel ihm bekannt sei, gäbe es überhaupt keine Waffen im Haus.

Ein Schutzbündler raste herein. Er berichtete, daß im Karl-Marx-Hof schwere Kämpfe im Gange seien. Er habe auch kämpfen wollen, aber seine Abteilung nicht finden können.

Der Mann hatte ein Motorrad, Mason setzte sich zu ihm auf den Soziussitz und fuhr mit ihm zum Karl-Marx-Hof. Es war jetzt später Nachmittag und schon ziemlich dunkel. Er war noch immer tödlich erschrocken. Es schien nahezu unvorstellbar, daß entgegen allen Plänen niemand vom Schutzbund in den George-Washington-Hof gekommen sein sollte und daß die Vertrauensleute dort nicht einmal über ihre Gewehre Bescheid wußten. Während sie holpernd dahinfuhren, sah er, daß auf den Straßen Frauen in langen Schlangen vor den Läden standen und Mehl und Kerzen, Zucker und Streichhölzer kauften. Von Heimwehrtrupps angetrieben, liefen jetzt Dutzende kleiner Pöbelhaufen den Gürtel hinunter, während Pferde die stromlosen Straßenbahnen in die Remisen zogen. Mason sah noch mehr Polizisten, noch mehr Heimwehrleute. Und dann, in einer endlosen Reihe längs des Gürtels, ratterten Lastwagen mit Männern in einer ganz anderen Uniform vorbei: Bundesheer!

Langgestreckt und flach lag der Karl-Marx-Hof am feuchten Ufer des Donaukanals. Als Mason und der Schutzbundmann auf dem Motorrad herankamen, tönte ihnen scharfes Gewehrfeuer entgegen. Polizisten mit Gewehren kletterten auf eine Gartenmauer. »Zurück!« schrie ein Offizier Mason an. »Sie sind in der Feuerlinie!« Mason wich aus und suchte Deckung in der Nähe eines Maschinengewehrpostens vor einem Fleischerladen.

»Ich möchte weitergehen«, sagte er.

»Nur auf eigene Gefahr«, erwiderte der Feldwebel, der das Kommando führte.

»Ich möchte weitergehen«, sagte Mason nochmals. Er sah, daß der Schutzbundmann, der ihn hergeführt hatte, verschwunden war.

»Wie gesagt, auf eigenes Risiko!«

Endlich begriff er, daß er durch die Feuerlinie laufen mußte, um in den Karl-Marx-Hof und zu dessen Verteidigern zu kommen. Ich muß betrunken sein, sagte er sich. Oder bin ich verrückt geworden? Denn das war einfach Wahnsinn, eine Unmöglichkeit. Er konnte nicht über den Rasen gehen, ohne daß seine eigenen Leute auf ihn feuern würden. Sich töten zu lassen, war auf jeden Fall sinnlos, aber sich auch noch von den eigenen Leuten töten zu lassen, wäre zu dumm gewesen.

Schade! Wie großartig hätte er über die Verteidigung des belagerten Karl-Marx-Hofes schreiben können, wenn es ihm gelungen wäre, in das Gebäude vorzudringen!

Pennnnnnngg!

Mason blickte um sich. Gütiger Himmel, die Regierungstruppen waren mit Artillerie aufgefahren und brachten Haubitzen in Feuerstellung. Sie begannen den Karl-Marx-Hof mit Artillerie zu beschießen!

Er fühlte eine Leere im Magen. Das war unsagbar abscheulich. Die Regierung machte Anstalten, ein Wohnhaus mit Artillerie anzugreifen! Es war kaum zu glauben. Sie wollten wirklich die unvorstellbare Schande auf sich laden, ihre Mitbürger in deren Wohnungen zu töten – durch Artilleriefeuer! Wenn es diesem Schutzbündler, der ihn hergebracht hatte, gelungen war, ins Haus zu kommen, dann müßte es auch ihm gelingen!

Nein.

Er hatte jetzt an Paula und an Richard zu denken. Wenn die Regierung gegen den Karl-Marx-Hof Artillerie einsetzte, dann konnte sie genausogut auch gegen den Goethe-Hof auf solche Weise vorgehen. Seine Frau und sein Sohn waren vielleicht in Todesgefahr. Was sollte er tun?

Die Stadt zu durchqueren und von hier in den Goethe-Hof zu kommen, in der Dunkelheit, ohne Fahrzeug, ja selbst mit einem Fahrzeug, war völlig unmöglich. Jede Straße mußte blockiert sein. Er würde bis zum Morgen zu warten haben.

Er sah nun, worum es ging. Die großen sozialen Wohnblocks,

die Gemeindebauten, waren zwangsläufig Zentren des sozialistischen Widerstandes geworden. Hier versuchten sich die Leute des Schutzbundes zu sammeln. Deshalb faßten Regierung und Heimwehr den Beschluß, diese Gebäude anzugreifen. Bisher hatten sie mit Gewehren und Maschinengewehren geschossen, und in den Häusern, wo Waffen vorhanden waren und die Leute kämpfen wollten, hatten die Sozialisten das Feuer erwidert. Also setzte die Regierung jetzt schwerere Waffen ein – Feldgeschütze, Haubitzen, Artillerie. Mason schaute auf seine Uhr, es war kurz vor sechs Uhr abends. Er entschloß sich zu dem Versuch, ins Journalistenzimmer, seiner Verbindungsstelle, zurückzukehren. Hastig schritt er den Kanal entlang. Wieder ertönten Schüsse. Ein Posten hielt ihn auf, schickte ihn zurück und sagte kurz angebunden, das ganze Gebiet sei nun gesperrt. Mason begann wütend zu werden. Er schwenkte seinen Presseausweis. Die Straßen waren jetzt nahezu leer. Passanten hetzten nach Hause, Kellner zogen die Rolläden über die Fenster der Gaststätten, und Ladeninhaber schlugen die Türen ihrer Geschäfte zu. Schnell, nur schnell. Aus einem Haus, dessen Tor verschlossen war und in dem kein einziges Licht brannte, hörte er eine Grammophonnadel über eine Tanzplatte kratzen. Radio Wien verlautbarte, daß ab acht Uhr Ausgehverbot herrsche. Kein Fahrzeug durfte mehr unterwegs sein, kein Mensch auf der Straße, Kinos und Kaffeehäuser mußten schließen. Mason hatte seit dem Frühstück nichts gegessen, und als er ein Geschäft sah, das noch offen hielt, kaufte er so viel Schokolade und Keks, wie er in seine Taschen stopfen konnte.

Er begann zu laufen. Die Straßen waren jetzt schwarz. In der Nähe der Nordbahn saß in einem wackeligen Steyr-Auto ein junger Bursche. »Zwanzig Schilling, wenn Sie mich ins Telegraphenzentralamt bringen«, schrie Mason. Der Bursche setzte den Motor in Gang. Der Steyr war das einzige Fahrzeug auf den Straßen. Mehrmals hörten sie »Halt! Zurück!« und wurden angehalten. Mehr als einmal näherten sich ihnen die Posten nervös und mit dem Gewehr im Anschlag und zielten auf den Kopf des Fahrers. »Halt! Oder wir schießen! Ihre Papiere!« Jedesmal schwenkte Mason seinen Presseausweis und erhielt die Erlaubnis, weiterzufahren. Es war komisch, von einem Mann angehalten zu werden, der eine Maschinenpistole in der Hand hatte, aber einen steifen Hut trug. Endlich betrat Mason das Journalistenzimmer.

WILLI BREDEL

Jeder denkt: Österreich

In unser tristes Gefangenendasein platzt eines Tages eine Nachricht, die mit einem Schlage jeden einzelnen hochreißt und mit neuen Hoffnungen erfüllt. Der Kalfaktor kommt und klopft leise.

Welsen ruft um Ruhe und horcht an der Tür.

»Nathan?«

»Ja, was hast du?«

»Hör zu, ganz dolle Sache. In Paris und Österreich ist Revolution!«

»Mensch, Erni, mach keinen Unsinn!«

»Im Ernst, in Wien ballern sie wie verrückt. Hunderte Tote. Die Arbeiter haben ganze Stadtteile besetzt.«

»Und die österreichische Sozialdemokratie?«

»Na, die macht so halb und halb mit. Der Schutzbund hat den Laden geschmissen.«

»Ich glaub dir das nicht!«

»Red doch keinen Unsinn, die ganzen Zeitungen stehen voll. Wenn ich kann, besorg ich aus der Wachtstube eine Zeitung und steck sie euch zu.«

»Ja, mach das! Nicht vergessen!«

Gedankenvoll verläßt Welsen die Tür. Er kann noch immer nicht glauben, was ihm mitgeteilt wurde. Revolution in Paris und Österreich? Was geht denn eigentlich draußen in der Welt vor? Das kommt ja alles rascher, als jeder erwartet. Und ausgerechnet in Österreich? Der sozialdemokratische Schutzbund wagt den bewaffneten Aufstand? Wie mag das alles zusammenhängen? Was kann dabei rauskommen? Er wendet sich an die mit fragenden Gesichtern um ihn Stehenden.

»Hört mal her! Was der Erni da eben sagt, ist so ungeheuerlich, daß man es nicht ohne weiteres glauben kann! In Österreich soll die Revolution ausgebrochen sein! Erbitterte Kämpfe soll es geben. Bisher Hunderte Tote. Und in Paris soll es ebenfalls drunter und drüber gehen!«

Sekundenlang stehen alle atemlos da. Dann aber bricht es aus ihnen heraus, ein Durcheinander von Freudenausbrüchen, Fragen, Prophezeiungen und Hoffnungen wirbelt durch den Saal.

»Wenn es soweit ist, dann greift es über!«

»Jetzt müssen wir die Klamotten hinwerfen und streiken, die Wirtschaft lahmlegen. Die deutschen Arbeiter dürfen die Wiener nicht im Stich lassen!«

»Wenn das nicht kommt, ist es Essig. Glaubst du, die anderen Staaten sehen ruhig zu, wenn in Österreich die Arbeiterrevolution ausbricht? Jetzt kommt es drauf an!«

»Is dat so, wie Nathan uns dat vertellt, dann reuhrt sick de Arbeiter öberall!«

»Wenn die Arbeiter in Österreich siegen, dann marschiert Mussolini ein. Der liegt doch sowieso schon auf der Lauer.«

»Das werden die österreichischen Arbeiter und die Arbeiter aller anderen Länder schon zu verhindern wissen, mein Lieber!«

»Hunderte Tote, sagst du, Gottsverdori, die gehen gleich hart ran. Wer hätte das den Wienern zugetraut?«

Keiner denkt mehr an Schach und Kartenspiele. Selbst der griesgrämige Hannes Kolzen spitzt aufmerksam die Ohren und horcht bald bei dieser, bald bei jener Gruppe. Der lange Köhler, der ehemalige Flügelmann des SA-Sturmes 14, sagt: »Da werden die Nazis in Österreich mit den Arbeitern gemeinsame Sache machen. Die wollen auch, daß Dollfuß verschwindet!«

»Menschenskind, bist du denn immer noch nicht kuriert?« schreit ihn Eigenhagen an. »Glaubst du denn immer noch, daß die Nazis irgendwie mal mit den Arbeitern gehen? Die sind die Schutztruppe des Kapitalismus, sie erfüllen nicht Arbeiter-, sondern Unternehmerforderungen. Begreif das doch endlich!«

»Du wirst ja sehen!« beharrt der Nazi eigensinnig auf seinem Standpunkt. »Wir werden das ja noch genau erfahren.«

Kreibel, Welsen, Walter Körning und Schneemann stehen zusammen. Schneemann, der zuerst mehr erschreckt als erfreut war, führt das Wort.

»... die Wiener Sozialdemokratie, das ist die bestorganisierte der ganzen Welt! Ein Ruf, und die Arbeiter verlassen die Betriebe. Ein Kommando, und die Arbeiter, geführt vom Schutzbund, ergreifen die Waffen. Da können wir Deutschen uns eine Scheibe von abschneiden.«

Er faßt Welsen gönnerhaft auf die Schulter.

»Aber, Genossen, ein offenes Wort. Die österreichischen Arbeiter können das, weil sie nicht gespalten sind, weil nicht zwei gleich starke Parteien die Aktionskraft der Arbeiter lähmen.«

»Du, darauf ließe sich viel sagen«, sagt Welsen ein wenig verwirrt und bissig. Er stößt Kreibel an, der wie abwesend neben ihm steht. »Ich denke, Walter sagt uns mal, was er darüber denkt.«

»Ja, Genossen, ja Schneemann.« Welsen zieht den kleinen Kreis von der Tür fort und nach der Fensterecke, zu den Strohsäcken hin.

»Da ließe sich verdammt viel sagen ... aber«, Kreibel wendet sich an Welsen, »wir wissen kaum, was eigentlich los ist, kann man da ernsthaft diskutieren?«

»Ein etwas plumper Rückzug!« höhnt der Sozialdemokrat. »In Österreich wird bestimmt gekämpft, das dürfen wir schon glauben. Die Wiener Sozialdemokratie kapituliert nicht vor dem Faschismus, denn die Arbeiter sind bewaffnet, sind seit vielen Jahren bewaffnet.«

»Weißt du, Schneemann, eine Revolution kann man nicht lediglich durch eine Proklamation hervorrufen, sie bedarf auch nicht nur der Bewaffnung der Arbeiter, sondern auch der Bewaffnung der Köpfe der Arbeiter – ich meine damit eine systematische politische Erziehung der Arbeiter zur Revolution, eine revolutionäre Ideologie ...«

»Du quatschst von revolutionärer Ideologie. Schön und gut. Die revolutionärste Ideologie liegt doch in der Tatsache, daß die Sozialdemokratie die Arbeiter bewaffnete.«

»Zu welchem Zweck, Schneemann?«

»Zu welchem Zweck, fragst du? Vielleicht um Spatzen zu schießen; ich weiß es nicht.«

»Ich frage so: Um eine Arbeiterherrschaft zu erkämpfen?«

»Na also, da sind wir ja wieder im alten Fahrwasser. Ihr Kommunisten könnt nur in diesem Gewässer plätschern. Ich antworte dir so: Um die Rechte der Arbeiter zu verteidigen!«

»Ich weiß, was du Rechte der Arbeiter nennst; also du gibst zu, nicht um eine sozialistische Republik zu erkämpfen?«

»Ihr seid hoffnungslos vernagelt. Sozialistische Republik. Außer dieser Einrichtung gibt es nichts, für das es zu kämpfen sich lohnte, was?«

»Das gibt es schon, aber es ist wichtig, daß die Arbeiter das politische Ziel erkennen, für das sie kämpfen sollen.«

»Der Arbeiter, der zum Gewehr greift, weiß genau, für was er kämpft.«

»Richtig, Schneemann, der Arbeiter ja, wenn auch oft nur rein instinktiv klassenmäßig. Aber die Führer der österreichischen Sozialdemokratie? Für was, für wen kämpfen sie?«

»Ach ja?« Schneemann lächelt Kreibel sarkastisch an. »Das sind ja verkappte Faschisten, nicht wahr?«

»Mir kommt das ja auch alles komisch vor«, mischt sich der Jungkommunist in die Debatte. »Wie aus 'ner Pistole geschossen, bums, Revolution. Und vorher eine Politik, Mensch, nichts als Kapitulationen!«

»Die Sozialdemokratie hat stets erklärt, wenn uns die Reaktion einen bewaffneten Kampf aufzwingt, werden wir auch davor nicht zurückschrecken.«

»Nein, Schneemann«, nimmt Kreibel wieder das Wort, »bewaffneter Kampf gegen die Reaktion? Nachdem man fünfzehn Jahre mit ihr regiert hat? Nachdem man immer und immer wieder erklärt hat, daß es ein friedliches Hineinwachsen in den Sozialismus gebe? Nein, Schneemann, der bewaffnete Aufstand der österreichischen Arbeiter ist eine radikale Abkehr von der sozialdemokratischen Politik. Und was auch dort geschehen sein mag, der Aufstand kann nur gegen den Willen der sozialdemokratischen Parteibürokratie ausgebrochen sein.«

»Die Wiener Sozialdemokratie, der Schutzbund ...«

»Hört mal«, schneidet Welsen dem Sozialdemokraten das Wort ab, »mir gefällt diese Debatte ganz und gar nicht. Wir wissen so gut wie nichts und reiben uns die Köpfe. Die österreichischen Arbeiter kämpfen. Das ist doch eine so herrliche Sache, daß wir sie uns durch Diskussionen, die in der Luft hängen, nicht versauen lassen wollen. Arbeiter kämpfen, da kämpfen wir alle mit. Hinterher wollen wir rechten und kritisieren!«

»Gut gesprochen, Nathan«, bekräftigt Walter Körning, »mir direkt aus dem Herzen gesprochen! Schluß mit dem Streit!«

Kesselklein kommt mit wiegendem Gang und strahlender Laune.

»Du, Nathan, de Otto packt all siene Sooken. He gleuwt, dat se uns all hüt Nacht rutholt!«

»So schnell wird es wohl nicht gehen!« erwidert Welsen lachend.

»Aber was, Hein, das Herz geht einem auf, wenn man so etwas hört!«

Eine ungeheure Spannung und Erregung hat alle Gemüter ergriffen. Nach Einschluß wird im Flüsterton bis tief in die Nacht diskutiert. Jeder fiebert nach weiteren Meldungen. Pläne werden geschmiedet, um Zeitungen und Nachrichten zu bekommen. Walter Körning erklärt, daß er morgen Wachtmeister Lühring fragen will, wie es in Österreich aussieht. Selbst auf das Risiko hin, daß der Lühring ihm ins Gesicht schlägt.

MARTHA FLORIAN

Es schießt

1934 … Anna weckt mich; ich hatte mich nach dem Mittagessen schlafen gelegt, um zu vergessen – der Tag ist so lang. »Das Licht ist aus«, sagt sie, »irgend etwas ist los.« Ich raffe mich aus meiner Lethargie auf. Schließlich gibt es doch noch eine andere Welt außer der meinen. Streik, Aufstand, Revolution – vielleicht wird es ernst. Im Jahr zuvor war eine Demonstration, ein Elendszug verzweifelter Gestalten gewesen. Ruth hatte mich mitgenommen. »Diesmal gehen Sozialdemokraten und Kommunisten mitsammen«, hatte sie gesagt – ich konnte den Bruderkampf niemals ganz begreifen. Es war Winter. Nichts mehr von dem festlichen Auftrieb früherer Jahre, nur noch Hunger, Arbeitslosigkeit, Erschöpfung. »Laß mich heimgehen«, bat ich. »Es tröstet mich nicht, zu sehen, daß auch andere unglücklich sind. Ich kann ihnen nicht helfen, und die paar Brocken, die ich schenken kann, sind nichts in diesem Meer von Elend …« Ruth flammte auf: »Wenn alle das sagen …« – »Hör, du, ich glaube, es liegt an der Schöpfung selbst.«

Das war im Vorjahr gewesen, kurz vor der Auflösung des Parlaments. Jetzt, da die Schlacht bevorsteht, bin ich selber kampfbereit.

Die Straßenbahnen stehen still. Ich wandere zum Vorwärts-Gebäude, als ob von dort etwas zu erhoffen wäre – mir wird kaum bewußt, wohin ich gehe. Ein anderes Haus ist in gefährlicher Nähe, das Haus, in dem Thomas einst wohnte. Ein dichter Polizeikordon sperrt die Straße ab. Ich gehe weiter in die Stadt; dort spannen sie Stacheldraht. Gegen welchen Feind? frage ich spöttisch; aber die mürrischen Soldaten antworten nicht. So gebe ich es auf: ein nutzloser Weg mehr in meinem nutzlosen Leben. Ernst kommt mir entgegen, er verzichtet heute auf sein Café.

»Die Kinder rufen nach dir«, sagt er. Anna steht in der Wohnungstür. »Es wird geschossen, und Sie waren so lange fort« – sie ist ein einziger Vorwurf. In ruhigen Zeiten gibt es mitunter Meinungsverschiedenheiten zwischen uns, wenn es aber böse wird, dann halten wir zusammen. Die Detonationen werden häufiger. Um acht Uhr abends setzt Artilleriefeuer ein. In immer gleichen Abständen fallen die Schüsse, ganz nahe von uns. Die Kinder schlafen lange nicht ein. Zum erstenmal in ihrem Leben hören sie Geschütze.

Aus Angst vor Splittern haben wir die Rouleaux geschlossen, wir sitzen bei Kerzenlicht. Anna kann es nicht fassen: »Man kann doch nicht mitten in der Stadt drauflosschießen!« Ich habe Ernst nie so ruhelos gesehen; er wandert durch die Zimmer, hängt am Telephon. Die Kinder schreien immer wieder aus dem Schlaf auf. Ich versuche, mich auf mein Buch zu konzentrieren, aber ich muß jeden Satz dreimal lesen, ehe ich ihn verstehe.

Ernst ist ungeduldig. »Ich gehe fort, ich halte es hier nicht aus! Und du sitzt und liest –!« – »Ja – was soll ich denn tun?« – Aber ich weiß sehr genau, was ich tun sollte: hinausgehen und mitkämpfen. Oder ist auch das nur Desperadotum?

Ich mag nicht reden. Alles, was zu sagen ist, wurde schon längst gesagt. Wir sind vollkommen einig, aber was nützt das? In früheren Zeiten war Krieg viel einfacher, da konnte man ein Messer nehmen, mit der Faust kämpfen, mit Zähnen und Nägeln. Ich kann nicht einmal schießen – ja um die Wahrheit zu sagen, ich habe Angst davor, ein Gewehr in die Hand zu nehmen. Vielleicht müßte man auch das lernen.

Ich kann das alles nicht fassen. Als ich ein Kind war, war Krieg – später, als ich denken lernte, war Österreich ein Land, in dem es Freiheit gab, und sie war selbstverständlich wie die Luft, die ich atmete. In den letzten Jahren war das anders geworden, ich hatte lernen müssen, politische Zusammenhänge zu verstehen. Heute spürte ich ganz tief, was Freiheit bedeutet – etwas, das voller Fehler und Gefahren ist, aber das einzig Mögliche, die Grundlage des Lebens.

Diese Tage, diese schweren, düsteren Tage – warum sitze ich daheim? »Es schießt«, sagt Stella, »geh nicht fort, Mami!« Aber ich kann es daheim nicht aushalten, mit einemmal habe ich keine Angst mehr vor den Kugeln, die durch die Straßen pfeifen. Einmal gerate ich ins Gedränge, die Polizei »macht von der Waffe Gebrauch«, die Leute stieben auseinander, zuletzt stehe ich allein auf dem Platz. Ein Polizist fährt auf mich los – soll ich ihm sagen, daß er ein Bluthund ist? Es ist vielleicht nicht einmal wahr. – Das Ganze ist ein blutiger Hohn. In ein paar Häusern, ein paar Stadtvierteln kämpfen sie einen verzweifelten Kampf, und wir sehen zu und reden darüber.

MARGARETE RAINER
Vaters Geburtstag

Die ersten Gäste trafen gegen sechs Uhr ein. Die Speisezimmertüren standen weit offen. Das Wohnzimmer machte so einen festlich-geräumigen Eindruck. Vierundzwanzig Stühle umgaben den langen Tisch, dessen Damasttuch bis zum Boden hinabreichte. Das Licht des Kristallusters spiegelte sich blitzend in den Gläsern und Silberbestecken. Die Jalousien waren heruntergezogen.

Die Tanten und Onkel erschienen paarweise, gefolgt von ihren herausgeputzten Kindern. Jeder einzelne Gast drückte einen trockenen Kuß auf des Vaters Wange, murmelte Gratulationen und preßte ein kleines Geschenkpaket in seine Hand.

Als das Begrüßen und Küssen vorüber war, lehnte sich Leni an die Wand; sie fühlte sich wie eine mechanische Puppe, deren Werk abgelaufen war. Die üblichen Gruppen verteilten sich in die einzelnen Ecken.

Die Herren politisierten. Leni fing Fetzen ihrer Konversation auf. Onkel Albert, der eine Deckenfabrik besaß und sich viel auf seine wirtschaftspolitischen Kenntnisse zugute tat, war der Meinung, daß Dollfuß der Retter Österreichs sei. »Genau wie Mussolini«, erklärte er, »muß Dollfuß ein für allemal klarstellen, wer hier das entscheidende Wort zu sprechen hat: die Regierung oder die Arbeiterschaft. Wenn den Gewerkschaften erst einmal die richtigen Schranken gesetzt sind, dann wird die Produktion steigen und die Wirtschaft wieder florieren.«

Onkel Hugo wollte wissen, was Hitler dazu sagen würde.

»Hitler wird sich bald beruhigen«, prophezeite Onkel Albert. »Sein Antisemitismus zum Beispiel ist nach meiner Ansicht pure Demagogie. Zweifellos wird ihm ein Mann der Mitte wie Dollfuß viel annehmbarer erscheinen als die parlamentarische Sauwirtschaft, die wir in den letzten Jahren hatten.«

Onkel Hugo warf die Frage auf, ob denn schon alles entschieden sei. Schließlich kämpften die Roten noch immer hartnäckig weiter.

»Hören wir lieber die Nachrichten!« sagte Onkel Albert ungeduldig. Er konnte Hugo nicht ausstehen.

Die Radioansage verkündete, daß die Arbeiter, die seit Montag ohne Nahrung, Licht und Heizung waren, heute um fünf Uhr fünfundvierzig endgültig den Widerstand aufgegeben und vor den vereinigten Kräften der Polizei, der Heimwehr und des Bundesheeres kapituliert hätten. Die roten Führer seien verhaftet, die Maschinengewehrnester in den Wohnungen und Waschküchen ausgehoben worden. Somit sei der letzte Widerstand in den Vorstädten Wiens gebrochen.

»Also ist alles vorüber«, sagte der Vater.

»Es war kein Kinderspiel«, bemerkte Onkel Albert mit Befriedigung. »Unsere brave Exekutive verdient alle Anerkennung.«

»Gehen wir essen«, sagte der Vater.

Es gab viel Schieben und Rücken von Stühlen, bis jeder die kleine Tischkarte mit seinem Namen fand. Das Klirren der Bestecke und das vielstimmige Geplauder füllten den Raum wie festliche Musik, und mitten hinein klang ein neuerlicher Kanonendonner und die Wände begannen zu beben. Die Gäste schraken zusammen. Der Vater sagte: »Das ist nichts«, aber alle stellten ihre Gläser hin. Der Luster schwankte gefährlich. »Es werden nur mehr die letzten Widerstandsnester ausgeräuchert«, sagte der Vater.

In dem allgemeinen Gewirr war Irenes Stimme plötzlich deutlich vernehmbar. »Nach den offiziellen Meldungen gibt es keinen Widerstand mehr in den Vororten.«

Wieder dröhnten Schüsse, und Irene lachte grimmig auf. Leni starrte auf ihren Teller; es war ihr, als bestünde sie nur mehr aus Augen, während der Rest ihres Körpers in einem endlosen Fall durch den Raum gewirbelt wurde. Sie suchte verzweifelt nach irgendeinem Wort, irgendeinem Gedanken – nach irgend etwas, das dem, was sie sah und fühlte, Sinn und Maß verleihen könnte.

Aber sie fand nichts. Die Großmutter räusperte sich und sagte: »Essen wir unsere Suppe!«

»Einen Moment«, unterbrach Onkel Hugo. »Entschuldigt, bitte, aber wo habt ihr eure Wagen geparkt?«

»Vor dem Haus natürlich.«

»Das ist es eben.« Onkel Hugo machte ein ernstes Gesicht. »Ich glaube, wir sollten sie lieber nicht dort stehenlassen. Es könnte vielleicht der Nachbarschaft nicht passen, daß wir hier feiern. Entschuldigt, daß ich euch unterbrochen habe, aber –«

»Er hat ganz recht«, stimmte Onkel Albert zu. »Geh und schieb deinen Wagen weg, Hugo. Wenn du zurückkommst, werde ich gehen.«

»Und zieh die Vorhänge zu, Mitzi!« befahl die Großmutter.

Nachdem man endlich alles erledigt hatte, wurde die Suppe serviert. Onkel Albert erzählte Witze. Alle lachten laut, und keiner blickte von seinem Teller auf. Der Vater ging um den Tisch herum und schenkte Bier ein. Er hatte die Flasche in eine weiße Serviette eingewickelt und goß das Bier mit geschicktem Schwung ein, sodaß es schäumte. »Unterhältst dich gut, Leni?« fragte er lächelnd. Sie brachte kein Wort heraus. Plötzlich sprang sie auf; mit einer so heftigen, ungestümen Bewegung, daß ihr Arm mit dem ihres Vaters zusammenstieß und das Bierglas hinunterfiel und in kleine, schimmernde Stücke zerbrach. In dem verwirrten Lärm von Fragen und Ausrufen sprang Leni auf, lief aus dem Zimmer und schlug die Tür hinter sich zu.

In der dunklen Bibliothek blieb sie stehen. Sie zitterte am ganzen Körper. Der Lärm der Gesellschaft klang nur gedämpft hierher; sie riß das Fenster auf und atmete die frische Regenluft tief ein. Die Stadt dort draußen war in zwei Teile gespalten, aber wo stand sie? An der Seite jener, mit denen sie an einem Tisch saß und krampfhaft Konversation machte? Waren das die Ihren? Wie fremd sie ihr doch waren! Aber wohin gehörte sie wirklich?

ERICH BARLUD

Februar

Der alte Strobl irrte eine Weile durch die finsteren Straßen. Menschen – er wollte unter Menschen sein.

Als er von ungefähr vor das Haus geriet, in dem sein Kollege Brackl wohnte, blieb er stehen, suchte Steinchen und warf sie gegen das schwach erleuchtete Fenster. Brackl sah heraus und warf ihm den in Papier gewickelten Torschlüssel herunter.

Im Zimmer befanden sich außer Brackl und seiner Frau einige fremde Leute aus den Nachbarwohnungen. Der Alte schätzte seinen Kollegen Brackl, obwohl er jünger war, wegen seiner Klugheit. Er war früher Betriebsrat gewesen, dann hatte ihm eine Maschine den Arm weggerissen, und nun lebte er als Invalider von der Rente und einer kleinen Nebenbeschäftigung. Er hatte sich einen Radioapparat zusammengebastelt, um den sie nun alle herumsaßen. »Pst, pst!« zischten die Leute, als Strobl in das halbdunkle Zimmer trat und sie begrüßen wollte. Eben krächzte der Lautsprecher: »Das aufopferungsvolle Vorgehen der Exekutive konnte fast überall die Rebellen isolieren ... die Regierung ist in der Lage ... das Standrecht hat seine wohltuende Wirkung getan. Der besonnene Teil der Bevölkerung hat sich von den Rebellen losgesagt und verhält sich passiv. Die Regierung macht die Arbeiterschaft aufmerksam, daß jedweder Streik unter die Bedingungen des Standrechtes fällt. Die Regierung ist Herrin der Lage und fordert die heimattreue Bevölkerung auf, die Niederschlagung des bolschewistischen Aufstandes mit allen Mitteln zu unterstützen ...«

Strobl zuckte es durch den Kopf: Was sagen die Gewerkschaften dazu? Was können sie der Regierung entgegensetzen? Wo sind die Gewerkschaften überhaupt? Wo ist die Partei? Und was wird morgen sein?

Die Rede war verstummt. Irgendein heiterer Schlager begann.

»Schalt aus«, sagte Brackls Frau. Eine Weile war es ganz, ganz still. »Die Regierung ist Herrin der Lage«, wiederholte jemand und fuhr fort: »Das glaubt ihnen kein Mensch.«

Strobl setzte sich ans Sofaende: »Wenn man nur wüßte, wie es um den Schutzbund wirklich steht? Aber nichts weiß man. Von Wien nichts und von draußen erst recht nichts ...«

Eine junge Frau, deren Bauch sich wölbte, klagte, an ihren Mann gelehnt: »Er will nicht zur Arbeit gehen, Streik ist Streik, sagt er.«

Der Mann schob sie sanft von sich: »Alles hängt vom Schutzbund ab. Wenn die Unseren nur ein klein wenig Erfolg haben ... Ein Schuft, wer ihnen in den Rücken fällt ...«

Die Schwangere warf sich ihm hysterisch um den Hals: »Wer wird das Kind ernähren, wenn du jetzt die Arbeit verlierst ...? Ich weiß nicht, was ich tu ... ich geh in die Donau ...!«

Jemand wandte sich an Strobl: »Wo kommen Sie jetzt her?«

»Vom Arbeiterheim«, sagte Strobl und erzählte, wie er und Lene durch das Maschinengewehrfeuer voneinandergerissen worden waren.

Während er erzählte, griff der Bürgerkrieg lebendig ans Herz der Leute, die um die flackernden Kerzen saßen; sie dachten an das Arbeiterheim, an die glänzenden Versammlungen, die dort gehalten worden waren, an die Reden, an die herrlichen Abende; und Wehmut ergriff sie.

»Heute ists besser, man geht nicht hin«, schloß jemand die Gedanken.

Am untersten Ende des Tisches saß eine abgehärmte, grauhaarige Frau, die bisher kein Wort gesprochen hatte. Jetzt hob sie den Kopf und meinte leise: »Alle müßten dorthin gehen! Alle!« Ihre Worte zitterten in der Wärme des Zimmers, aber nur eine kurze Weile.

Eine andere Frau sagte: »Kann man denn, Frau Bromberger? Man kann doch nicht. Alles ist abgesperrt rund herum. Was wollens mit den bloßen Händen ausrichten ...«

Und eine dritte warf ein: »Die Huda im dritten Stock, der ihr Mann ist auch dabei. Nicht einmal heimgekommen ist er von der Arbeit. Sie weiß überhaupt nichts von ihm. Seit Mittag weint sie in einemfort.«

»Soll sie nicht weinen?« fragte die Schwangere. »Sie hat zwei kleine Kinder.«

»Wirklich, manchmal ists, als müßte man den Verstand verlieren«, nickte die Graue am Tischende und sackte in sich zusammen.

Wieder ließ sich das Radio vernehmen: »In den meisten Bezirken ist die Ruhe wieder hergestellt. Die Aufstandsversuche in Bruck und Eggenberg bei Graz sind im Keime erstickt. Bauer und Deutsch sind geflüchtet. Einer der Anführer der Rebellen konnte gefangen genommen werden. Er wird nun vor das Standgericht gestellt. Die Todesstrafe muß im Sinne der Notverordnung innerhalb zwei Stunden nach Urteilsverkündung vollzogen werden ...«

»Au ... au ... au ... nein!« Stoßartig schleuderte eine große Erregung unartikulierte Laute aus dem Mund der schwangeren Frau. Sie gluckten herauf und brachen gequält hervor, als würden sie von irgendetwas im Inneren zurückgehalten.

Die Grauhaarige am Tischende senkte ihren Kopf noch tiefer und ließ ihn auf den Tischrand fallen.

Alle anderen starrten mit bleichen Gesichtern in den Apparat, aus dem schon wieder fröhliche Tanzmusik ertönte. Brackl schaltete rasch den Lautsprecher aus. Unheimlich und aufreizend war das: die Tanzrhythmen, die erstarrten Gesichter, das lautlose Schluchzen der grauen Frau und das hysterische, allmählich verklingende Schreien der Schwangeren.

»Der erste ...«, sagte Brackl in eine plötzliche Stille hinein.

»Wa-was ...?« fuhr Strobl auf, »was sagst du?«

Brackl sah wie durch ihn hindurch, weit fort. »Der Galgen«, flüsterte er.

Plötzlich wurde alles von einem mächtigen Krach überdröhnt. Wie nach einem Blitz pflanzte sich der Donner fort und brach aufs neue in das Zimmer. Unaussprechliches Entsetzen überfiel alle. Einige rannten zum Fenster, als könnten sie etwas in der Finsternis sehen; andere konnten sich nicht von der Stelle rühren und starrten einander entgeistert an, hingegeben diesem gewaltigen Donner. Der alte Strobl hatte die Augen weit aufgerissen und sich geduckt, wie um eine Deckung zu suchen, sein Mund formte unwillkürlich das Wort: »Kanonen!«

Brackl nickte, als wäre etwas eingetroffen, was er vorausgeahnt hatte: »Kanonen«, sagte er, »jetzt kommen noch die Kanonen.«

Einige Frauen begannen laut zu weinen. Eine jüngere, kränklich aussehende stürzte zum Fenster, schüttelte die Fäuste und rief außer sich: »Hunde! Mörder! Henker! Teufel!«

In allen zitterte Wut, Haß, Verachtung, Verzweiflung. Zugleich fühlten sie, wie ohnmächtig sie waren.

Lange Zeit wagten sie kein Wort zu sprechen. Kanonen! Sie krümmten sich zusammen. Sie saßen gebeugt da, als duckten sie sich vor jedem nun folgenden Einschlag, als würden auch sie, samt allem, was um sie war, zerschmettert. Kanonen! Was könnte noch Ärgeres kommen? Nein, es konnte nichts Ärgeres mehr kommen. Kanonen! Das war das Ende ...

Und das Radio sprach: »Die Regierung ist Herrin der Lage. Die Regierung fordert von der Bevölkerung Ruhe und Ordnung ... Ruhe und Ordnung ... Ruhe und ...«

»Mörder! Lügner! Henker! Teufel! Mörder!« Wie besessen schrien sie in den Apparat. Dann schwiegen sie plötzlich wie erschöpft. Erst nach langer Zeit sagte Strobl: »Von den Unseren hört man nichts, immer nur die Regierung ...«

»Wenn man etwas vom Schutzbund erfahren könnte ...?«

»Nur immer die Regierung«, wiederholte Strobl hartnäckig.

Und die Schwangere klagte: »Verlassen sind wir ... arme, verlassene Hascherln ...«

Dann schwiegen alle, als wäre plötzlich nichts mehr zu sagen gewesen. Die Kerzen waren fast bis zum Stumpf niedergebrannt, die Flamme flackerte und Ruß stieg zur Decke. Dann dröhnte wieder das Grollen des Donners. Dann war es wieder still.

»Ich geh«, sagte Strobl leise.

Als ihn Brackl zum Tor hinausließ, überkam ihn wieder die angstvolle Erregung und er klammerte sich an Brackl: »Du, du, hast du je gedacht, daß es so kommen würde? Daß sie Kanonen …? Gegen Kanonen – da kann auch der Schutzbund nichts machen.«

Brackl machte sich los und erwiderte bitter: »Wenn sonst alles geklappt hätte … zu den Kanonen wärs dann erst gar nicht gekommen!«

Strobl sah ihn verständnislos an.

»Ein Aufstand«, fuhr Brackl fort, und es klang, als spräche er für sich, »ein Aufstand, der muß organisiert sein. Bei uns … die einen wollten ihn, die anderen fürchteten sich davor wie vorm Fegefeuer. Und was herausgekommen ist? Halbheit, wie immer seit anno achtzehn, Halbheit …«

»Wie wird das noch ausgehen, wie wird's ausgehn?« jammerte Strobl.

»Morgen wird mans sehen«, sagte Brackl und schloß das Tor.

JEAN AMÉRY

Der unsichtbare Aufstand

Die Straßenbahnen fahren nicht – noch nicht –, manche Geschäftsleute haben vorsichtig die Rollbalken herabgelassen. Das ist alles, was einer sieht, der durch Wiens Innere Stadt in den zweiten Gemeindebezirk wandert, wo die Freundin wartet. Immer wieder macht er sich an Leute heran, um Näheres zu erfahren. Man traut dem jungen Mann nicht. Die Proletarier erkennen in ihm das Bürgersöhnchen, das er, weiß Gott, schon seit 1916 nicht mehr ist; den Bürgern ist seine schäbige Eleganz verdächtig. Generalstreik. Nur das? Der Zufall führt endlich einen Freund heran, der mitten drin steckt in den politischen Konflikten; und mit ihm ist jählings sehr viel Realität da, Informationen, wie man heute sagen würde. Es wird gekämpft. In Wien, in Linz, in der Steiermark, in Niederösterreich. Das Volk hat sich erhoben. Aber nein doch: das Volk geht hier sichtlich seinen Geschäften nach, und diese sind nicht Revolution. Die Leute traben gedrückt zwischen den alten Bürgerhäusern der Jahrhundertwende wie alle Tage. Man kann sich einreden, daß sie eben nur »die Leute« sind und nicht das Volk. Dieses stehe, geführt von den Männern des sozialistischen Republikanischen Schutzbundes, im Roten Gürtel um Wien, verschanzt in den neuen Wohnbauten der Gemeinde, in Waffen. Kein Zweifel, daß noch am selbigen Tag der Aufstand übergreifen werde auf die ganze Stadt. Jetzt habe ein jeder das Seine zu leisten. Was das sei? Verschiedentliches. Dem jungen Mann wird plötzlich eine Aufgabe zuteil. Es befänden sich Pistolen und Munition an unsicheren Orten. Gefährlich sei es, aber keineswegs schwierig, sie zu befördern und in besseren Gewahrsam zu bringen. Niemand sagt nein zu solcher Aufforderung, – mag auch sekundenlang Angst in der Magengrube verspürt werden. Chiffrierte Adressen werden notiert. Man macht sich auf den Weg und schleppt alsbald in einer großen Aktenmappe das unheimliche Zeug mit sich, immer wieder von neuem, denn es scheinen ziemlich viele Schußwaffen herumzuliegen, von denen keiner Gebrauch macht.

Derweilen verdichten sich Nachrichten, Gerüchte; Hoffnungen steigen auf, gleich Blasen aus dem Morast der Resignation. Der Volksaufstand hat noch immer nicht die Innenbezirke der Stadt erfaßt, ja, es öffnen sich sogar da und dort wieder die kleinen Einzelläden, in denen man aufs Geschäft nicht verzichten will, schließlich sind gerade Krisentage gesteigertem Absatz günstig. Mit dem Abend wird der wäßrige Schnee noch schwärzer, als er tagsüber durch den Dreck war. Erschöpft nimmt der Waffenschmuggler Platz in einem Café, wo er auf Bekannte stößt. Es scheint nicht gut zu gehen. Militär, Polizei und vaterländische Heimwehren haben schon wichtige feste Plätze der Aufständischen erstürmt. Die Regierung hat auf den im Westen Wiens sich erhebenden Hügeln schwere Artillerie aufprotzen lassen. Der Volksaufstand ist unsichtbar. Nur das dumpfe Grollen der feindlichen Kanonen hört man. Die sozialistischen Führer, so wird erzählt, seien teils verhaftet, teils geflüchtet. Otto Bauer, der Kopf der austro-marxistischen Partei, habe schon die tschechoslowakische Grenze überschritten. Nein, er stehe mitten im Kampf. Den General Körner, einstigen k. u. k.-Feldherrn und nachmaligen Präsidenten der Zweiten Republik, habe man festgenommen. Stimmt nicht: Körner führt das Kommando beim Kampf um den Karl-Marx-Hof. Das Ausland wird nicht dulden, daß … Schon stünden tschechoslowakische Truppen kampfbereit. Die Engländer, die Franzosen. Mussolini hat das Massaker angezettelt, aber nun würde man ihm die Rechnung begleichen. Italiener: Katzlmacher. Doch nun müsse man das Lokal sperren, morgen werde man sehen.

Und am Morgen des 13. Februar fahren wieder die Straßenbahnen. Jedermann weiß, daß auf ein paar schon verlorenen Posten weitergekämpft wird; keiner macht sich noch Illusionen. Der Aufstand ist gescheitert. Es dauert noch ein paar Tage, bis die nun allemal vaterländischen Zeitungen schreiben, die letzten Nester seien ausgeräuchert und eine Anzahl von Rädelsführern gehenkt worden. Die Revolution ist tot, der Alltag der kleriko-faschistischen Diktatur beginnt. Verboten die alte, traditionsschwere Sozialdemokratische Partei Österreichs. Verboten die Zeitungen der Linken. Verboten jegliche Versammlung außerhalb der Vaterländischen Front. Verboten »subversive« Reden im Café, sogar im privaten Kreis. Dollfuß triumphiert. Für kurze Zeit nur, denn die Nazis, deren Organisationen gleichfalls zerschlagen sind, werden ihn im Sommer umbringen. Es ist ein Mißverständnis. Der österreichische Kleriko-Faschismus wird sich als gute Lehrzeit für den blutigeren nationalsozialistischen erweisen. Und Wien bleibt Wien. Es bleibt das Wirtschaftselend, die Arbeitslosigkeit. Es bleiben die Bürgerhäuser mit ihren Karyatiden. Es bleibt das »Bretteldorf« drunten an der Donau, wo die Allerärmsten sich angesiedelt haben. Es bleiben übrigens auch die Juden, ob sie nun mit Fellen handeln, ob sie Bücher schreiben, Musik komponieren. Ihr patriotischer Aberwitz ist grenzenlos. Nicht daß ihnen der Faschismus, wie ihn erst Dollfuß und danach der verhärtet-distinguierte Kurt von Schuschnigg verkörpern, sympathisch wäre. Im Gegenteil: sie trauern der Republik nach. Die meisten von ihnen waren ja sogar sozialdemokratische Wähler, und es schmerzt sie, daß es vorbei ist mit dem Roten Wien. Sie fühlen sich den Arbeitern, die da aufstanden und in ein paar Tagen in die Knie gezwungen wurden, verbunden, auch dann, wenn sie selber nie manuell gearbeitet haben. Waren die sozialistischen Arbeiter nicht die einzigen gewesen, die keinen Vorbehalt angemeldet hatten gegen die vollkommene Gleichberechtigung der jüdischen Mitbürger? Im geisterhaften Karussell drehen sich die Gespräche der Juden immer wieder um den einen Punkt: dieser sich christlich und deutsch nennende faschistische Ständestaat schweigt sie wenigstens tot, läßt sie in dumpfer Gleichgültigkeit gewähren, ist außerdem, wie sie sich einreden, ein Wall gegen die braune Flut von nebenan.

III
Vier Frauen und ein Polizist

MARGARETE PETRIDES
Zwei Schwestern

Es ist Faschingsonntag, da Hedwig ein unendlich müdes, duseliges Gefühl befällt. Sie sehnt sich nach etwas Warmem, Heimeligem. Einem warmgeheizten Zimmer etwa, einer freundlichen Lampe, einem Jausentisch oder Ähnlichem, und erinnert sich, daß an diesem Tage der erste Geburtstag von Babas jüngstem Töchterchen ist. Sie überlegt nicht viel, sie packt einen Rucksack und fährt hinaus. Sie verbringt einen sehr angenehmen Tag mit Baba und ihren Kindern. Der kleine Heiner schleppt ihr sein Schwesterchen entgegen, ein rundes, kugeliges Dingelchen, wohlgenährt, gesund wie alle Babakinder. – »Dick ist sie, Tante«, sagt er, »dick ist sie ...«

Zur Jause gibt es Kaffee und Faschingskrapfen. Der Tisch, gedeckt zu Ehren des Geburtstagskindes, sieht festlich aus. Ein Strauß Schneerosen steht auf dem blendendweißen, glänzenden Damasttuch ... – »Die Heli und der Heiner haben sie gepflückt«, sagt Baba strahlend vor Mutterglück – »sie sind noch selten jetzt ...«

Und so wie Baba, so strahlend von einer beglückten, ruhenden Sicherheit, ist auch der holzgetäfelte kleine Wohnraum der Familie, bei welcher sich Hedwig zu Gast befindet. Von dem Duft der süßen, knusperigen Mehlspeise erfüllt, von Kaffeegeruch und Ofenwärme, läßt er einen förmlich untertauchen vor Geborgenheit und Wohlbehagen. Hedwig blickt immer wieder staunend um sich, daß einem so wohl sein konnte, so warm und duselig – und wie man sich das Leben so schwer machte, so unendlich schwer ...

Da sie schließlich aufbrechen muß zum letzten Zug, begleitet sie die Schwester ein Stück Weges hinunter ins Tal. Jetzt erst kommen sie zu sprechen auf die politischen Verhältnisse ... „Uneinigkeit«, sagt Baba, – »führt zu nichts. Ihr solltet lieber zusammenhalten ...« – Sie ist eine »Rote« aus Dankbarkeit. Sie haben sie freigelassen, weil sie ihren Bruder hatte retten wollen, über die Grenze retten vor dem Krieg. Dies genügt ihr. Und weiter reicht ihr Verständnis nicht. Sie kümmert sich weiter nicht um Politik, wird nur immer zu den »Roten« halten ... »Ihr solltet euch lieber vertragen ...«

»Daß wir alle miteinander zugrunde gehn!«

Baba wehrt ab. »Vergällen wir uns doch nicht«, sagt sie, »diese letzten Minuten mit einer solchen Zänkerei ...« – Sie sagt es scherzend, ironisierend; diese letzten Minuten ... – Aber in dem sensiblen Zustand, in welchem sich Hedwig gerade befindet, wird sie eigentümlich von diesen Worten berührt ...

Es ist nur ein kurzes Intermezzo. Sie sprechen wieder von etwas anderem. Und sie scheiden voneinander im besten Einvernehmen, jede im Gefühl eines angenehm verbrachten Tages, eines erquicklichen Beisammenseins ...

Acht Tage später steigt sie wieder den Berg zu Babas Hütte hinauf. Neuschnee liegt in hohen Pölstern über den Bäumen und über den Steinen am Weg ... – Dreimal schon ist ihre Frau Schwester hier gewesen ... So haben ihr die Nachbarn erzählt, wie sie heimgekommen ist vom stundenlangen Herumirren in den Straßen ... und ein Kind hat sie am Arm gehabt, weil sie es nicht auch noch dem Mädchen hat aufhalsen wollen, derweil sie weg ist ... und ob sie denn ihren Brief und ihr Telegramm nicht erhalten hätte und wie sie froh sei, daß ihr nichts passiert wäre, und daß sie sich nur ja um nichts mehr annehmen, und in nichts mehr hineinmischen solle ... Mein Gott, es tut ihr ja leid, daß sich Baba solche Sorgen gemacht – ihretwegen. Aber – wie kann man denn im Bürgerkrieg an jemanden denken! Wie kann man denn im Bürgerkrieg an eine Schwester schreiben!

... Wenn man aufwacht am späten Vormittag nach einem verduselten, verträumten Faschingsonntag. Wenn das elektrische Licht abgeschaltet wird und ein Genosse an die Türe klopft: »Der Generalstreik ist ausgerufen, man erwartet Sie im Sektionslokal ...«, wenn man auf die Straße stürzt, von Westen her ein Geknatter und dumpfes, rollendes Dröhnen hört; weil sie schießen, weil sie schießen mit Maschinengewehren und Kanonen.

Wenn man zu dem Bekannten läuft, bei dem man etwas aufgehoben hat, weil man es selber nicht bei sich haben soll als Funktionär … – Jetzt brauchen Sie es? Jetzt wollen Sie es wegtragen …? – Natürlich! Wann denn? Sie schießen ja …!

Man steckt das Päckchen Ekrasitpatronen in den Mantelsack, wo es einen großen Bausch macht. Man sieht auf der Hauptstraße die Tramwaywagen stehn, leer, ohne Strom, sieht Lastautos, auf denen die Straßenbahner zu ihren Dienststellen zurückgeführt werden. Aber alles geht ganz ruhig vor sich, langsam, mit einer merkwürdigen Unwahrscheinlichkeit. Alles rollt ab wie eine Laternamagica, bei der man Zuschauer ist, wie Bilder aus einem Traum …

Man begegnet einer Sturmscharenpatrouille, zwei Mann, das Gewehr umgeschnallt, Bajonett auf. Man geht an ihnen, die wohl achtgeben sollen auf die Passanten, vorüber – aber fürchten sie sich nicht vor dir, da du sie musterst?

Man findet das Sektionslokal voll Menschen, die aufgeregt beieinander sitzen. Sie warten auf Weisungen … – dort, vom Flötzersteig aus könnte man hineinpfeffern ins Militär, wenn man was hätte. – »… ich hab was, Genossen …«

Es wird untersucht, begutachtet, »… wir müssen auf Weisungen warten …«

Der Betriebsrat der gegenüberliegenden Fabrik kommt anfragen: … sollen wir die Arbeit niederlegen …?

Alles ist voll Zögern, voll Zweifel, niemand kann es mehr glauben, daß die Partei eine solche Parole gibt. Da kommt der Briefträger, bringt dem Wirt eine Postkarte … Der geht austragen, sagt ein Genosse langsam, wie zur Besinnung kommend. – … Die Tasche sollte man ihm herunterreißen …! – Inzwischen ist er schon wieder zur Türe hinaus.

… Ruhe, und Ordnung … Disziplin … Selbstbescheidung … geistige Waffen …; – das Gift der monatelang, jahrelang eingesogenen Passivität, der Defensive, zeigt seine Wirkung. Im Augenblick der Entscheidung sieht man es, daß man gelähmt ist.

Da es dunkelt, stellt der Wirt auf jeden Tisch ein Kerzenstümpfchen. Das schwache, rötliche Licht huscht über die Gesichter der Genossen, flackert in ihrem Blick. Einer beginnt die Internationale zu singen, andere stimmen ein. Aber sie singen mit gedämpfter, halber Stimme ... ob sie noch kämpfen in der Sandleiten ... ob sie sich noch halten im Turm ... Helden sind das – man müßte ihnen zu Hilfe kommen ...

Der Wirt tritt an ihren Tisch; die Lokale müssen heute um acht Uhr geschlossen werden. – Man bespricht sich untereinander. Will zu dritt und viert in einer Wohnung beisammenbleiben, auf Weisungen warten.

Aber der Mieter ist noch zu versorgen. Es muß noch rasch nach Hause gelaufen werden. Im Stiegenhaus setzt jemand an einem vorbei: in schwarzen Schaftstiefeln, zwei Stufen nehmend – aha, ein Meldereiter! – Man hat diese Burschen schon öfter hinaufstürmen sehen über die Stiegen zum Herrn Leutnant außer Dienst. Anfangs noch einige Male aufgetreten in der Heimwehruniform, scheint er nun gelandet beim Hakenkreuz. – Man hört oben an die Türe klopfen, hört, daß geöffnet wird, während man leise die Stiege hinaufsteigt. Man hört sprechen im improvisierten Vorzimmer, hinter der angelehnten Tür ... daheim bleiben ... auf Weisungen warten ...

Man läßt ihn wieder an sich vorbei, tritt dann erst in die Wohnung. Man findet den Mieter, nach dem üblichen Klopfen ins Zimmer tretend, im Dunkel am Sofa liegen ... »Was ist's, Fräulein«, sagt er arrogant, »ich bin im Dunkel. Ich glaube, es wäre doch Ihre Aufgabe gewesen, für Beleuchtung zu sorgen?« »– Glauben Sie«, gibt man gereizt zurück, und ärgert sich dabei, daß man dem andern seine Erregung und Nervosität gezeigt. (Er hat einen schon in der Jungarbeiterbluse gesehn, er weiß es, daß man eine »Rote« ist.) – Man geht hinaus, um eine Kerze zu holen. Und da wird es einem plötzlich bewußt; – der Leutnant außer Dienst – der Heimwehrmann – der Hakenkreuzler – heute noch wartend auf Weisungen – und morgen schon vielleicht mit der Waffe in der Hand, an der Seite der feindlichen Staatsmacht, gegen das kämpfende Proletariat sich werfend; – hart auf hart ging es, biegen oder brechen hieß es – Du oder Ich ...

Ein paar Schritte macht man zur Kohlenkiste hin, wirft den Deckel in die Höhe – greift nach der großen, schweren Hacke...

Man steht, die Hacke krampfhaft haltend, wie gebannt an einem Fleck. Man schlottert am ganzen Körper, die Zähne schlagen aufeinander.

...Aber schließlich...konnte es ja nicht schaden, wenn man – die Hacke – mitnahm. Mitnahm. Für eine solche Nacht...

Man steckt sie unter den Mantel, das Stielende in eine Achselhöhle zwängend, durch den Mantelsack sie haltend mit der Hand. Man steckt auch noch rasch ein wenig Proviant zu sich; einen Apfel und ein Stück Reisauflauf (man hat ja immer für mehrere Mahlzeiten gekocht, damit sich's auszahlt).

Draußen ist es Nacht, stockdunkle, außergewöhnliche Nacht. Eine Nacht, die dem Volke gehört, dem Bürgerkrieg, dem bewaffneten Aufstand – der Revolution...

Man geht mit der Hacke unter dem Mantel, geht ins Sektionslokal und fragt sich, was man dort soll mit einer Hacke, was die Genossen sagen würden, wenn man so käme, und läßt die Hacke heruntergleiten unter einer Tornische in eine dunkle Ecke. – Gewiß – wird sie jemand finden, der sie brauchen kann in einer solchen Nacht...

Zusammen mit einer Genossin, deren Mann schon am Nachmittag weggelaufen ist zur Sammelstelle des Schutzbundes, schaut man zuerst (die Wohnung liegt im dritten Stockwerk) hinunter in die schwarze, schauerlich wirkende Straßenschlucht. Ganz ruhig ist es. Nur hin und wieder Schritte, dann eine Laterne, die aufblitzt, und wieder Finsternis. Dann rattert ein dunkles, unbeleuchtetes Ungetüm zwischen den Häusermauern daher – ein Kehrwagen der Gemeinde Wien; – die führen Waffen, hofft man mit dankbarer Inbrunst.

Man sieht plötzlich einen Lichtschein aufblitzen, wie von einem feuernden Geschütz, hört ein dumpfes Dröhnen und rasch aufeinanderfolgendes Geknatter; ganz in der Nähe wird ein Gebäude beschossen, wird gekämpft...

Man bleibt am Fenster, bis die bitterkalte Nacht einem Stirn und Wangen und Nase frißt. Man schließt das Fenster, geht in die Küche hinaus, probiert die elektrische Lampe über dem Tisch; sie funktioniert nicht. Man ist glücklich darüber, wird voller Hoffnung, heiter; »– wir möchten es dir nicht raten, daß du brennst ...«

Man sitzt beisammen, wartet, daß man geholt wird – die ganze Nacht.

Der Morgen dämmert schon, es ist niemand gekommen.

»... – und was wird mit meinem Murli sein«, sagt die andere, »– so nenn ich ihn nämlich, meinen Mann.« – Und dann sagt sie wieder: »Niemand ist gekommen – und schießen hört man nicht mehr ...« – Und mit einer zornigen, verzweifelten Geste: »– das Licht brennt auch ...«, – nachdem sie die Lampe probiert ...

Man geht hinein ins Zimmer, schiebt die Vorhänge weg, öffnet das Fenster und es braust herein; ein rauher, windgetriebener Morgennebel. Durch diesen Nebel aber huschen eilig ängstlich verschwommene Gestalten, – zum gegenüberliegenden Fabrikstor – Proleten, die sich in die Arbeit stehlen. Und angesichts dieses offenbaren Debakels, dieses offenbaren Nichtzustandekommens einer alles erschütternden Tat – sieht man den Mieter am Sofa liegen, blutüberströmt, mit gespaltenem Schädel. Und das bleiche Entsetzen kriecht einem über die Haut; – ein Mord, ein Verbrechen, nicht gerechtfertigt durch die Erhebung, die äußerste Notwehr der proletarischen Klasse, die zu den Waffen gegriffen, sondern hineinragend in die fürchterliche, ungeschützte Leere des alltäglich gebliebenen Lebens, des Alltags, in welchem Proleten zur Arbeit laufen ...

Um zehn Uhr kommt der Leiter der Sektion, berichtet, daß sie noch keine Weisungen erhalten hätten, fragt, da er sie erblickt: »... wann werden Sie einmal nach Hause gehen ...?« – Man sieht ihn fassungslos an; wie kann man denn im Bürgerkrieg nach Hause gehn?

Er erzählt noch, daß sie auf der Hauptstraße etwa zwanzig Mann geführt hätten; beide Hände erhoben, hätten sie gehen müssen zwischen einem dichten Spalier von Polizisten ...

»Hätte man sie nicht befreien können, Genosse?«

Jetzt sieht einen der andere fassungslos an; sie sind doch flankiert gewesen von Polizisten mit dem Gewehr – Bajonett auf…

Dann sitzt man wieder im Sektionslokal, wartet fröstelnd, übernächtig auf Weisungen, gibt es endlich auf und beginnt durch die Straßen zu laufen, trifft hier einen und dort einen, der durch die Straßen läuft, wie man selbst, ziellos, führerlos, erzählend, was er selber vom Hörensagen weiß; von den Kämpfen in Floridsdorf, in der Brigittenau, in Sandleiten; von Weissel und seiner Truppe; eiserne Burschen – meist junge, arbeitslose Proleten, von den Genossen aus der Provinz, die zu Hilfe kommen werden; und eine andere Nachricht lautet: sie halten sich noch draußen, sie hoffen auf Hilfe aus Wien…

Aber noch hört man schießen, noch – noch hört man schießen – noch ist es nicht zu Ende…

Dann irrt man, ohne Ziel, ohne Zweck durch die Straßen. Eben hat man daheim zu Mittag zu essen versucht, aber der erste Bissen ist einem im Mund gequollen zu einem klebrigen Kloß. – Man hastet mit krampfhaften Schritten. Der Ekel würgt einem die Kehle, der Hunger nagt im Gedärm, die Verzweiflung im Hirn… Weissel hingerichtet… Münichreiter schwer verletzt, auf einer Bahre zum Galgen geschleppt… Wallisch noch irgendwo versteckt, noch nicht aufgegriffen… die Partei verboten… die Gewerkschaften aufgelöst… – Der Blick fällt auf ein Plakat, eine Reklame für »Inzersdorfer Makkaroninudeln«; ein gehäufter Teller, ein Bub, der eine Gabel voll an die geöffneten Lippen setzt – man beugt sich rasch über das Rinnsal, in der Meinung, erbrechen zu müssen… Aus einem Kellerfenster hört man rufen: »… Freiheit, Freiheit…« Man geht vorüber an dieser einzelnen verlorenen Stimme. An diesem Schlupfwinkel eines armen Narren, der der Wirklichkeit trotzt. Traurig geht man vorbei. Mit einer traurigen Geringschätzung abstandnehmend von diesem utopischen, wahnhaften Beginnen.

Da wird man angerufen von einem bekannten Genossen; was noch aufgebracht werden könne an verläßlichen Leuten, solle man dorthin schicken (er nennt einem eine Adresse), wo sie gesammelt würden; ein letzter Versuch sollte es sein, um den Floridsdorfern zu Hilfe zu kommen …

Man steht eine Weile unschlüssig – wie sollte man auch einen Weg finden durch diese Verwirrung, durch diesen Zusammenbruch? Endlich rafft man sich auf, rennt zu demjenigen, der den Vorschlag über die Vierzigstunden-Woche gemacht. Man findet ihn beim Verbrennen von Katasterblättern der Partei, legt ihm die Adresse hin und berichtet von dem Auftrag des Genossen. Er sieht einen an: »Es ist eine verlorene, verratene Sache, für die noch gekämpft wird, dort und da, um das zu Ende zu führen, was begonnen worden ist …«

Man läuft weg, ohne zu wissen wohin, man irrt durch die Straßen …

Dann sitzt man in der Tramway mit einem Kranz roter Nelken, über die man einen Bogen Papier gebreitet hat, fährt hinaus zum Krematorium, will einem Genossen, dessen Leichnam endlich agnosziert worden ist und zur Bestattung freigegeben, die letzte Ehre erweisen. Man hält den roten, verdeckten Kranz im Schoß, sieht durchs Fenster auf die Straße hinaus. Es beginnt in großen Flocken zu schneien, dichter und dichter. Im Nu ist alles bedeckt von zentimeterhohem Schnee. Die rot-weiß-roten Fahnen mit dem Krukenkreuz, dem Zeichen des österreichischen Faschismus, hängen schlaff vor Nässe im Wind. Aufgewühlt bis ins Innerste, fällt einem dieser außergewöhnliche, späte Schneefall auf die Nerven mit prickelnder, katastrophensüchtiger Verwünschungswut; schneien soll es, brennen, kein Stein soll am andern sein …

»Ich bitte die Trauergäste, sich in die Halle zu begeben«, sagt der Zeremonienmeister schnarrend, betont unfreundlich. Man gehorcht lautlos, ohne ein Wort. Ohne ein Wort wird der Sarg mit dem schwarzen Bahrtuch auf die Versenkungsvorrichtung gesetzt, ohne ein Wort beginnt er langsam zu sinken. Nur eine ganz leise, aufwimmernde Frauenstimme wird hörbar: »… Murli, mein Murli …«

Und während man sich befremdet fragt, ob denn nicht irgend

jemand den Mut hätte, hervorzutreten, ans Rednerpult zu treten mit einem Gruß, mit einem Bekenntnis für den Hingeopferten – geht einem etwas durch den Sinn, ein dichterischer Satz, den man vor kurzem noch nicht verstanden: »... gut ist es zu sterben, aber zu verstecken den Tod ...« – Und mit tiefster Intensität, und mit tiefster Bereitschaft erfaßt man die Notwendigkeiten, die Bedingtheiten des illegalen Kampfes ...

Durch die verschneiten Bäume sieht Hedwig ein näßeschweres Etwas schimmern ... rot-weiß-rot, mit dem Krukenkreuz in der Mitte. Sie bleibt bei diesem Anblick stehn wie vom Schlage gerührt, wie sooft schon in diesen Tagen, einen bohrenden Schmerz in ihren Eingeweiden fühlend. Sie scheint ein paar Augenblicke unschlüssig, ob sie weitergehen oder umkehren soll. Dann stürmt sie das letzte Stück Weges hinauf. Setzt, zwei Stufen nehmend, zur Hüttentür, reißt sie auf ...

Die Hände ihr entgegenstreckend läuft Baba auf sie zu: »... Hedwig, daß du da bist ...«

»Wer hat es dir erlaubt«, schreit Hedwig, ohne auf das Gehaben der Schwester zu achten, – »Wer hat es dir erlaubt, diesen Schandfetzen aufzuhängen! Auf einer Hütte, die von Arbeitergeldern erbaut ist, das Krukenkreuz zu hissen!«

»... Ich bitt dich, Hedwig«, sagt Baba mit einem ängstlichen Blick durchs Fenster, »ich bitt dich, schrei nicht so ...«

»Unsere Toten sind kaum begraben und ihr habt schon euren Frieden gemacht mit diesem Mordregime! Schämt ihr euch nicht? Habt ihr denn gar keine Ehre im Leib?« – Die Stimme versagt ihr vor Wut. Mit verzerrtem Gesicht, mit blutunterlaufenen Augen steht sie der Schwester gegenüber. Die aber, sich von dieser kalten Dusche langsam erholend, richtet sich auf ... »Was hätte ich denn machen sollen«, sagt sie böse. »Hätte ich mich vielleicht sollen einsperren lassen ...? Ihr habt es ja leicht«, – sie spricht wieder in der Mehrzahl, – »ihr habt es ja leicht, die großartigen Gesinnungsmenschen zu spielen, auf den Unterhaltsbeitrag zu verzichten, wenn ihr wißt, daß jemand da ist, der für die Kinder sorgt, und« – sie richtet einen ganz giftigen Blick auf Hedwig, daß sie es wissen solle, es gehe sie an, und nur sie – »... und daß jemand da ist, der Geld schickt, sooft man eines braucht...«

»Baba«, schreit Hedwig tief empört, »ich hab keinen Groschen von dir verlangt, von dir gebraucht. Du kannst mir jetzt nicht zum Vorwurf machen, was du mir freiwillig gegeben, was du mir aufgedrängt hast – aber beschimpft uns nur, und duckt euch nur vor der Reaktion. Sorgt nur für eure Kinder, indem ihr kuscht und unter der faschistischen Flagge weiterdient. Das ist schon der beste Weg zum nächsten Krieg, denn wenn der Terror siegt über die Arbeiterschaft, dann siegt der Krieg über den Frieden, je unterdrückter die Arbeiterschaft ist in einem Land, desto eher kann dieses Land hineingerissen werden in eine Katastrophe, je mehr Länder faschistisch sind, desto eher kommt der nächste Krieg...«

Sie zittert an allen Gliedern. Sie hält inne, aber nur, um in den Untiefen ihres Zornes nach Worten zu suchen, die die Schwester am schwersten treffen, am schwersten verletzen könnten...: – »Dann wird dein Heiner«, stößt sie endlich kochend vor Erregung hervor, »vielleicht gerade so weit sein – dann kannst du ihm die Hände unterhalten, damit sein Blut nicht gleich in die Erde rinnt...«

»... Hedwig, du bist eine Furie, eine fanatisierte Megäre...«

»Möglich.«

Hedwig wirft den Kopf zurück. Sie kehrt der Schwester den Rücken, verläßt, bebend vor Wut, beinahe taumelnd die Hütte.

... Erledigt, sagt sie in ihren Gedanken, auch das erledigt; ... Schwester... Unterschlupf... Zuflucht...

TIBOR DÉRY

Evi aus Budapest

Am zwölften Februar, am Tag des Ausbruches der Revolution, kam sie mittags in Wien an, wo sie an einem Tanzkurs teilnehmen wollte, für den sie sich mit großer Mühe das Geld zusammengespart hatte. Mit dem Koffer in der Hand, stieg sie am Ostbahnhof in die Straßenbahn.

»Warum fährt die Bahn nicht ab?« fragte sie den Schaffner nach einigen Minuten. Sie war nicht allein im Wagen, auch andere warteten. Der Schaffner zuckte die Achseln. »Kein Strom«, sagte er brummig.

»Eine halbe Stunde warten wir schon«, schimpfte eine Frau neben ihr. Evi bemerkte erst jetzt, daß hinter ihr in langen Reihen mehr oder weniger leere Straßenbahnen standen.

»Wird gestreikt?« fragte sie, und ihr unbewegtes Gesicht überzog ein erregter, glücklicher Ausdruck, der von diesem Augenblick an einen ganzen Monat lang weder beim Donnern der Geschütze noch beim nächtlichen Wachen oder in den dunklen Perioden der Mutlosigkeit, der Verzweiflung und der Niederlage ihr Antlitz verließ.

Der Schaffner hob die Schultern. »Weiß ich's?« sagte er liebenswürdig.

Evi stieg aus der Straßenbahn und gelangte nach dreiviertelstündigem Gehen, das eher einem Wettlauf glich, in die Gonzagagasse zu einer Freundin, bei der sie wohnen sollte. Die Freundin war nicht zu Hause. Im Lauf des Nachmittags suchte Evi zehn Genossen auf, sie fand keinen einzigen in seiner Wohnung. Gegen Abend traf sie, völlig erschöpft, auf der Straße zufällig mit einer in Wien lebenden tschechischen Medizinstudentin zusammen, von der sie wußte, daß sie in der österreichischen Roten Hilfe arbeitete, und von der sie über einen Treffpunkt um acht Uhr am Markt in der Nußdorfer Straße informiert wurde.

»Der Schutzbund hat Floridsdorf besetzt«, erzählte die Tschechin, blaß vor Aufregung. »Otto Bauer rückt mit dreitausend Mann auf Stadlau. Um Bruck an der Mur, Leoben und Linz finden blutige Kämpfe statt. Der Schutzbund hat sämtliche Wohnhäuser der Gemeinden besetzt. Von Heiligenstadt her habe ich schon MG-Feuer gehört. Auf dem Turm des Karl-Marx-Hofes wurde die rote Fahne gehißt. In Simmering stehen zweitausend Mann unter Waffen.«

Langsam machte sich Evi auf den Weg zum Markt in der Nußdorfer Straße. Es gab kein Licht. Die Straßen lagen in völliger Dunkelheit, nur hier und da schimmerte, unruhig schwankend, Kerzenschein durch ein Fenster. Auf dem Ring und weiter oben in der Währinger Straße standen verlassene Straßenbahnen. Vor dem Wiener Bankverein lag ein umgestürzter Wagen im Schmutz. Als sie aus der dunklen und schon menschenleeren Straße, durch die nur zuweilen lautlos ein Auto fuhr, in die Nußdorfer Straße kam, schlug ihr grelles Licht in die Augen. Die eine Seite der Straße war beleuchtet, die andere lag im Finstern. Auf der beleuchteten Seite waren noch die Geschäfte geöffnet. Evi, die den ganzen Tag nichts gegessen hatte, ging in einen Meinl-Laden und kaufte sich eine Tafel Schokolade.

Die an der Ecke Nußdorfer Straße stehende Markthalle war ein hohes, faßförmiges, rundes Gebäude, dessen eine Seite starkes Licht bekam, während die andere im Dunkeln blieb. Evi erreichte es lange vor acht Uhr und begann um das Gebäude herumzugehen. Bald danach entdeckte sie noch einige umherschlendernde Gestalten, die offensichtlich ebenfalls Parteimitglieder waren und zum Treffpunkt kamen. Sie kannte jedoch keinen unter ihnen. Ein Polizist war nicht in der Nähe. Evi setzte ihren Rundgang fort, die ihr Entgegenkommenden blickten ihr entweder aufmerksam ins Gesicht oder gingen in weitem Bogen um sie herum. Mit einem Male, als sie schon drei, vier Kreise zurückgelegt hatte, ohne daß ihr jemand begegnet wäre, bemerkte sie, daß die nächtlichen Spaziergänger den Platz um die Markthalle alle verlassen hatten. Fünfzig Meter entfernt, erblickte sie an der Ecke einer Nebenstraße eine Dreiergruppe. Da niemand Evi kannte, lag es auf der Hand, daß man sie für einen Spitzel hielt. Nach einigen Minuten meinte sie in einem Neuankommenden, der mit hochgeschlagenem Kragen und tief in die Stirn gezogenem Hut um die Markthalle schlenderte, einen Bekannten zu erkennen. Sie wartete, bis er in das Licht des Meinl-Schaufensters gelangte, und sprach ihn dort an. Es war ein deutscher Kunstgewerbler, den sie noch von Berlin her kannte.

»Worauf warten wir hier eigentlich?« fragte sie ihn.

»Ich weiß es nicht. Vor einer Stunde wurde ich aufgefordert, hierherzukommen.«

Langsam tauchten die versteckten Spaziergänger wieder auf. Eine junge Frau trat zu Evi.

»Wie heißt du?« fragte sie das Mädchen.

»Lilli«, antwortete Evi, die in Wien schon früher diesen Decknamen geführt hatte.

»Arbeitest du im achten oder neunten Bezirk?«

»In keinem von beiden. Ich bin heute von Budapest angekommen!«

»Wer hat dich hergeschickt?«

»Hans.«

»Gut«, sagte die junge Frau. »Kannst mir das Packerl abnehmen? Ich komm mir vor wie ein Lastkamel.«

Ein Mann trat zu ihnen. »Geh weiter vor, Fritz!« riet er dem Berliner. »Wir wollen nur zu dritt in einer Gruppe gehen!«

Der Berliner ging voran und verschwand bald im Dunkeln. Die junge Frau, die Evi zuerst angesprochen hatte, zog ein dikkes Päckchen aus ihrer Jacke und reichte es Evi. Die verbarg es ebenfalls unter ihrer Jacke.

»Mir kannst auch eins geben«, sagte ein junger Mann mit eingefallenem Gesicht und Brille.

»Die sind bei uns besser aufgehoben«, erwiderte die junge Frau, »die Männer untersuchen sie zuerst.«

»Geh rüber auf die andere Seite, zum Hotel Union», sagte der Bebrillte. »Lizzi will mit dir sprechen.«

Evi blieb mit dem unbekannten, bebrillten Jungen allein.

»Worauf warten wir eigentlich?« fragte sie ihn.

»Ich weiß es nicht. Vielleicht auf einen Mann oder eine Anweisung vom ZK.«

Die Zahl der um die Markthalle Wandernden vermehrte sich zusehends. Die junge Frau kam wieder zurück.

»Geh zu Meinl«, sagte sie zu dem Bebrillten, »und wenn Albert kommt, schickst ihn zu mir. Ich spazier inzwischen weiter um die Hallen.«

Von der Währinger Straße vernahm man Geratter, das langsam stärker wurde. Drei mit Militär beladene Lastautos rasten in Richtung Heiligenstadt. Am Rand des Autos standen die Soldaten mit schußbereiten Waffen, die Gewehrmündung auf die Fußgänger gerichtet. Vom vordersten Wagen fegte ein mächtiger Scheinwerfer durch die Straße. Evi blieb stehen und starrte ihm nach.

»Bleib nicht stehen«, warnte die junge Frau.

Eine korpulente, ungefähr vierzigjährige Frau trat zwischen sie.

»Wie lange warten wir noch?« fragte sie mit merklich fremdartiger Aussprache. »Es ist drei Viertel neun. Man kann nicht fünfzig Menschen eine Stunde lang spazierenschicken. Die meisten Häuser haben die Tore schon geschlossen.«

»Wenn du nicht warten willst«, sagte die junge Frau heftig, »dann geh nach Hause. Für Revolutionäre gibt's keinen Fahrplan!«

»Ich habe es nicht meinetwegen gesagt«, flüsterte die ältere Frau nervös. Eine blendende Lichtgarbe fiel in ihr Gesicht, von der Alserbachstraße näherten sich wieder Lastwagen mit Militär. Für einen Augenblick beleuchtete der Scheinwerfer die ockergelbe Markthalle und die darum wandelnden, tuschelnden Schatten. Das Meinl-Geschäft wurde zugemacht, die Jalousien der beiden Schaufenster rasselten mit donnerartigem Getöse herunter.

»War das Anhalten der Straßenbahnen das Zeichen zum Generalstreik?« fragte Evi. Die junge Frau nickte. »Wer hat ihn beschlossen?«

»Der im November ernannte sozialdemokratische Parteirat!«

»Wie kommt es, daß die Kaffeehäuser geöffnet sind?«

»Auch die Taxischofföre arbeiten«, sagte die ältere Frau, »und die Elektrizitätswerke in der Mariannengasse. Die Telephonzentrale streikt ebenfalls nicht, sie ist von der Heimwehr besetzt worden. Der Generalstreik ist mißglückt!«

Ein schlankes, junges Mädchen trat aus dem Dunkel neben sie, die ältere Frau machte sofort Platz und ging nach vorn.

»Die Heimwehr hat das Rathaus besetzt«, berichtete die Neuangekommene.

Die junge Frau blieb stehen. »Das ist doch unmöglich«, flüsterte sie erblassend.

»Hans ist eben aus der Innenstadt gekommen – vom Ring aus hat er gesehen, daß die grünweiße Fahne gehißt ist. Seitz, Renner und der ganze Stadtrat haben sich ohne Widerstand in ihren Amtszimmern verhaften lassen. Breitner wurde in seiner Wohnung festgenommen, seine Frau hat angeblich Selbstmord verübt.«

»Dann können wir die Flugblätter nicht mehr verteilen«, erklärte die junge Frau.

»Warum nicht?«

»Hast du sie nicht gelesen?«

»Nein, hatte keine Zeit.«

»Es steht drin, daß der Schutzbund das Rathaus besetzt und die rote Fahne gehißt hat.«

Aus der vor ihnen schlendernden Gruppe löste sich eine Frau und schloß sich ihnen an. »Geh nach vorn, Käthe, Lizzi will mit dir sprechen.«

»Ich geh schon«, sagte die junge Frau, »gibt's was Neues?«

»Ja«, erwiderte die Neuangekommene mit vor Aufregung heiserer Stimme, »der Schutzbund hat das Rathaus besetzt und die rote Fahne gehißt!« Stille trat ein.

»Wer hat das gesagt?«

»Rudi, der eben jetzt von der Bellaria gekommen ist und die rote Fahne mit eigenen Augen gesehen hat.« Die junge Frau ging wortlos nach vorn. »Von Simmering marschieren viertausend Mann auf die Innenstadt«, fuhr die Neuangekommene fort und faßte in ihrer Erregung Evi unter, »Mädl, Mädl«, flüsterte sie, »wenn das jetzt einschlägt! Was glaubst, werden sie die politischen Gefangenen schon morgen herausholen?«

»Warum interessiert dich das so?« fragte Evi.

»Warum?« wiederholte die andere verblüfft. »Franzi sitzt schon vier Monate im Landesgericht.« Sie blieb stehen und sah Evi ins Gesicht. »Ja so«, sagte sie dann und lachte laut und vergnügt, »du weißt nicht, daß Franzi mein Verlobter ist. Bist du das ungarische Mädel, das heute aus Budapest angekommen ist?«

Sie zogen weiter ihre langsamen Kreise um das ockergelbe Gebäude, das sich mit der einen glänzenden und der anderen dunklen Hälfte allmählich in entgegengesetzter Richtung zu drehen begann.

»Hast du schon gehört, daß wir den Südbahnhof besetzt haben?« fragte die Heisere. »In Wiener Neustadt haben Kommunisten und Sozialdemokraten gemeinsam den Güterbahnhof gestürmt. Nur im Kampf kommt die Einheitsfront zustand! Auf der anderen Seite steht ein Mann, der uns schon eine ganze Weile beobachtet. Schau jetzt nicht hin!« Evi blieb stehen. »Wie spät ist es?«

»Bleib nicht stehen! Neun Uhr vorbei.«

»Kennst du jemanden vom Schutzbund?«

»Ja«, sagte die andere zögernd, »ich kenn einen Arzt in Laaerberg, der Gruppenführer ist.«

Fritz, der Kunstgewerbler aus Berlin, der wieder neben Evi geriet, fing leise an zu schimpfen. »Es ist nicht auszuhalten. Die Arbeiterschaft kämpft bereits vierundzwanzig Stunden, und wir spazieren hier im Kreis herum wie die Gladiatoren im Zirkus.«

In den benachbarten Straßen wurde es stiller. Vom Ring hörte man ganz selten verlorenes Autohupen.

Am Portal des gegenüberliegenden Hotels Union sprachen zwei Männer ruhig miteinander.

»Hast du Verbindung mit dem Schutzbund?« fragte Evi.

»Keine.«

»Könntest du auch keine herstellen?«

»Eventuell, durch das Flüchtlingskomitee.«

»Also gehen wir!«

»Jetzt in der Nacht finde ich niemanden. Die Adressen sind im Büro des Komitees, ich habe keinen Schlüssel zum Büro, die Tore sind auch alle geschlossen.«

»Kannst du irgendeine Waffe organisieren?« fragte Evi.

»Waffe?« wiederholte der andere ironisch. »Die Wiener Kommunisten haben Flugblätter, keine Waffen.«

Der bebrillte junge Bursche mit dem eingefallenen Gesicht trat eilig auf sie zu und flüsterte: »Alles nach Haus! Morgen schaut jeder, Verbindung mit dem Schutzbund aufzunehmen. Nachmittag um zwei Uhr Treffpunkt im Café Eiles!« Er ging schnell nach vorn zu der anderen Gruppe.

»In welche Richtung mußt du?« fragte Fritz.

»Ich weiß nicht, ich habe noch kein Quartier, ich bin erst mittags aus Pest angekommen.«

»Wo ist dein Gepäck?«

»Ich habe es in einem Café gelassen.«

»Du kannst bei mir schlafen, dann müssen wir aber um sechs Uhr, bevor meine Wirtsleute aufstehen, das Haus verlassen.«

Die Straßen waren zum größten Teil menschenleer, nur vor den frisch geklebten Plakaten, die den Ausnahmezustand verkündeten, standen einige späte Fußgänger. Die Fenster von Fritz' Zimmer blickten auf den Franz-Josephs-Kai.

Fritz bereitete sich auf dem Diwan eine Lagerstatt, das junge Mädchen schlief im Bett. Früh um fünf weckte sie der Wecker. Durch das Fenster konnte man auf den Donaukanal sehen, am gegenüberliegenden Brückenkopf standen im schmutziggrauen Morgendämmern zu beiden Seiten Soldaten, hinter ihnen, in der Mitte des Fahrdammes, ein Maschinengewehr.

Fritz kochte Tee. »Ich glaube, meine Wirtsleute sind Nazis, deshalb möchte ich nicht, daß sie dich sehen!«

Aus der Ferne vernahm man, klar erkennbar, Kanonendonner, scharf oder verschleiert, je nachdem, ob der sich drehende Wind den Ton herübertrug oder wegschob.

Die in die Innenstadt führenden Straßen waren durch Drahtverhaue versperrt. Heimwehrmänner in Zivil und Soldatenmützen, mit umgehängten Gewehren, kontrollierten die Passanten. An allen vier Ecken des Polizeipräsidiums waren Maschinengewehre aufgebaut. Die Straße lag fast menschenleer da, auf den Schienen standen verloren einige Straßenbahnwagen. Vom Turm des Rathauses flatterte die grün-weiße Heimwehrfahne im Wind. Die beiden jungen Menschen gingen stumm vorbei.

»Wir müssen uns in ein Kaffeehaus setzen«, sagte Fritz, »vor acht kommen wir nicht ins Flüchtlingskomitee!«

Das Kaffeehaus war noch leer. Zeitungen waren nicht erschienen, nur die Regierung hatte ein Kommuniqué herausgegeben, in dem bekanntgegeben wurde, daß Militär und Heimwehr im ganzen Lande den Aufruhr niedergeschlagen hätten und daß in Wien elektrisches Licht und Telephon noch im Laufe des Tages wieder in Betrieb gesetzt würden.

»Die Drucker streiken noch«, stellte Fritz fest, »aber Kellner und Taxischofföre arbeiten.«

»Schau, ob das Telephon funktioniert.«

Die Zentrale meldete sich sofort.

»Wenn die Eisenbahner nicht streiken«, sagte Evi niedergeschlagen, »dann ist alles umsonst. Können wir noch nicht gehen?«

»Es ist erst halb acht. Die Fachgewerkschaft der Eisenbahner ist vor einem halben Jahr aufgelöst worden«, erklärte Fritz, »der größte Teil der Männer mußte zu den Christlich-Sozialen übertreten. Wo nur möglich, steckte man Heimwehrleute dazwischen.«

Das Büro des Flüchtlingskomitees war geschlossen. Vor der Tür warteten sie eine halbe Stunde auf die Sekretärin, schließlich mußten sie unverrichteter Dinge fortgehen. Bis zum Mittag liefen sie umsonst in der Stadt umher, trafen niemand zu Hause an, und vergebens kehrten sie zweimal zum Flüchtlingskomitee zurück. Von der Peripherie her erklang der Kanonendonner immer heftiger. Gegen Mittag brach die Sonne durch. An den Litfaßsäulen erschienen Plakate, in denen der Kreisvorstand des Schutzbundes des sechsten, siebenten, dreizehnten, vierzehnten, fünfzehnten und sechzehnten Wiener Bezirkes die Arbeiterschaft aufforderte, sich nicht von unverantwortlichen Aufrührern verleiten zu lassen; im Namen der durch ihn vertretenen Bezirke des Schutzbundes sei heute morgen dem Staatssekretär Karwinsky die bedingungslose Kapitulation gemeldet worden. Wie sich später herausstellte, hätten diese Bezirke in die Innenstadt ziehen und die Verwaltungsgebäude besetzen sollen; die Regierung hatte sich den Kreisvorstand gekauft. Auf einem anderen Plakat erschien mit der Unterschrift des Ministerpräsidenten ein Aufruf, der all denen, die innerhalb vierundzwanzig Stunden ihre Waffen ablieferten, allgemeine Amnestie zusicherte. Die Litfaßsäulen waren von dichten Menschenmassen umstanden.

»Kannst du nicht irgendwoher eine Waffe beschaffen?« fragte Evi.

»Nein, unmöglich.« Sie gingen zum Café Eiles. Unterwegs begegneten sie in der Mariahilferstraße mächtigen Autos, die auf den Schienen herumstehende Straßenbahnwagen in die Remisen zogen.

»Strom gibt es noch nicht!« sagte Evi und errötete vor Freude.

Im Café Eiles war niemand. Wieder traten sie auf die Straße, wo sie nach einigen Schritten auf Hans stießen, der einen Brief in einen Briefkasten warf.

»Schreibst du Briefe?« fragte ihn Fritz.

Hans lachte. »Es sind nur Flugzettel drin. Von der Urania angefangen habe ich in jeden Kasten einen gesteckt, damit die Postbeamten infiziert werden!«

»Was für Flugblätter?«

»Na, die von gestern abend!«

»Von gestern abend?« wiederholte Fritz. »In denen steht, daß auf dem Rathaus die rote Fahne gehißt wurde?« Er erbleichte vor Zorn. »Idiot!« schrie er außer sich.

Sie liefen ins Café zurück. Nach Ablauf einer Stunde hatten sich an verschiedenen Tischen zwanzig eingefunden. Die meisten waren erkältet und husteten. Mit argwöhnischen Blicken betrachtete der Kellner das Tuscheln bei den fünf Tischen, das unablässige Kommen und Gehen. Sie zogen in das Rathauscafé um, da sie befürchten mußten, er werde ihnen die Polizei auf den Hals schicken. Evi, die keine Sekunde vergessen konnte, daß in den Vorstädten die Arbeiter mit der Waffe in der Hand kämpften, während sie in Kaffeehäusern herumlungerten, saß fiebernd, mit vor Ohnmacht zu Fäusten geballten Händen. Die meisten waren ratlos.

Vom ZK war keine Anweisung gekommen, der Kontakt mit der Stadtleitung der Partei unterbrochen, und keiner konnte eine Verbindung zum Schutzbund herstellen. Ein anderes ungarisches Mädchen mit sanftem Gesicht, das unter dem Decknamen Gerda arbeitete, hatte in der Nacht neue Flugblätter abgezogen; es wurde beschlossen, sie abends in den Häusern des neunten Bezirks zu verteilen.

»Jemand muß ins ›Eiles‹ zurück und dort auf Fred warten, der heute früh in die städtische Brotfabrik gegangen ist!« sagte Gerda.

Um vier Uhr flammte das elektrische Licht auf.

In Ottakring hatten sich die Arbeiter im Arbeiterheim verschanzt. Trat man vor das Café, konnte man das unaufhörliche Maschinengewehrfeuer hören. Eines der Mädchen, das in der Nähe vom Fuchsenfeldhof wohnte, berichtete, daß morgens vom Hof her heftiges Gewehrgeknatter zu vernehmen, an das Gebäude jedoch nicht heranzukommen gewesen war, da Militär die angrenzenden Straßen abgesperrt hatte. In der Quellenstraße, im Reumannhof, in Heiligenstadt, in Meidling und im vierzehnten und zwanzigsten Bezirk dauerten die Kämpfe den ganzen Tag über an. Von den beiden größten Arbeiterbezirken Wiens, Floridsdorf und Simmering, hatte niemand eine neuere Nachricht. Albert, der Jurastudent mit der Brille und den eingefallenen Wangen, sprach telephonisch mit seinem Bekannten, dem Arzt aus Laaerberg, der ihm aber nur sagen konnte, daß von

Simmering her Maschinengewehrknattern zu hören wäre. Die Verbindung wurde sofort von der Zentrale unterbrochen.

»Nach dem Kommuniqué der Regierung ist die Ordnung in ganz Österreich wiederhergestellt«, sagte eine Stimme höhnisch. Evi sah unfreiwillig zur Decke des Cafés empor: Die elektrischen Lampen brannten.

Auf dem Lande, in Leoben und Bruck an der Mur gingen die Kämpfe mit unverminderter Heftigkeit weiter. Hans hatte vormittags von einem Journalisten gehört, daß Koloman Wallisch – einer der wagemutigsten und volkstümlichsten Führer des Schutzbundes, für dessen Kopf die Regierung zehntausend Schilling Belohnung ausgesetzt hatte – von Bruck aus mit mehreren Zehntausend Mann nach Graz marschiert sei und bereits Donawitz und Kapfenberg besetzt habe.

Um halb fünf kam aus dem Café Eiles, wo Albert ihn erwartet hatte, Fred. »Wer will, kann heute abend nach Simmering hinaus«, sagte er leise. »Ich habe mit einem Schutzbündler, der einen Lastwagen hat, ausgemacht, daß er zwanzig Mann hinausbringt.«

Evi umarmte schweigend den jungen Mann und küßte sein blasses verschwitztes Gesicht. Um die Tische herum wurde es still. »Endlich«, flüsterte jemand mit bebender Stimme. Die meisten schwiegen, die Gesichter erblaßten oder erröteten noch mehr. Abends, am Sammelort in der Wohnung einer ungarischen Schneiderin in der Siebensterngasse, meldeten sich acht, unter ihnen Evi und Fritz.

»Warten wir noch?« fragte der eine.

»Eine Viertelstunde. Die Straßenbahnen verkehren nicht, es ist unmöglich, auf die Minute einzutreffen.«

Sie warteten eine halbe Stunde. Als die erste Vierergruppe hinausging, kam ihr im Treppenhaus Albert entgegen. Der seufzte erleichtert auf. »Zurück«, sagte er. Sie traten in die Wohnung.

»Was ist passiert?« fragte Fritz.

»Wir können nicht hinaus! Gebt mir ein Glas Wasser.« Albert konnte vor Erschöpfung kaum sprechen. »Der Karl-Marx-Hof hat kapituliert«, sagte er. »Den Reumannhof hat die Heimwehr im Sturm genommen, und was das schlimmste ist, Floridsdorf ist geräumt. Otto Bauer ist in die Tschechoslowakei geflüchtet!«

»Das ist nicht wahr!« rief ein sozialdemokratischer Student mit erblassendem Gesicht. Niemand antwortete.

Die Stimme Alberts bebte. »Ich glaube, nur noch das Arbeiterheim in Ottakring ist in unseren Händen – und in Simmering die Baracken, wo sich hundert oder zweihundert Menschen verschanzt haben. Es hat keinen Sinn, daß wir hinausgehen!«

Evi stand auf und wandte sich zur Tür. »Ich gehe hinaus«, sagte sie ruhig, »wer kommt mit mir?« Im Zimmer wurde es still. Von der anschließenden Küche her hörte man das Ticken des Weckers.

»Mach keinen Unsinn, Lilli«, mahnte eine Stimme. Das junge Mädchen antwortete nicht. »Es nützt niemandem etwas«, fuhr die Stimme fort, »wenn du dich im letzten Moment niederknallen läßt. Diese Etappe der Revolution haben wir verloren. Bereiten wir uns auf die nächste vor, aber nicht mit Selbstmord.«

Das junge Mädchen setzte die Mütze auf und knöpfte sich den Mantel zu.

»Nur die Arbeiter können verrecken«, sagte Evi ruhig, »wir Intellektuellen aber werden inzwischen an ihrer Stelle nachdenken, nicht wahr?«

Fritz erhob sich. »Recht hat sie«, stimmte er zu und ging mit schnellen Schritten hinter ihr durch die Tür. Der sozialdemokratische Student, der bebrillte Junge mit den eingefallenen Wangen und Fred schlossen sich ihnen an. Von der Siebensterngasse hatten sie noch einen anderthalbstündigen Fußweg bis zur Garage, wo der Schutzbündler mit dem Auto auf sie wartete.

»Kommen wir nicht zu spät?« fragte Fritz. »Gehen wir rascher!«

Ein frostiger Wind wehte. Es fing an, in kleinen, dichten Flokken zu schneien. Die Straßen waren schon erleuchtet, die Bürgersteige von Menschenmassen belebt. Die Stadt bot ein alltägliches Bild, nur verkehrten eben keine Straßenbahnen, und Kinos und Theater waren geschlossen. Unterwegs trafen sie auf Militär, das zwei Kanonen in die Richtung des Arbeiterheimes zog, von wo aus in unregelmäßigen Zeitabschnitten ein scharfes und ein etwas heiseres Maschinengewehr zu vernehmen war.

Fritz bemerkte, daß sich die Augen des jungen Mädchens mit Tränen füllten. Als sie die Garage in dem Vorort erreichten, hatte es aufgehört zu schneien, doch war der anfänglich leichte Wind zu heulendem, eisigem Sturm angewachsen.

Der Schutzbündler kam aus der Garage.

»Was?« entfuhr es ihm grob. »Fünf seid ihr zusammen? Mit fünf Figuren fahr ich nicht!«

»Es war keine Zeit, mehr zusammenzubringen«, sagte Fred.

»Glaubt ihr, ich trage wegen fünf Menschen meine Haut zu Markte?« antwortete der andere und zuckte die Achseln. »Mein Benzin kostet mehr als ihr fünf wert seid!« Fred schwieg.

»Habt ihr Waffen?«

»Sie sagten doch, Genosse, daß wir von Ihnen welche bekommen.«

»Natürlich«, bejahte der andere wütend, und im Licht der Bogenlampe konnte man sehen, wie sich sein dicker, bullenartiger Nacken von dem nach oben schießenden Blut rötete. »Hol euch der Teufel!«

Er drehte sich um und ging in die Garage zurück. Die fünf jungen Menschen beratschlagten eine Weile auf der Straße, dann folgten sie ihm. Nach langem Zureden ließ der Mann endlich den Motor an.

»Das Fräulein soll sich vorn zu mir auf den Bock setzen«, ordnete er ironisch an, »das Regiment marsch nach hinten! Waffen bekommt ihr später!«

Es war ein offenes Lastauto. Die vier Jungen legten sich auf die Bank des Wagens und deckten sich mit leeren Säcken zu. »Wenn der Wagen stehenbleibt«, befahl der Mann, »darf sich keiner mucksen!«

Nach einer Fahrt von zehn Minuten hielt das Auto in einer unbelebten Vorortstraße an. Der Fahrer klopfte ans Fenster, ein Mann im Ledermantel stieg ein und setzte sich neben ihn auf den Sitz. Der Wagen fuhr ratternd durch die nächtliche Stille. Vor einem bretterumzäunten leeren Grundstück machten sie halt. Der Fahrer und der Mann im Ledermantel verschwanden im Dunkel. Nach einigen Minuten kam der Fahrer allein zurück.

»Versteht jemand von euch mit einem Maschinengewehr umzugehen?« fragte er. Keiner konnte es. »Dann war alles für die Katz!« Vor Wut wurde sein Gesicht wieder krebsrot. »Was denkt ihr euch eigentlich – daß ich gleichzeitig den Wagen führen und das Maschinengewehr bedienen kann? Es war vorgesehen, daß wir die Simmering-Laaerberg-Front durchbrechen!«

»Es geht auch mit dem Gewehr, Genosse!« sagte Evi, die beobachtet hatte, daß sich der mächtige, cholerische Mann sofort beruhigte, sooft sie das Wort ergriff, als ersticke die kühle Frauenstimme seinen Zorn.

»Sicherlich mit fünf Gewehren«, erwiderte der Mann brummig.

Aufs neue verschwand er in der Nacht. »Wenn wir unbemerkt durchrutschen können«, erklärte er, als er nach einer kleinen Weile zurückkam, »dann bringe ich euch hinüber. Auf den ersten Schuß hin drehe ich die Karre um!«

Nach einer halben Stunde lag die Stadt hinter ihnen. Auf den dunklen Feldern, über den Bergen des Wienerwaldes tobte ein eisiger Sturm. An einer Kurve der Landstraße hielt der Fahrer an und wendete den Wagen. Zwischen den Äckern hatte er im Widerschein des Schnees einen auf und ab gehenden Posten mit aufgepflanztem Bajonett entdeckt. Beim Wenden versanken die hinteren Räder des Lastautos in die schwarze Erde des Ackerfeldes.

Sie bogen in einen Feldweg ein, der von der Hauptstraße nach Norden abzweigte. Auf den hartgefrorenen Furchen konnten sie nur langsam vorankommen. Nach zehn Minuten schoß ein Posten auf sie. Der über die Felder auf sie zu laufende Soldat schoß noch dreimal, eine Kugel prallte von der Seitenwand des Autos ab. Vor einer vereisten, steilen Strecke des Weges blieben sie stecken. Der Fahrer stieg ab und schob Säcke unter die Räder. Unmittelbar vor Simmering erblickten sie ein Lagerfeuer, dessen gelbe Feuerzungen der Sturmwind zuweilen waagerecht an die Erde preßte. Während der Wagen wendete, richtete sich ein Scheinwerfer auf sie; hartnäckig blieb seine Strahlengarbe minutenlang auf ihnen haften. Es war zwei Uhr nachts, als sie nach Wien zurückkamen. Evi schlief wieder bei Fritz. Morgens gingen sie zum Polizeipräsidium, wo Fritz, der einen Journalistenausweis hatte, Erlaubnis erhielt, auf eigene Verantwortung die Kampfzone zu betreten.

Die Zeitungen erschienen, auch die Straßenbahnen verkehrten bereits. Fritz ließ sich bei einem Friseur rasieren, dann fuhren sie mit der Straßenbahn nach Döbling. Das nächtliche Unwetter hatte sich gelegt, gegen zehn Uhr brach die Sonne durch, und die Luft erwärmte sich schnell. Die Nachricht von der Kapitulation des Karl-Marx-Hofes hatte sich als unrichtig erwiesen. Die vierseitigen Morgenzeitungen schwiegen über Heiligenstadt und erwähnten nur die Einnahme von Floridsdorf. Von der Straßenbahn aus konnte man durch die klare winterliche Luft sehr bald das Schießen hören. Auf der Straße standen alle zwanzig Schritte Heimwehrposten, die aufmerksam den Journalistenausweis von Fritz prüften.

»Meine Sekretärin«, sagte er, als einer einen fragenden Blick auf Evi warf.

»Auf Ihre eigene Verantwortung, Herrschaften«, sagte der Soldat. »In einer Stunde läuft das Ultimatum ab. Wenn die sich bis dahin nicht ergeben, werden sie von der Hohen Warte aus mit Artillerie beschossen. Schad wär's um das schöne Haus«, fügte er bedauernd hinzu.

Die schmale Nebenstraße, die zum Karl-Marx-Hof hinabführte, widerhallte von Schüssen. Die Läden, ein Kolonialwarengeschäft, eine Papierhandlung und eine Schenke, waren geöffnet. Einige Schritte vor der Straßenecke hielt sie erneut ein Wachtposten an.

»Warten Sie einen Moment!« rief er.

»Worauf?«

»Die Schießerei ist gleich aus. Zehn bis fünfzehn Minuten machen sie Krawall, dann hören sie für eine Viertelstunde auf!«

»Auf Fußgänger schießen sie auch?«

»Gewiß«, sagte der Soldat. »Die sind ganz wild geworden!«

»Ist das ganze Gebäude noch in ihrer Hand?« fragte Evi.

»Die diesseitige Hälfte haben sie, glaube ich, geräumt«, erwiderte der Soldat, »sie schießen seit dem Morgen nur noch aus den nördlichen Türmen. Zurück, zurück!« schrie er einem Auto zu, das von der Heiligenstädter Straße einbog. Der Herrenfahrer hielt den Wagen an. Zwei Frauen in Pelzmänteln saßen neben ihm.

»Kann man sich den Zauber nicht ansehen?« fragte er.

»Zurück, zurück!« schrie der Soldat. Das Schießen verstummte.

»Jetzt gehen Sie, wenn Sie wollen«, sagte der Soldat, zu Fritz gewandt. »Wenn Sie zur Ecke kommen, sehen Sie ein mehrstökkiges, graues Haus neben dem Karl-Marx-Hof. Da müssen Sie aufpassen, aus dem wird auch in den Pausen geschossen. Hören Sie?« fragte er. Man vernahm einen einzelnen Schuß.

Die breite Straße vor dem Karl-Marx-Hof füllte sich im Nu mit Menschen. Das mächtige Gebäude mit seiner mehr als einen Kilometer langen Front stand im winterlichen Sonnenschein. Von der gegenüberliegenden Seite der Straße, aus den Torbogen und den Nebenstraßen wälzte sich ein nicht abreißender Menschenstrom heran und begann langsam zwischen den zusammengeschossenen Mauern umherzuschlendern. Die Frauen kamen mit ihren Kindern an den Händen und zeigten ihnen die zerschossenen Fenster und die Spuren der Kugeln an den Wänden. Es war ein warmer Vorfrühlingstag; von den Bergen wehte lauer Wind.

»Damit hab ich nicht gerechnet«, knirschte Fritz und ballte die Fäuste.

Das junge Mädchen schwieg.

»Alles Proleten!« Von dem grauen Haus her fiel ein Schuß.

»Ich würde auch in sie hineinschießen!«

»Lumpenproletariat«, sagte Evi. Ihre Augen waren nach den zwei durchwachten Nächten rot.

»Kann man da noch Hoffnung haben?«

»Das ist doch nicht wichtig!«

»Wie meinst du das?«

»Was heißt Hoffnung?« fragte das junge Mädchen. »Ich brauche sie nicht!«

»Derentwegen soll man sein Leben aufs Spiel setzen?« Evi Krausz antwortete nicht. Fritz schossen vor Bitterkeit die Tränen in die Augen. »Da war es noch besser im Kaffeehaus!« sagte er. »Derentwegen sollen wir verrecken!«

Evi sah ihm ins Gesicht. »Romantisch«, seufzte sie. »Willst du zurück?«

»Bleibst du hier?« Sie lächelte. Von einem der Türme setzte erneut das Maschinengewehr ein, die Menge flüchtete sich sofort in die Nebenstraßen. Das MG verstummte. Zehn Schritte von Fritz entfernt, fiel ein Mann zur Erde, das Pflaster unter seiner Schulter, die krampfhaft zu zucken begann, färbte sich rot. Das junge Mädchen blieb vor dem Kolonialwarengeschäft stehen.

»Ich glaube, ich habe seit gestern mittag nichts gegessen, ich kaufe mir eine Tafel Schokolade.«

Evi ging allein in den Laden, um dem Jungen Gelegenheit zu geben, ohne Erklärung zu verschwinden. Aber er erwartete sie.

»Bleibst du?« Sie zuckte die Achseln.

»Soll ich auch bleiben?«

»Dumme Frage!« sagte Evi und ging weiter. »Ist das eigene Leben so wichtig?«

Die Neugierigen faßten neuen Mut und drängten zu den Toren.

»Ich geh heim!« erklärte eine Frau. »Es ist gleich eins!«

»Ob sie die weiße Fahne aushängen?«

»Die denken nicht dran!« antwortete die Frau. »Ich muß jetzt Essen kochen. Gleich geht die Schießerei los!«

Evi sprang aus der schlendernden Menge heraus und lief in ein Tor.

»Sie lassen niemanden hinein!« schrie ihr jemand nach. »Passen Sie auf, Fräulein, gleich fangen's an zu schießen.«

Das junge Mädchen rannte weiter, Fritz ihr nach, doch der auf den Hof führende Eingang hinter dem Torbogen war mit einem Eisengitter verschlossen.

»Warten's, bis die Frauen herauskommen!« schrie dieselbe Stimme.

Evi drehte sich um. »Was für Frauen?«

»Um ein Uhr dürfen die Frauen und Kinder abziehen!« Vor dem Beginn des Schießens verließen mehrere Hundert Frauen und Kinder den Marx-Hof, und Evi und Fritz drängten sich durch das geöffnete Tor; ein Elektromonteur, der zufällig am Tor stand, ließ sie hinein. Ein Uhr zehn wurde das Tor geschlossen; doch da das Militär die Ablaufsfrist für das Ultimatum um zwei Stunden verlängerte, begann der Beschuß erst gegen vier Uhr.

Von dem Augenblick an, als sich das Tor hinter ihnen schloß, traten Evi und Fritz in einen neuen Empfindungskreis. Je mehr er an Umfang verlor, um so mehr nahm er an Tiefe zu. Simmering, Floridsdorf, die Kämpfe in Kärnten und in der Steiermark verschwanden plötzlich aus ihren Herzen, die sich restlos und mit ausschließlichem Interesse dem Schicksal des Karl-Marx-Hofes zuwandten. Mit ihrem Verstand hielten sie zwar auch die Verbindung mit den sich scheinbar an der Peripherie abspielenden Ereignissen aufrecht; doch der sich ständig verengende, aber ständig an Intensität gewinnende Ring schloß sie allmählich von der sich außerhalb des Marx-Hofes befindenden Welt ab, dann sogar von den weiter abgelegenen Flügeln des Marx-Hofes mit seinen mehreren Tausend Menschen, um schließlich nur noch ihren eigenen Hof, das zweiundsiebzigste Treppenhaus und jene Zweizimmerwohnung zu umfassen, in der sich Fritz und das junge Mädchen zwei Tage und zwei Nächte aufhielten. Ihre instinktive Solidarität mit den weiter entfernt abrollenden Ereignissen verringerte sich; so sehr, daß sie, als sie am zweiten Tag hörten, das Ottakringer Arbeiterviertel sei zu einem Trümmerhaufen zusammengeschossen, anscheinend entsetzt waren – doch in umgekehrter Gefühlsperspektive mehr Wichtigkeit jenem Umstand beimaßen, daß sie vom gegenüberliegenden Hausdach zwei Heimwehrleute heruntergeschossen hatten.

In übermenschlichem Umfang wuchsen ihnen jene vier, fünf Menschen ans Herz, mit denen zusammen sie um ihr Leben kämpften. Eine schwache Gebärde, das kleinste Wort dieser Menschen bekam in der geladenen Atmosphäre Wichtigkeit, wurde zu Liebe oder Haß. Auch ihre eigenen Bewegungen und Worte wurden langsamer, kompakter, als bewegten sie sich in einem schwereren Element als die Luft, zum Beispiel im Wasser, in das die leichteren Nachrichtenwellen der Außenwelt nicht einzudringen vermochten. Bei ihrer Ankunft hatten die Dringebliebenen sie zwar ebenfalls scheinbar heftig mit Fragen bestürmt: ob es, zum Beispiel, den Tatsachen entspreche, daß eine Kompanie des Deutschmeister-Regiments den Gehorsam verweigert habe – oder ob die Tschechoslowakei, in die Bauer gereist war, um die dortigen Sozialdemokraten zum Eingreifen zu veranlassen, in Österreich einmarschieren werde – oder ob die Heimwehr Seitz erschlagen habe. Doch nach einigen Minuten ermüdeten sie sichtlich und achteten entweder nicht auf die Antworten oder schlichen sich aus dem Zimmer. Außer ihrem eigenen Maschinengewehr interessierte sie nichts. Nach Ablauf weniger Stunden hatten sich die beiden jungen Menschen ihrer Umgebung angepaßt.

»Herein, immer herein!« rief eine kraftvolle weibliche Stimme, als sie in der Diele der Wohnung einen Augenblick stehenblieben. Die Frau des Elektromonteurs, eine untersetzte, rundgesichtige, ungefähr vierzigjährige Person, empfing sie in der Küche und maß beide mit scharfen, mißtrauischen Blicken. »Wo hast denn die aufgegabelt?« fragte sie ihren Mann.

Evi trat zu der Frau und reichte ihr die Hand. »Ich bin direkt aus Budapest gekommen, Genossin«, sagte sie lachend, »Wiener Luft schnappen!«

Die Frau lächelte. »Schaut's, schaut's, die kleine Magyarin«, erwiderte sie. »Wie ist denn die Luft bei euch?«

»Dünner!« gab das junge Mädchen zurück und lachte glücklich.

»Ist das auch ein Ungar?« fragte die Frau und deutete mit dem Finger auf Fritz.

»Nein, ein Berliner!«

»Schaut's, schaut's, die Preußen kommen!« Die Frau lachte aus voller Kehle. »Das hab ich gern, so eine internationale Gesellschaft! Sagen's, von was sind denn die schönen schwarzen Gukkerln so rot?«

»Ich habe in der letzten Nacht wenig geschlafen. Wir wollten einen Ausflug nach Simmering machen, man hat uns aber zurückgejagt.«

Die Augen der Frau wurden plötzlich ernst. »Was für ein schönes, junges Paar!« sagte sie, den Kopf schüttelnd. »Geht jetzt ins Zimmer schlafen, wir haben noch zwei Stunden.« Sie öffnete die Tür und schob die beiden hinein. »Legen's sich ruhig mit Ihrem Bräutigam in ein Bett«, meinte sie zu Evi, »da kommt niemand herein.« Eine Sekunde später klopfte sie. »Soll ich ein Gulasch kochen oder lieber gute Fisolen?«

»Wecken Sie uns bitte pünktlich um vier Uhr!«

Von draußen erscholl Lachen. »Der Wecker steht auf der Hohen Warte!« rief der Elektromonteur. »Schöne Träume, Genossen!«

In der schweren Luft wurden auch die Gegenstände kompakter und eindringlicher, wie um sich selbst zur Geltung zu bringen. Man meinte, sie wären von innen gewachsen, ohne daß sich ihr äußerer Umfang sichtlich verändert hätte. Evi, die sich mit den Kleidern aufs Bett legte und nach zwei Minuten schlief, erhielt in diesen zwei Minuten einen so intensiven Eindruck von der alltäglichen Einrichtung des Zimmers, daß sie es in ihrem Leben nicht mehr vergaß. Das Bild des geschnitzten, nußbraunen Kopfendes des Bettes über ihrem Gesicht – das sich etwas nach vorn neigte, als wolle es seine drei gemaserten, glänzenden Kugeln auf sie fallen lassen – grub sich so unaustilgbar in ihr Gedächtnis ein, daß sie noch nach Jahren den genauen Plan seines Schneckenschmukkes hätte zeichnen können. Über dem Bett hing eine eingerahmte Urkunde mit der Unterschrift: Wondraschek. Zu beiden Seiten schmückten Familienbilder die getünchte Wand. Als Evi nach zwei Stunden aufwachte, meinte sie, diese Gesichter zu kennen, doch fiel ihr nicht ein, wo sie sie schon einmal getroffen hatte.

Das Zimmer strahlte vor Sauberkeit. Nur in dem Waschbecken, in dem ein viereckiges, erdbeerfarbenes Stück Seife lag, befand sich ein bißchen schaumiges Schmutzwasser, auch der darüberhängende kleine, ovale Spiegel war mit Wasser und Seifenschaum bespritzt. Der Schaum auf dem Spiegel erzitterte leise bei jedem Donnern der Geschütze.

Die Frau des Elektromonteurs lag auf dem Bauch und lud die Gewehre, die ihr die vor den Fenstern knienden Männer reichten. Auf den gegenüberliegenden Hausdächern bewegten sich, durch Schornsteine gedeckt, Soldaten und schossen in die Fenster. An diesem ersten Nachmittag wurden nur wenig Kanonenschüsse abgefeuert, sie waren eher als Warnung gedacht. Die meisten Geschosse gingen hoch über den Marx-Hof hinweg, nur eines schlug in den südlichen Flügel ein und riß gähnende Löcher in den Torbogen und den ersten Stock. Die Straßen hatten sich geleert, doch gegen sechs, bei Eintritt der Dunkelheit, belebten sie sich wieder. Vor den Trümmern des zerschossenen Tores drängte sich eine neugierige Menge.

Fritz erhob sich, trat zum Fenster und feuerte in den Menschenauflauf. »Was machst du da?« rief Evi erblassend.

Der Elektromonteur ging zu Fritz und nahm ihm das Gewehr aus den Händen. »Komm zu dir, Genosse«, mahnte er und schlug ihm leicht in den Rücken. »Kümmere dich nicht um die draußen!«

Fritz zitterte am ganzen Leibe.

»Na, schau einer den wilden Preußen an«, sagte die Frau gereizt. »Auf jeden möcht er losgehen wie ein Stier!«

Der Elektromonteur stellte das Gewehr in die Ecke. »Laß schon, Mutter«, beschwichtigte er sie und winkte mit der Hand ab. »Wir haben uns schon daran gewöhnt, aber der Genosse ist jetzt erst gekommen!«

Der achtzehnjährige Sohn des Elektromonteurs, der auf dem Südturm ein Maschinengewehr bediente, klingelte an der Wohnungstür. Es war ein großer blonder Junge mit freundlichem Lächeln. Er errötete, als Evi ihm die Hand gab. »Was gibt's zum Nachtmahl?« fragte er; seine weißen Zähne blitzten.

Sie gingen in die Küche essen, deren Fenster sich auf den Hof hin öffneten. Deshalb konnte hier Licht angezündet werden. Der Elektromonteur blieb als Wache im Zimmer; doch nach einigen Minuten schlief er vor Müdigkeit ein – man konnte sein lautes Schnarchen bis in die Küche hören. Der blonde Junge klatschte sich auf die Knie und lachte hell auf. Das junge Mädchen erhob sich.

»Bleiben Sie nur sitzen«, sagte der Junge und wurde wieder rot. Seine Mutter ging in das Zimmer und weckte ihren Mann; sehr bald vernahm man ihr heftiges, vorwurfsvolles Geschimpfe.

Die Männer, die gegen Abend auf ein Fünfminutengespräch in die Wohnung kamen, hatte das seelische und körperliche Leiden wortkarg gemacht, ihre Bewegungen waren schwerfällig. Bei den meisten lagen die Augen in tiefen Höhlen, ein mehrtägiger Bart bedeckte ihr Gesicht, gelegentlich stotterten sie vor Müdigkeit. Evi spürte, daß der größte Teil sie und Fritz ablehnend beobachtete. Sie waren Fremde für sie, waren anderer Nationalität, Intellektuelle und Kommunisten, und dieser dreifache Unterschied hatte schweres Gewicht in einem Augenblick, in dem diese Männer, eine fest zusammengeschweißte Gemeinschaft, bereit waren, in den Tod zu gehen. Wie die Tiere, die sich in solchen Zeiten verkriechen, hätten sie gewünscht, für die Spanne ihres Leidens schamhaft allein, unter sich zu bleiben. Doch Evi war so glücklich, die persönliche innere Befriedigung durchglühte sie derart, daß der Widerstand ihre Seele nicht belastete und sie mit kindlich wirkendem, lebhaftem, beweglichem Frohsinn die verschlossenen Männer eroberte.

»Schaut's, schaut's, die kleine Magyarin, was für Temperament sie hat!« sagte die Frau breit lächelnd. Auf der Straße herrschte Totenstille.

»Also, was habt ihr draußen gesehen?« fragte der eine Mann nach längerem Schweigen Fritz. Der zuckte die Achseln. »Begeisterung!« erwiderte er höhnisch.

»I scheiß auf die Begeisterung«, brummte der Mann. »Sie sollen sich nicht begeistern, streiken sollen sie! Wir haben hier den schwersten Teil der Arbeit, und die draußen sabotieren den kleineren.«

»In Linz ham's zu früh ang'fangen!« sagte der andere.

»Oder ein Jahr zu spät!«

»Vier Jahre zu spät!« Fritz flammte leidenschaftlich auf. »Wenn euer angebeteter Seitz nicht fortwährend mit der Regierung paktiert hätte, dann hätte man im November neunundzwanzig die Diktatur auf die Beine stellen können. Davon gar nicht zu reden, daß, als der Schutzbund vor einem Jahr aufgelöst wurde –«

Der eine Mann stand demonstrativ auf und verließ mit schweren Schritten das Zimmer.

Evi zog Fritz beiseite. »Laß jetzt die Parteipropaganda«, flüsterte sie ihm zu, »es ist wirklich nicht der geeignete Moment dafür!«

»Das stimmt nicht! Daß sie empfindlich sind, darauf pfeife ich. Wenn zu solchem Zeitpunkt die Propaganda nichts nutzt, dann nie!«

»Politisiert jetzt nicht, Genossen!« sagte die Hausfrau laut.

»Warum nicht?« fragte Fritz. »Warum sollen wir nicht die Fehler suchen, derentwegen wir unsere Haut zu Markte tragen müssen? Im übrigen wiederhole ich nur wörtlich, was die sozialdemokratische Opposition seit Jahren betont. Was für eine Taktik war das, Genossen, die dahin geführt hat, daß ein Zehntel des Proletariats kämpft und die übrigen neun Zehntel mit den Händen im Schoß zusehen, wie man uns abschlachtet? Glaubt ihr, daß das vor vier Jahren auch so gewesen wäre?«

Von der Straße hörte man in schnellem Nacheinander einige scharfe Schüsse.

»Die Kommunisten können auch nur reden«, knurrte der eine Mann. »Als sie vor einem Jahr in Deutschland hätten handeln sollen, da ...«

»Halt den Mund«, sagte eine andere Stimme. »Haben Sie was zu essen, Frau Stransky?«

»Einen Tropfen schwarzen Kaffee hab ich«, antwortete die Frau lebhaft, und in ihr gutherziges, rundes Gesicht trat ein von innen aufsteigendes Lächeln, ein entfernter Verwandter jenes vergessenen Lächelns, das während des Stillens auf dem Antlitz einer Frau liegt. »Dazu kann ich euch eine kleine Marmeladenbuchtel geben. Brecht euch aber nicht die Zähne dran ab«, fügte sie laut lachend hinzu, »sie ist noch vom vergangenen Sonntag.«

»Her damit«, forderte der eine Mann. »Ganz schön hart«, meinte er, als er hineinbiß.

»Vorigen Sonntag war sie auch nicht weicher«, bemerkte mit steinerner Miene ein anderer, dessen Kopf verbunden war. Durch den Verband dunkelten über den Schläfen runde Blutflecke. Er nahm die Buchtel zwischen zwei Finger und warf sie ein paarmal auf den Tisch.

Der Hausherr hielt seine Hand fest. »Gib acht, du zerbrichst den Tisch«, warnte er ruhig.

»Wenn die Munition ausgeht«, sagte der erste Mann und betastete mit den Fingern vorsichtig seine Zähne und Kinnbacken, »werden wir mit Frau Stranskys Buchteln auf die Heimwehr schießen!«

Der Mann mit dem verbundenen Kopf nahm eine Buchtel und warf sie gegen das Fenster, die Scheiben klirrten leise. »Nicht hart genug«, erklärte er fachmännisch, »vier, fünf Tage müssen sie noch liegen. Solange aber halten wir's nicht aus, oder aber der Wallisch befreit uns. Haben's noch ein großes Lager davon, Frau Stransky?«

Die Frau, die mit halb lachender, halb empörter Miene zuhörte, erhob sich langsam von ihrem Platz, stemmte die Arme in die Hüften und wandte sich den Männern zu.

»Schämt's euch!« sagte sie, und das junge Mädchen sah, daß ihr Tränen in die Augen traten. »In so ernster Stunde blödelt man nicht!« Sie ging zum Fenster, hob die Buchtel auf, wischte sie mit der Schürze ab und biß hinein.

»Schaut, wie sie ihren Mund verzieht!« rief der Mann mit dem Verband.

Die Frau sah ihn an und begann zu lachen. »Idioten«, erwiderte sie ärgerlich und verdeckte mit der Hand ihr Gesicht, »ihr verdient auch nichts anderes.«

Die Männer brachen in Gelächter aus. Die Frau hob drohend ihre Hand; doch da dies die Heiterkeit nur noch steigerte, zuckte sie die Achseln.

»Was…, ach, hängt's euch auf!« rief sie, drehte sich um und ging aus der Küche.

»Unreife, närrische Bande«, sagte sie zu Evi, als sie nach einigen Minuten zurückkam. »In ihre Hand gehört keine Waffe. Ihr Kommunisten seid ernsthafter. Liebst du deinen Bräutigam?«

»Er ist nicht mein Bräutigam!« Die Frau lachte gutmütig und schüttelte ungläubig ihren Kopf. »Dabei lauft er dir nach wie ein Hunderl und guckt dich auch mit solchen Augen von unten an.«

»Scheint dir das wirklich so?« fragte Evi nachdenklich. Sie freute sich nicht über diese Entdeckung.

Die Frau sagte nichts weiter. Sie kramte aus dem Schrank einen zerrissenen Strumpf hervor und fing an zu stopfen.

»Schau nur«, sie stieß Evi in die Seite. »Die ganzen Buchteln haben sie gegessen. Ich weiß nicht, für wieviel Tage wir noch Lebensmittel haben.«

»Was haben Sie von Wallisch gehört?« fragte der eine Mann Fritz.

Die Frage wiederholte sich in vielen Formen im Laufe der nächsten beiden Tage, in denen die Situation der Belagerten, da Hilfe von außen ausblieb, immer unhaltbarer wurde. Der Schutzbund hatte Floridsdorf und Umgebung endgültig geräumt, auf dem jenseitigen Ufer der Donau war es still; von den Fenstern der Türme aus konnte man sehen, daß die Straßenbahnen bereits die Brücken überquerten. Am anderen Tage verstummte auch über Kaisermühlen das Schießen, unter dem Schutz der Nacht gab der Schutzbund seine letzte Stellung an der Donau auf. Da das Radio – übrigens vom ersten Augenblick an – in den Händen der Regierung war, berichtete es auch vom Lande über die erfolgreiche Niederschlagung des Aufstandes. Am Donnerstagnachmittag meldete es das erste Todesurteil des Standgerichts.

»Hast du was zu essen?« fragte der Elektromonteur. Seine Frau antwortete nicht gleich.

»Ist vom Mittag nichts übriggeblieben?«

»Natürlich nicht!« erwiderte seine Frau ruhig. Der Elektromonteur und sein Sohn knieten zu beiden Seiten des Fensters, die Frau lag hinter ihnen auf dem Bauch und lud die Mannlicher. Im anschließenden Zimmer – in dem sie am ersten Nachmittag unter den Familienbildern geschlafen hatten – knieten Fritz und Evi ebenfalls vor dem Fenster und beobachteten die auf dem gegenüberliegenden Dach hin und her huschenden Heimwehrleute. Das Militär schien sich auf energischere Maßnahmen vorzubereiten. Im Laufe des Vormittags hatte es die Dächer geräumt. Die Tür zwischen den beiden Zimmern war geöffnet, so daß sie miteinander sprechen konnten. Es war am frühen Nachmittag, doch hatte sich der Himmel stark bedeckt.

»Könnt ihr noch gut sehen?« fragte Fritz.

»Vorläufig ja.«

»Glaubt ihr, daß sie wieder mit Kanonen anfangen werden?«

»Ich weiß es nicht«, antwortete der Elektromonteur mißgestimmt und schwieg wieder. »Gibt's gar nichts zu essen?« fragte er nach einer Weile seine Frau.

»Mir scheint, ein Heimwehrmann kommt aufs Dach«, sagte Fritz.

»Wo?«

»Links, zwischen dem ersten und zweiten Schornstein, näher dem zweiten zu. Ich seh seine Hahnenfeder!«

Für einige Augenblicke wurde es still. »Ich seh nichts«, hörte man vom Nebenzimmer.

»Jetzt seh ich auch nichts mehr, eben hab ich noch ganz deutlich die Hahnenfeder erkannt.«

»Zum Nachtmahl koch ich Paprikakartoffeln«, sagte die Frau, »was anderes ist nicht da.«

»Geh zu den Kornblühs!«

»Weshalb?«

»Weshalb?« wiederholte der Mann gereizt. »Um zu fragen, wie es ihnen geht!«

»Ich versteh dich nicht«, erwiderte die Frau.

Der Mann begann zu fluchen. »Kruzitürkennochamal, frag sie, ob sie Brot haben!«

»Jetzt seh ich ihn wieder«, sagte Fritz.

»Ich auch«, bestätigte der Sohn des Elektromonteurs. »Einen Moment hat er den Kopf hochgenommen.«

»Er ist zehn Meter vom nächsten Schornstein. Wenn er auf dem Bauch hinrutscht, braucht er wenigstens zwei Minuten. Wenn er aufsteht ...«

»Er riskiert nicht aufzustehen.«

»Wenn er aufsteht, kann er mit zwei Sprüngen den Schornstein erreichen. Ich glaube, er wird's riskieren.«

»Unausgebildete junge Rotzbuben sind das«, kam die Stimme des Elektromonteurs aus dem Nebenzimmer. »Wenn sie nicht zehnmal soviel wären wie wir, würde ihnen der Schutzbund die Gedärme austreten.«

»Man hat sie vom Land hierhergeholt«, sagte Fritz. »Es sind Bauernburschen aus Tirol und der Steiermark. Nur zum Scheibenschießen auf der Kirmes bekommen sie ein Gewehr in die Hand.«

»Glaubt das nicht«, warnte Evi. »Die können alle schießen!«

»Jetzt seh ich den Kopf auch!« rief der Monteur.

»Er überlegt«, sagte sein Sohn ruhig, der immer noch, nach zweitägigem Beisammensein, errötete, wenn Evi ihm in die Augen sah. »An seiner Stelle würde ich den linken Schornstein wählen und den Weg mit zwei Sprüngen machen, einen bis zu dem offenen Mansardenfenster und von da den zweiten bis zum Schornstein.«

»Stimmt«, bejahte seine Mutter. »Am Fenster könnt er sich festhalten und mit einem Sprung sofort weiter.«

»Hinter dem linken Schornstein steht schon einer!«

»Das macht nichts, da haben auch zwei Platz!«

»Vielleicht wartet er, bis es dunkler wird.«

»Und du, worauf wartest du noch?« fragte der Monteur. »Ich habe dir doch gesagt, du sollst zu Kornblühs gehen!«

»Gleich, gleich«, antwortete die Frau kindlich aufgeregt. »Ich möcht bloß abwarten, was mit dem Heimwehrmann passiert.«

»Auch ohne dich werden wir ihn nicht verfehlen«, sagte der Mann mürrisch.

Seine Frau kroch auf allen vieren aus dem Zimmer und kam nach einigen Minuten mit leeren Händen wieder zurück. »Ist was passiert?« fragte sie.

»Nichts«, erwiderte Fritz. »Er hockt noch immer hinter dem Dach.«

»Ich seh noch einen«, sagte der blonde Junge, »sogar zwei! Rechts von dem ersten einen und noch einen ganz am Rande des Hauses.«

Schweigend beobachteten sie die Schornsteine.

»Wir schießen der Reihe nach von links nach rechts«, ordnete der Monteur an, »damit wir nicht zufällig alle auf einen zielen. Ihr beide da behaltet die Linie zwischen dem ersten und zweiten Schornstein im Auge, wir beobachten den zweiten und dritten. – Kornblühs haben auch kein Brot mehr?«

»Nein«, antwortete die Frau. »Was jammerst du eigentlich!« fügte sie, plötzlich aufbrausend, ärgerlich hinzu. »Erdäpfel und Fett habe ich noch mindestens für eine Woche, und heute nacht werde ich ein Brot backen.«

»Heut nacht!« wiederholte der Mann trocken und zuckte die Achseln.

»Willst ein Stück Schokolade?« fragte ihn die Frau.

»Nein.«

»Warum nicht?«

»Weil ich keinen Appetit hab«, brummte der Mann. »Gib sie dem ungarischen Mädel!«

»He, kleines Naschmaul!« rief die Frau sofort. »Komm her zur Tür, kriegst Schokolade!«

»Danke, ich möchte nicht«, antwortete Evi vom anderen Zimmer.

»Warum nicht?« fragte der Monteur.

»Laß nur«, sagte die Frau spöttisch und lachte gutmütig. »Die braucht eine andere Süßigkeit. Herr Bräutigam, möchten Sie ein Stück Schokolade?«

Als Antwort erschallte vom Nebenzimmer her zweimal ein scharfer Knall, unmittelbar danach füllte sich auch das größere Zimmer mit Pulverrauch. Als Fortsetzung setzte auf dem rechten Flügel der langen Front des Karl-Marx-Hofes gereiztes Schießen ein. Auf den gegenüberliegenden Hausdächern liefen acht bis zehn Soldaten und Heimwehrleute stolpernd zu den Schornsteinen. Zwei stürzten hin, der eine begann zu kreiseln und sauste mit ausgebreiteten Armen auf die Straße. Ein dritter blieb auf halbem Wege zwischen Dachfirst und Schornstein liegen, drehte sich dann um und kroch langsam zurück. Pfeifend flog eine Kugel durch das Fenster und bohrte sich in den an der Wand stehenden Schrank; auch von den äußeren Hauswänden hörte man dicht hintereinander die Kugeln abprallen. Mit geübten Händen lud die Frau die Gewehre sofort neu, doch kaum war sie fertig, als von der Hohen Warte das Artilleriefeuer einsetzte.

»Die hat eingeschlagen«, schrie der Monteur, als die Wände plötzlich zu wanken begannen. Von der Küche her klirrte es, als wäre ein Teller oder ein Glas auf den Boden gefallen. Die Batterie gab diesmal noch zwanzig bis fünfundzwanzig Schüsse ab, von denen – soweit es sich von den Zimmern aus beurteilen ließ – drei oder vier Treffer waren. An der Küchentür klopfte es.

»Wer ist da?«

»Frau Kornblüh«, antwortete eine zitternde Stimme. »Haben Sie Verbandszeug?«

»Was ist geschehen?«

»Mein Mann ist getroffen!«

»Gehen Sie zum Verbandplatz!« rief der Monteur.

»Dahin hab ich schon meinen Jungen geschickt. Ich möcht einen vorläufigen Verband machen«, sagte die Stimme, »er blutet entsetzlich.«

»Verbinden Sie ihn mit einem Hemd.«

»Ich hab doch kein reines Stück mehr! Könnten Sie mir nicht was borgen?«

Wieder kroch die Frau auf allen vieren in die Küche. Die Batterie auf der Hohen Warte gab eine Viertelstunde lang jede Minute einen Schuß ab.

»Wohin schießen die eigentlich?« fragte Fritz. »Ich glaube nicht, daß sie mehr als zwei oder drei Treffer erzielt haben. Die übrigen Schüsse müssen über Floridsdorf heruntergegangen sein.«

»Viel weiter«, schätzte der Monteur.

»Auf dem dritten Hof hat im ersten Stock eine Granate eingeschlagen«, berichtete seine Frau, die inzwischen zurückgekommen war. »Grauenhaft!« Sie verdeckte mit den Händen ihr Gesicht, das gelb vor Blässe wurde. »Wißt ihr, in wessen Wohnung? Bei Otto Liebling! Das ist dieser dicke, schweigsame Mann, dessen Frau am Heiligabend ein Kind bekommen und so gejammert hat, daß im ganzen Hof niemand ruhig nachtmahlen konnte!«

»War die Wohnung leer?« fragte Fritz. Die Frau schüttelte stumm den Kopf.

»Sie hat ja ihre Kinder nicht weggeschickt! Drei hatte sie, das kleinste war zwei Monate alt. Und alle drei hat die Granate in Stücke gerissen. In der Wohnung blieb kein Stein auf dem andern, die ganze Einrichtung ist verkohlt!«

»Na, hör schon auf!« sagte der Monteur. »Laß die Einzelheiten!«

Die Frau schüttelte noch immer voll Entsetzen den Kopf.

»Weiter gibt's nicht Neues?« fragte ihr Mann. Sie antwortete nicht gleich. »Warum läßt du mich nicht zu Ende erzählen?« brach sie endlich kläglich aus. »Ich kann es nicht für mich behalten, nicht ein Auge werde ich zumachen können! Wem soll ich es denn erzählen, wenn nicht dir!«

»Also erzähl«, sagte der Mann und ließ den Blick lange auf seiner Frau ruhen.

Sie errötete von der inneren Anstrengung. »Als man gestern die Frauen und Kinder evakuierte, hat Frau Liebling ihre Buben nicht mitgeschickt; sie hat gesagt, wenn sie stirbt, sollen auch ihre Kinder nicht mehr leben.«

»Warum?« fragte der Monteur.

»Deshalb, weil sie nicht will, daß sie bei irgend jemandem das

Gnadenbrot essen. Und jetzt ist es so gekommen, daß die Frau, als die Granate einschlug, nicht in der Wohnung war, weil sie nach Munition ging, so wie ich eben. Und als sie zurückgekommen ist, hat sie Mann und Kinder in tausend Fetzen gefunden, und sie ist am Leben geblieben.«

»Ich glaub, ich kenn die Frau«, sagte der Monteur. »So eine blasse mit einer Brille!«

»Ich kenne nur ihren Mann vom Sehen.« Ratlos schwieg sie eine Weile, dann kroch sie wieder zum Schrank und kramte einen Strumpf zum Stopfen hervor.

»Sie haben das Feuer eingestellt!«

Frau Stransky legte den Strumpf aus der Hand und sah auf ihren Mann. »Du, Franzi, Frau Liebling ist aus dem Fenster gesprungen. Wenn man sich hinauslehnen könnt, müßte man sie von hier aus sehen. Sie liegt auf dem Bürgersteig.«

»Holt man sie nicht herauf?«

»Sie sagen, sie ist schon tot. Vom nördlichen Turm hat man sie durch das Fernrohr beobachtet, sie bewegt sich nicht mehr.«

Der Monteur erhob sich. »Ich schau, was es Neues gibt.« Seiner Frau stieg tiefe Röte ins Gesicht.

»Hier bleibst!« Einen Augenblick blieb der Monteur unschlüssig stehen, dann hockte er sich wieder vor das Fenster.

»Was ist mit Schaeffers los?« fragte der Sohn.

»Ich weiß nicht«, erwiderte seine Mutter, »ich hab keinen von ihnen getroffen.«

»Warum bist du nicht zu ihnen hineingegangen?«

»Warum hätt ich's sollen? Um ihnen zu erzählen, daß ihr Schwiegersohn verwundet ist?« (Kornblüh war Schaeffers Schwiegersohn.)

»Kornblüh ist gestorben, während du fort warst«, sagte ihr Sohn.

Die Frau verstummte. Inzwischen war es völlig dunkel geworden, sodaß man in die Küche gehen und Abendbrot essen konnte. Das Wasser in dem Topf mit Kartoffeln, die Frau Stransky schon lange aufgesetzt hatte, war bereits verkocht.

Sie saßen um den Tisch, als zwei Besucher klopften. Der eine war der Mann mit dem Verband um den Kopf, den Fritz und Evi schon vom ersten Abend her kannten. Die beiden jungen Leute saßen nebeneinander. Gutmütig und verschmitzt richtete es die Hausfrau stets so ein, daß die beiden nebeneinander saßen – da sie zueinander gehören, dachte sie in ihrem zärtlichen Herzen.

»Wir ziehen aus der Bude aus!« sagte der eine Mann. Er blieb an der Tür, wie jemand, der sofort weitergehen will.

»Wann?« fragte die Frau und legte den Löffel auf den Tisch.

»Heut nacht!«

Der Monteur aß weiter. »Ich nicht!«

»Dummheit«, knurrte der Mann. »Willst vielleicht hierbleiben?«

»Ja.«

»Du hast's leicht, Genosse«, sagte der Mann mit dem Kopfverband. »Wenn du anfängst, mit deinen Buchteln auf den Feind zu schießen, wagt keine Seel, in deine Näh zu kommen. Hast noch viele davon?«

»Laß die Blödeleien, Franzi«, rügte der andere ärgerlich. »Wir haben ein Ultimatum bis morgen früh sechs Uhr. Wenn wir bis dahin nicht die weiße Fahne hissen, wird die Bude über den Haufen geschossen!« Der Monteur zuckte mit den Achseln.

»Und wenn wir uns ergeben, werden wir aufgehängt«, stellte Fritz fest.

»Von ergeben kann keine Red' sein«, widersprach der andere. »Um sechs Uhr früh wird kein Mensch mehr im Karl-Marx-Hof sein.«

»Wie denn?« fragte Fritz.

Der an der Tür stehende Mann lächelte. »Das überlassen Sie nur uns. Mach keine Dummheit, Franzi«, wandte er sich wieder an den Monteur.

»Ich mach keine Dummheiten. Ich geh nicht. Es ist nicht damit zu rechnen, daß hier in absehbarer Zeit geregelte Verhältnisse eintreten. Was soll ich bis dahin machen? Meine Wohnung nimmt man mir weg, Arbeit bekomme ich nicht, die Partei ist zerschlagen. Soll ich wie ein Hund auf der Straße verrecken?«

»Du weißt, daß wir in die Tschechoslowakei gehen«, erinnerte ihn der andere.

»Und dann? Glaubst, die warten auf uns? Sie wissen nicht, was sie mit ihren eigenen Arbeitslosen anfangen sollen!«

»Die Tschechoslowakei steckt voll deutscher Emigranten«, bestärkte ihn Fritz.

Der Mann an der Tür warf einen gereizten Blick auf ihn. »Sprechen Sie mit Ihrem Mann, Frau Stransky«, sagte er zu der Frau. »Ich habe keine Zeit mehr, ich muß weiter.«

Die Frau schüttelte den Kopf. »Ich red nicht mit ihm. Soll er tun, was er für richtig hält.«

»Und Sie?« fragte der andere.

Frau Stransky zuckte die Achseln. »Wenn er bleibt«, erwiderte sie leise, »bleib ich auch.«

»Was willst denn hier machen?« fragte der Mann an der Tür aufgebracht. Schweigend stand der Mann mit dem Kopfverband neben ihm. Der Monteur war so hungrig und ruhig – er erweckte den Eindruck, als hätte er längst seinen Gedankengang abgeschlossen –, daß er auch während des Sprechens weiteraß.

»Zwei Heimwehrmänner schieß ich noch ab, bevor man mich erledigt. Um soviel weniger Dreck laß ich hinter mir auf der Welt. Das ist schließlich auch ein Gewinn.«

»Red jetzt keinen Unsinn, Genosse Stransky«, rief der Mann mit dem verbundenen Kopf, »pack deine Buchteln zusammen und komm um zehn Uhr auf den Hof sieben!«

Der Monteur machte eine verneinende Bewegung. »Ich hab keine Lust. Ich hätt keine Freud mehr in dieser Welt.«

»Was für ein hartnäckiger Ochs du doch bist«, sagte der Mann an der Tür.

Aufbrausend schlug der Monteur mit der flachen Hand auf den Tisch und maß den anderen von oben bis unten. »Wollt ihr denn ewig leben?« fragte er dann finster.

Für einen Augenblick wurde es still. Der junge Stransky errötete heftig.

»Was ist Ihre Meinung, Genossin?« fragte er dann mit plötzlichem Entschluß Evi und fuhr sich vor Verlegenheit mit allen fünf Fingern durchs Haar.

Evi, die bisher geschwiegen hatte, wandte sich mit der Antwort an seinen Vater.

»Selbstverständlich bleibe ich nicht bei Ihnen, Genosse. Die Revolution ist nicht beendet, weil wir in Österreich geschlagen wurden; und ich werde weiterarbeiten, dort, wo es möglich ist, und solange ich nur dazu fähig bin.«

»Sie können es«, entgegnete der Monteur, »aber ich bin viel älter. Im übrigen hab ich nichts dagegen, wenn Sie meinen Jungen mitnehmen!«

»Du meinst es wirklich ernst mit dem Hierbleiben?« fragte der Mann an der Tür.

Fritz neigte sich zu dem jungen Mädchen. »Siehst du«, flüsterte er, »hat es sich deshalb gelohnt? Komm ins Zimmer, ich will dir was sagen.« Sie standen auf und gingen hinaus, doch Fritz konnte nicht mehr sagen, was er wollte. Denn kaum waren sie im Zimmer, als vom Dach ein Schuß krachte. Der Junge, der eine Sekunde achtlos im erhellten Türrahmen stehengeblieben war, sank zusammen. Eine halbe Stunde später starb er.

Im Laufe der Nacht räumte der Schutzbund den Karl-Marx-Hof. Evi blieb noch drei Wochen in Wien. Aber sie konnte ihren Tanzkursus nicht beenden, da die Parteiarbeit ihre ganze Zeit in Anspruch nahm. Sie arbeitete in der Roten Hilfe, sammelte Geld, trieb illegale Wohnungen für die untergetauchten Schutzbündler auf, beteiligte sich an der Organisation der illegalen Transporte, die diese in die Tschechoslowakei schmuggelten, und reiste zweimal selbst nach Bratislava. Nach drei Wochen, als ihr Geld restlos verbraucht war, fuhr sie nach Budapest zurück.

ANNA SEGHERS

Zopfband

Vom frühen Morgen an war der junge Polizist vor seinem Befehl hergejagt. Mit ihm verkoppelt jagten seine Kameraden denselben Weg vor demselben Befehl. Sie waren auf dem Panzerauto durch die Gassen gesaust, sie waren im Feuer der Schutzbündler abgesprungen, sie waren mit Handgranaten durch Türen und Tore in den Karl-Marx-Hof eingedrungen. Sie waren im Kugelregen durch den Hof gestürzt, treppaufwärts durch Gas, Brand und Rauch. Die Wucht des Befehls trieb den jungen Polizisten noch weiter aufwärts, als die Treppe schon aufhörte, Treppe zu sein und eine Art brennender, zwischen Himmel und Erde pendelnder Leiter wurde. Die Luft war dick und gelbgrau. Er rang nach Atem. Er schoß blind nach oben. Im Aufplatzen einer Bombe, im Krach zusammenbrechender Mauern war ein Zusatz menschlicher Stimmen, dünn und belanglos. Ein Teil seiner Kameraden stürzte hinter ihm abwärts. In ihm aber hatte sein Befehl noch nicht nachgelassen. Er spürte in der linken Faust ein Stück Geländer, wie er in der rechten seinen Revolver spürte, als hätte er beides zugleich mitgebracht. Ein junges Gesicht tauchte im Rauch vor ihm auf, eine glatte Stirn, ein Paar Augen, die aufmerksam in die seinen blickten. Den Bruchteil einer Sekunde zögerte er, gerade auf diese Stirn zu schießen; er zögerte schon nicht, auf das bärtige Gesicht in derselben Rauchspalte zu schießen, hart über dem jungen. Auch Fritz schoß über die Schulter des jungen Polizisten abwärts auf den, der nachkam. Blitzschnell wurde ihrer beider Leben und Sterben entwirrt, statt unlösbar verbunden. In der Luft hing eine Tür in einem Stück Mauerwerk. Der junge Polizist riß die Tür auf, von seinem Befehl angetrieben. An der Tür hing eine Wohnung. In der durchschlagenen Wand hingen überraschend große Fetzen von Himmel, sogar von Land und

Wasser. Ein Schutthaufen floß wie eine Moräne von der Mauer ab unter die Anrichte, auf der eine Reihe Gläser blinkten. Denn ungehemmt schien über alles die Wintersonne. Jemand lag in einem Bett, dessen Fußende verschüttet war. Unvermindert spürte der junge Polizist den Befehl: Besetzen. Das Gesicht der Frau unter dem seinen war voll Todesangst. Sie fürchtete aber nicht ihn, sondern nur, was er in der rechten Hand hielt. Doch während er, seinem Befehl gemäß, nach den männlichen Familienmitgliedern fragte, lief auch für die Frau die Zeit ab, da sie sich vor einem Dienstrevolver fürchtete. Sie antwortete nicht, sondern deutete mit einem Lächeln auf das Bett. Der junge Polizist bezwang sein Schwindelgefühl und machte auf dem schwankenden Boden zwei Schritte. Er zerrte ein Kind unter dem Tisch heraus, das ihm bekannt vorkam, verheulte Nasenlöcher, Zopfband. Bekannt kam ihm auch das Bild auf der heilen Wand vor, der Mann mit dem großen Bart, ein Verwandter. Widerwärtig bekannt kam ihm alles vor, die Gläser, das Bett, die Stücke Himmelblau in den Schußlöchern. Auf einmal fiel ihm zu seiner Bestürzung ein, daß er gleichfalls einmal in einem Bett geschlafen, aus Gläsern getrunken, unter dem blauen Himmel gelebt hatte.

Da erlosch in ihm der Befehl, vielleicht, weil er ihn erfüllt hatte. Er stand einen Augenblick ratlos. Dann krachte es um ihn zusammen, er packte das Haar der Frau und einen Türpfosten. Sie stürzten alle nach unten. Sie vermengten sich untereinander. Er schrie, seine Stimme war Blut zwischen seinen Zähnen. Er hatte keinen Körper mehr unter sich hängen, nur einen Riesenklumpen aus Stein, Fleisch und Holz. Er horchte, bis sich seine Ohren mit Blut füllten. Die Polizei war verjagt aus dem Treppenhaus, sie wurde aus dem Hof auf die Gassen zurückgeworfen. Vielleicht kam es später noch anders, für ihn aber war es fertig. Warum hatte er Schmerzen? Er hatte doch keinen Leib mehr. Warum hatte er Gedanken? Er hatte doch keine Zeit mehr. Er verendete jetzt in einem Wust aus Menschen und Möbeln. Warum gerade er, warum kein anderer? Warum gerade jetzt schon, warum nicht später? Warum gerade hier, warum nicht ganz woanders?

Warum, wofür und für wen? Er suchte Gott zu erwischen, der aber verfloß behend mit seinem eigenen Blut. Dagegen waren zwei helle Augen durch eine Rauchspalte aufmerksam auf ihn gerichtet. Er wich ihnen aus. Er starrte, ohne sich regen zu können, die nackten Füße an unter dem umgekippten Bett. Jetzt fiel ihm auch ein, wer das Bild war im zerbrochenen Rahmen, auf eine Vorhangstange gespießt. Kein Verwandter, sondern dieser verfluchten Festung Schutzheiliger. Er wunderte sich, woher das Gesicht seiner eigenen kleinen Schwester zwischen zwei Stuhlbeinen hervorsah, schneeflockenweiß, verheulte Nasenlöcher, Zopfband.

ROBERT NEUMANN

Lewy oder Die Romantik

Maurice Lewy, der Revolutionär, in einigen Schriftstücken auch kurzweg der Revolutions-Lewy genannt, zum Unterschied vom Export-Lewy, mit dem er nicht weiter verwandt war (der Alte Lewy, Hadern und Eisenwaren, Judengasse 11, kam für Verwechslungen von vornherein nicht in Betracht), verdankte die französische Verfeinerung seines Vornamens dem Umstand, daß er zur Förderung seiner Bildung ein volles Jahr in Paris gelebt hatte. Und das bedrohliche Unterscheidungswort verdiente er sich durch seine Teilnahme an der Revolution des Jahrs 1848 in der Stadt Wien. Er sprach darüber später in verschleierten, scheinbar vieles verschleiernden Sätzen. Auch von der Erstürmung der Mölkerbastei hoch zu Roß, im Kugelregen, an der Spitze eines Studententrupps samt Aufpflanzung der revolutionären Fahne, späterer Überwältigung trotz heldenhafter Gegenwehr und einer kaiserlichen Begnadigung letzten Augenblicks vor der standrechtlichen Füsillade war in der Familienüberlieferung vielfach die Rede.

Doch bedarf diese Darstellung einer bescheidenen Korrektur. Der damals Achtundzwanzigjährige weilte wohlausgestattet mit Geld und neuen Kleidern in der österreichischen Kapitale – nominell als hauptstädtischer Vertreter der väterlichen Textilmanufaktur in Mährisch-Weißkirchen, in Wirklichkeit aber wegen der Unmöglichkeit, nach jenem Pariser Jahr sich noch einmal in Mährisch-Weißkirchische Verhältnisse einzuleben. An jenem erregten Tage hatte er das Schöberische Kaffeehaus unter den Tuchlauben verlassen, mitten aus einem politischen Gespräch mit einem Redakteur der *Freien Presse*, einem entlassenen Ministerialbeamten, zwei Studenten, einem polizeibekannten Kartenspieler ohne feste Adresse und einem Ungarn. (Derart war der

Umgang des Sohns und Erben einer Mährisch-Weißkirchnerischen Textilfabrik!) Er war auf dem sogenannten Heidenschuß von einem Polizeivertrauten, dessen Bericht bei den Akten liegt, wahrgenommen worden zumitten einer »Hoch« beziehungsweise »Nieder« rufenden Volksansammlung, die der Anordnung eines Sicherheitsinspektors zum Auseinandergehen umstürzlerischerweise nicht Folge leistete. Mindestens vier aus der Menge waren bewaffnet mit den Beinen des zu Schanden getretenen Sessels einer dort stationierten Blumenverkäuferin.

Dieser Trupp, reichlich zehn Mann stark, wenn nicht angeführt, so doch mit aufreizenden Reden angefeuert durch den M. Lewy, schlug sich dann über die Freyung in die Herrengasse, wo ohnedies schon ein Wirbel war. Es ist nicht sicher, ob die ihnen dort entgegenkommende fünfundzwanzig Mann starke Halbkompagnie kaiserlich-österreichischer Infanterie sich den Frondeuren spontan ergab oder von dem M. Lewy ausdrücklich aufgefordert wurde, sich zu ergeben. So viel aber steht fest, daß diese Infanterieabteilung von ihren Gefangennehmern in das nahebei liegende Haspingersche Kaffeehaus gedrängt und dort zwar auf Kosten des genannten M. Lewy mit einer Tasse Kaffee und einem Kipfel pro Kopf bewirtet, im übrigen aber zurückgehalten und so an der Ausübung des beschworenen Diensts mit der Waffe behindert ward. Diese hochverräterische Aktion fand erst etwa eine Stunde später ihr Ende durch das Auftauchen von zwei Kriminalbeamten, die, unter Ablehnung einer ihnen angebotenen Erfrischung, den Lewy und seine Mitrevolutionäre verhafteten und die Infanteristen befreiten. Gewiß, es wurde ringsum ein wenig geschossen und ein wenig gehenkt, in der gemütlichen österreichischen Art. Doch kam der Lewy selbst durch eine unbekannte Verbindung von Umständen – oder sonst durch unbekannte Verbindungen – nicht vor das Standgericht, sondern vor die ordentliche Behörde. Dort wurde er zu sechs Monaten Arrest verurteilt. Diese Strafe wurde – wieder durch jene Verbindung oder Verbindungen – in eine Geldbuße von eintausendfünfhundert Gulden verwandelt.

Er zahlte – man zahlte für ihn –, und es war dieser Tag in seinem Leben ein Wendepunkt insofern, als er für alle Zukunft nicht ein Jakobiner wurde, sondern ein Textilfabrikant wie Textilfabrikanten nun einmal sind. Schon 1859 war er mit der herrschenden Reaktion so gründlich versöhnt, daß er Uniformen liefern durfte für die Kampagne in Italien. 1866 lieferte er – da war er schon Kommerzialrat – Uniformen gegen die Preußen. 1869 und wieder 1871 und 75 warf er sich auf Baumwolle, 1875 spezialisierte er sich in bedruckter Ware. So war dieser Revolutions-Lewy im Jahre 1878, zur Zeit des Schwarzen Freitags und großen Krachs, einer der wenigen finanziell Überlebenden. Achtundfünfzigjährig, Witwer, kinderlos, ein untersetzter Mann mit grauen Koteletten, war er sogar noch wagemutig genug, einen zweiten Ehebund einzugehen. Und zwar, nach einigen mißglückten lebemännischen Versuchen zur linken Hand, mit einer sichern Rosa Liptauer, fünfter Tochter des wegen seiner Talmud-Gelehrtheit hochangesehenen, sonst aber mittellosen Herrn Salomon Liptauer aus Kaschau, die in seinem Mährisch-Weißkirchener Haushalt als Stubenmädchen bedienstet war. (Er besaß für galante und kommerzielle Gelegenheiten auch eine Wohnung in Wien.)

Damit machte er die beste Transaktion seiner an guten Transaktionen reichen Karriere. Diese Rosa Liptauer war ein Mädchen von großer Jugendstärke und Lieblichkeit, rabenschwarzhaarig, feueräugig, hochbusig, heiter und ernst zugleich. Sie kümmerte sich um Haushalt und Fabrik, indes der lebemännische Gatte zu immer häufigeren geschäftlichen Konferenzen in die von einem lockern liberalen Geiste beschwingte, tanzlustige, judenfreundliche Hauptstadt fuhr. Sie gebar ihm zum frühesten Datum, das sich errechnen ließ, einen strammen, von der ersten Stunde in beinahe lächerlicher Weise dem Vater gleichenden Sohn. Sie wehrte mit einem alten Infanteriebajonett einen Raubanfall auf die Kasse ab. Sie pflegte das Kind durch Masern, Scharlach und Dysenterie. Sie traf mit einer unbequem werdenden Mätresse des Gatten einen günstigen Ausgleich und übersah ein Halbdutzend anderer. Im vierzehnten Jahr dieser Ehe, im dreiundsiebzigsten Jahr seines

Lebens, traf den Revolutions-Lewy zu Mährisch-Weißkirchen im Nebenhaus, darin er einer Soubrette des lokalen Theaters eine kleine Wohnung eingerichtet hatte, in den Armen eben dieser Dame der süße Tod. Da ging die Frau, von der Verstörten verständigt, noch in gleicher Nachtstunde hinüber und trug ihn auf ihren eigenen kräftigen Armen nach Hause und hatte ihn aufgebahrt, ehe der erste Skandalbeflissene sich den Schlaf aus den Augen rieb.

Henri Lewy, der Sohn, verdankte den französischen Klang des Vornamens jenem Jugendaufenthalt seines Vaters in der Weltstadt Paris. Er verbrachte seine Jungmannesjahre in Wien, nominell als hauptstädtischer Vertreter der von der Mutter regierten Mährisch-Weißkirchener Fabrik, in Wirklichkeit aber in liberal beschwingtem, kostspieligem, keine Rassenvorurteile kennenden Umgang mit Redakteuren, Offizieren, Literaten, Aktricen. Als die liberale Schlamperei mit einem Schlage zu Ende war und der Dr. Lueger kam, auf die Schultern gehoben von Hausmeistern, Greißlern und dem kleinen Gewerb, und als man die Herren Israeliten ein bisserl hinauszuschmeißen, ein bisserl hinauszuprügeln begann, auf die gemütliche österreichische Weise, sozusagen im Walzertakt, war der junge H. Lewy unter den heftigen Protestierern. Einmal wurde er für sein Protestieren – es war das zu vorgerückter Stunde vor der Tür eines Nachtlokals – beinah arretiert. Doch war das ein Wendepunkt in seinem Leben. Er war von da ab ein Textilfabrikant wie Textilfabrikanten nun einmal sind, und verkehrte nicht mehr mit Literaten. Und mit Offizieren nur so weit sie sich seiner noch zu erinnern vermochten in dieser geänderten Zeit. Und nur die Aktricen behielt er bei.

Verblaßter Nachfahr des Saftigen, der wirklich in Paris und wirklich in einem Arreste gewesen war (ganz zu schweigen von jener galanten Apoplexie), war er zur Zeit, als er sich mit der Reaktion versöhnte, um acht Jahre jünger als der Vater gewesen war. (»Wer ein Jud ist, das bestimm' ich«, erklärte der Volksmann, und er bestimmte nicht die, so da Fabriken hatten auf der Kreditseite ihrer Lebensbilanz.) Und Kommerzialrat ward der Sohn gar als ein zwölf Jahre jüngerer. Und er lieferte den Uniformstoff für die christlich-soziale antisemitische Polizei der Stadt Wien im Jahre 1907. Und im Jahre 1914 lieferte er und lieferte noch 1915 und 16 und 17. Und als im Jahre 1918 der große Kehraus kam, war er nicht nur unter denen, die es überlebten, sondern auch schon Besitzer eines Bauchs, eines Automobils, zweier grauer Koteletten in dem lebenslustigen Bonvivant-Gesicht, einer Villa in Döbling, einer leichten Zuckererkrankung, dreier einträglicher Proletarierzinshäuser in Favoriten, des schon erwähnten Kommerzialrattitels und einer nur mehr prestigehalber aufrechterhaltenen Liaison mit einer echtblonden Verkäuferin in einem Mariahilfer Modewarengeschäft. Ferner einer wasserstoffsuperoxydblonden, scharfgesichtigen, scharfe Parfüms und teure Toiletten konsumierenden, ohne eigentliche Erkrankung viele Ärzte konsultierenden Gattin. Die hatte ihm auch schon vor Kriegsbeginn und Kriegsgewinn einen Sohn geboren, dem Vater gleichend von erster Stund, Maxl mit Namen – der wienerische Klang war im Einklang mit der wienerischen Bodenständigkeit der Familie. Und noch ein gut Stück vor Ausbruch des Friedens, 1916, kam sie ein zweites Mal nieder. Das war an dem Tag, da oben in Mährisch-Weißkirchen die hauptstadtfeindliche Regentin der Fabrik und Familie eines plötzlichen Todes starb. Das neugeborene Kind war ein Mädchen – rabenschwarzhaarig, glanzäugig und ernst und von einer gewissen lieblichen Robustheit von Anfang an. Liselotte Lewy.

Achtzehn Jahre später, am 12. Februar 1934, hatte diese Liselotte ihre liebe Mühe, ehe Maxl sich damit zufrieden gab, zu warten, bis der Chauffeur sie nach Sievering hinausgefahren hätte, an die Endstation der Straßenbahn. Er sei in Eile, sagte er, sitzend allein am Frühstückstisch. (Papa war seit einer Stunde im Geschäft, wie gewöhnlich, Mama war wie gewöhnlich aus dem heftig parfümierten Boudoir noch nicht zutag getaucht.) Er sei in Eile, sagte Maxl, Eier essend, so früh am Vormittage schon verkleidet in die schmucke Uniform einer operettenhaft militärischen, Heimwehr genannten faschistischen Formation. Bei der nahm man keineswegs nur die ordenklirrenden Gespenster, die aus allen Löchern kriechenden Offiziere und Barone und Grafen der zu Schanden gegangenen Monarchie. Sondern auch die Herren besseren Israeliten, soweit der Herr Papa, Bankier oder Fabrikant, bereit war, etwas springen zu lassen für die Aufnahme des Herrn Sohns in diese eherne Wacht gegen Bolschewismus und Nazitum. Und so sei er, Maxl Lewy, also in Eile! Er sprach in einem näselnden, zugleich forschen und weiblichen Wienerisch. Er habe einen dienstlichen Auftrag, erklärte er. Der Bubi Zinzendorf (Baron Zinzendorf, weißt ja) habe grad früher angerufen. Er müsse da einen Mister Blyth, der im Hotel Bristol wohne, angehörend dem besten Londoner smart set, dienstlich sofort nach Lainz hinausbringen in den Country Club zu einer Golfpartie mit dem Schussi Schroffenstein und der Yolanthe Plaschkes! Geh, lieber Levé, so habe der Zinzendorf es befohlen, bist fesch und bringst sie hinaus! Und dazu brauche er, Maxl Levé, das Auto, und darum habe er keine Zeit!

So bedurfte es einiger Mühe, ehe die Schwester den Wagen ergatterte für die kleine Fahrt hinaus nach der Straßenbahnendstation. Dort war sie verabredet zu einem Ausflug hinaus in den Wienerwald. Von der ursprünglich geplanten Skitour über das Raxplateau war leider nicht mehr übriggeblieben als dieser Tagesspaziergang in das nahe wellige Hügelland. Kein einziges Mitglied der Familie Cohn, mit der sie herzlich und ein wenig heimlich befreundet war (durch Ilse Cohn, ihre Intime und Klassenkollegin in der Schwarzwaldschen Schulanstalt), konnte sich solche Schneehöhen leisten. Was Ilse selbst anlangte, so machte sie trotz ihrer weithin leuchtenden Schulkarriere, mit Auszeichnung bei jeder Prüfung in jedem Jahr, jetzt noch rasch-rasch im letzten Augenblick einen Abendkurs in Stenographie und Maschinschreiben. Denn mit einer Mittelschullehrerlaufbahn für ein Lebewesen weiblichen Geschlechts und mosaischen Glaubensbekenntnisses war bei dem neuen christlich-bodenständigen Kurs nicht weiter zu rechnen. (Juden hinaus! Und die Frau gehört in die Küche! Und für so eine fesche Reaktion brauchen wir bodenständigen christlichen Österreicher nicht erst den Hitler – die treffen wir ebenso!) Was Paula betraf, Ilses ältere Schwester, Spezialärztin für Kinderkrankheiten, für deren Studium die Familie sich Groschen um Groschen vom Munde hatte abkargen müssen, so wartete sie nun auf eine Krankenkassenanstellung – und mochte so warten bis zum Tag des Jüngsten Gerichtes! Und wäre da nicht die arg bedrängte sozialistische Stadtgemeinde, die sie wenigstens aushilfsweise in den Kindergärten der neuen großen Arbeiterhäuser beschäftigte, so wäre sie schon verhungert. Blieb noch der mit Ilse gleichaltrige Leo Cohn – seit einem Jahr schulentlassen, seit einem Jahr arbeitslos! Er war der fröhlichste und unbegabteste und einem vielleicht eben wegen solch gewissenerleichternder menschlicher Unzulänglichkeit am nächsten stehende Repräsentant der Familie. Mit ihm hatte man als Zwölfjährige sich geprügelt, als Vierzehnjährige sich geküßt, mit einem Gefühle grausig schönen Erwachsenseins. Als Fünfzehnjährige war man seinem werbenden Beispiele folgend ohne viel Gedanken Mitglied der Jüdischen Pfadfindergruppe geworden, unter Geheimhaltung vor den Lewyschen Eltern, die diesen ganzen proletarischen Umgang mißbilligten. Zweimal wöchentlich fuhr man in verschwörerischem Verständnis mit dem Chauffeur hinaus nach dem armseligen Bezirk Leopoldstadt, dem großen Umschlageplatz der Judenschaft aus den Proletariergassen des Ostens nach den Proletariergassen des Westens. Und zwecks Flüssigmachung einer Winterhilfsspende für Arbeitslose verkaufte man eine Geburtstagsbrosche. Und entwendete klopfenden Herzens aus dem Garderobenzimmer einen riesigen Ballen Wäschestoff für einen sozialen Zweck. Und plünderte die Lewysche Speisekammer erbarmungslos für jede sonntägliche Wanderung. Und es war schön, all die vielen belegten Brote zu essen, und auch von den Idealen der Freiheit und Gleichheit und Brüderlichkeit zu singen, indes man durch die Felder und Wälder zog. Und so war man sehr im geheimen und ein wenig verschwörerisch gleich den anderen ein eingeschriebenes Mitglied der Jugendorganisation der Sozialdemokratischen Partei.

Die Schwenkung dieser Liselotte Lewy, Enkelin Maurice Lewys, des Revolutionärs, aus der männlichen Familientradition in die weibliche Linie jener tatkräftigen Großmutter, der sie glich, erfolgte an eben diesem 12. Februar 1934, etwa um vier Uhr des Nachmittags. Heimkehrend von jener Wanderung trafen die Wohlgemuten an der Stadtgrenze auf niedergelassene Rolläden an den Geschäften, leere Straßen, eine Art menschenloser Panik. In dieses Schweigen fiel von nahe her (keine drei, vier Straßenecken konnte das ferne sein) ein einzelnes abgelöstes, nicht sehr lautes, widerhallslos trockenes Rattern. Eine Fabrik, vermutete die Genossin Liselotte Lewy. Nein, die Schießstätte, korrigierte die Freundin. Der Junge wußte: ein Maschinengewehr; und das mußte in der Gegend des Karl-Marx-Hofes sein. Sie standen und blickten einander in erblaßte Gesichter. Dann begann die junge Ärztin zu laufen, auf jenes große Haus und das Rattern zu, wortlos. Von den erschreckten Häuserfronten fiel der abgelöste Widerhall der Schritte zurück auf das verlassene Pflaster. Dann rannten sie alle.

Dieser Karl-Marx-Hof war ein riesiges Haus, eine ganze kleine Stadt in einem einzigen Haus, errichtet von einer dem kleinen Mann gewogenen Stadtgemeinde an der Stelle elenden und versumpften Quartiers. Seine ungezählten, kleinen, sauberen und heiteren Wohnungen waren Stockwerk über Stockwerk und Trakt an Trakt auf eine verwegene, luftige und zugleich trotzige Weise übereinander geschachtelt, mit großen grünbepflanzten Höfen dazwischen, und Kindergärten und gemeinsamen Küchen und Vielerlei. Die dort wohnten, mehr als zweitausend Männer, Frauen und Kinder, hielten zu der Verwaltung, die zu ihnen gehalten hatte, und ihre Gesinnung war von einem nicht sehr stumpfen, nicht sehr schreienden, redlichen Rot.

Zwischen dem Hineingeraten der von einem Ausfluge heimkehrenden Genossin Lewy in diesen Hauskomplex und dem, was sie späterhin »ihr Erwachen« nannte, lagen zwei Tage und zwei Nächte. In ihnen hatte jenes Rot seine reiche Gelegenheit zur Verbreitung – es wurde zu einer flüssigen Wirklichkeit, aus vielen kleinen sickernden Quellen sich zusammenschließend zu einem wachsenden Bache. Das fing an mit der Niederknallung dreier in jenem Riesenhaus wohnender Arbeiter, bei denen ein paar in Heimwehruniformen eingekleidete Agenten ein verstecktes Waffenlager vermuteten. Die hiedurch aus Vernunft und Vorsicht Gelockten schlossen nun wirklich einen vermauerten Keller auf und holten ihre Waffen zu Tage, Revolver, verrostete Gewehre, alte Patronen aus dem großen Krieg und großen Zusammenbruch, und so waren es diesmal jene Uniformierten, die ihr Teil beitrugen zu dem Schwellen des alarmierenden Rinnsals. Dann schossen schon die in Vorbereitung und Hinterhalt liegenden Gruppen weiterer Uniformierter von den Straßen ringsum auf die beleuchteten Fenster. Dann wurden von denen drinnen die Türen geschlossen und die Lichter gelöscht. Und dann fuhren die bis dahin durch Reste einer demokratischen Verfassung gehemmten Regierer, froh des erschlichenen Vorwands, dort draußen auf zweihundert Meter Entfernung ohne viel Eile in der gemütlichen österreichischen Weise ihre blanken Kanonen auf. Sie begannen zu schießen, in direktem Feuer gradaus, mit hochexplosiven Granaten, schön langsam in Fenster um Fenster der Reihe nach. Jeder Schuß war ein Treffer, daß es eine Freude war für ein mit all seinen Kriegsorden ausgegrabenes Offiziersgespenst. Und auch der Herr Graf und der Herr Baron durften schießen. Und auch der Herr reiche, in eine Heimwehruniform verkleidete Jud durfte auszeichnenderweise danebenstehen. Und es genügte eine jede von diesen Granaten für eine jede der kleinen heiteren Wohnungen, Vorderzimmer und Hinterzimmer und Küche und die hilflos in die Winkel sich verkriechenden Bewohner gleich auch dazu. »Ho-ruck«, sagte einer der Herren Offiziere auf die gemütliche österreichische Weise bei jedem Kanonenschuß, und einer sagte: »Wir sind eh die reinen Lamperln«, und dann kommandierte er: »Feuer!« Das dauerte so zwei Tage und noch eine letzte Nacht. Dann war ja allerdings in diesem Haus und in ein paar anderen Häusern nicht mehr sehr viel übrig, das es noch zu erobern gab.

Was die von der Genossin L. Lewy späterhin als »ihr Erwachen« bezeichnete Episode betraf, so ereignete sie sich im Morgengrauen nach jener letzten Nacht. Das war in einem engen schachtartigen Hof, der übertürmt war von hochragenden Reihen erblindeter Fenster. Glassplitter lagen knöchelhoch, Hausratscherben, zertrümmerte Möbelstücke, von den Eroberern aus diesen blinden Fenstern hinabgestürzt oder, letzte verzweifelte Barrikade, erstürmt mit Flinte und Bajonett und fortgeräumt aus dem brandschwarzen Treppenhaus. Eben dieser Fensterblindheit wegen, eben wegen dieser zeugenlosen Stummheit ringsum hatte die triumphale Behörde gerade diesen wüsten Lichthof gewählt für das, was zu tun blieb.

Das meiste war ja allerdings schon getan. An einer der Seitenmauern lagen drei Reihen Leichen, ein wenig verstümmelt zwar oder auch ein wenig verbrannt, doch im übrigen säuberlich nebeneinander, Männer, Frauen und Kinder, eben in der richtigen Proportion, so wie sie gelebt hatten in jenen kleinen, umstürzlerisch sauberen, bolschewikisch ordnungsgefährlich luftigen Wohnungen. Die Männer hatten noch ihren Grimm im Gesicht, und die Frauen ihre Verzweiflung, und da hielt ein auf eine furchtbare Weise losgelöster und selbständig gewordener Kinderarm noch etwas Hölzernes, Buntes, das die Scherbe eines vom großen Wind des Schicksals zerschmissenen Spielzeugs war.

In dem gegenüberliegenden Winkel zusammengetrieben stand, von pulvergeschwärzten Fratzen, von siegreich lädierten Uniformen, von gesenkten Bajonetten bewacht, ein Rudel Gefangener. Ein Halbdutzend Männer wimmerten, blutige Bündel, von Polizistengürtelriemen zerprügelt. Daneben in einem nach diesem Hofe mündenden improvisierten Vernehmungsraum schrie einer hell auf, wurde sichtbar, ein Taumelnder, Blut an der Stirne, und torkelte zu jenen anderen. Die Schwerverletzten hatte man weggeschafft.

Der jugendliche Genosse Cohn, Mitglied einer subversiv gesinnten Pfadfindergruppe, lag mit einem kleinen dunklen kreisrunden Fleck überm linken Auge in seinem wienerwaldausflüglerischen Zivilistenanzug sauber eingeordnet unter den Reglosen, Abteilung Männer, an jener langen Wand.

Die Genossin Ilse Cohn, Vorzugsschülerin und Büroangestellte in spe, war unter einem im Granatfeuer niederbrechenden Haustrakt verschwunden. Man hatte den Schutt noch nicht weggeräumt, Stöhnen war darunter, doch ließ man sich Zeit, auf eine gemütliche österreichische Manier und auch sozusagen zur Strafe. Denn drüben, droben irgendwo in einem entferntesten Winkel des Riesenbaus war noch hinter einem letzten lebendigen Fenster ein letzter verzweifelter Einzelner und feuerte in großem Abstand letzte Patronen aus einem einsamen Infanteriegewehr.

Die Kinderärztin Dr. Paula Cohn lag damals schon seit vier Stunden, seit der siegreichen Eroberung der von ihr in einer Kindergartenbaracke improvisierten Verbandstation, mit einem Kolbenhieb im Schädel bewußtlos irgendwo in einem fernen Distrikt der Stadt in einem Gefängnisspital.

Die Genossin Liselotte Lewy befand sich unter den in jenem Hofwinkel bajonettbedroht zusammengedrängten Gefangenen. Sie sah nicht gut aus, die Genossin. Die linke Seite ihres Wienerwaldausflugskleides war versengt. Auch ihre linke Hand, um die sie einen irgendwo in einer blankgeschossenen Wohnung aus einer verlassenen Haushaltlade gerissenen Lappen gewunden trug. Ein irgendwoher gezauberter Infanteristengürtel, Patronengürtel, mit Haken, Handgranaten daran zu hängen, lief ihr um die Mitte des Leibs. Sie trug eine Bluse – die war zerfetzt, auch klebte sie auf eine undurchsichtig bedrohliche Weise von etwas Farbigem. Über ihre Stirn lief auf Zentimeternähe am Aug vorbei ein dünnes und gefährliches Rinnsal, so schmal wie ein Messerschnitt. Doch war nicht dieses das Alarmierende. Auch nicht der Mund, der nicht der Mund einer Achtzehnjährigen war, und überhaupt kein Mädchen- und Frauenmund, sondern auf eine erschreckende Art gleichzeitig sozusagen ermannt und verkindlicht, gleicherweise bereit zu fassungslosem Weinen und erbittertem Schrei. Auch nicht ihre jäh verwilderten, schwarz-strähnigen Haare (aufrührerische, bolschewikische Haare, wenn man es recht bedachte) waren das Alarmierende. Sondern die Augen. Ja, auch die Augen der Achtzehnjährigen hatten sich verändert in zwei Tagen und einer und noch einer letzten Nacht. Nur durch das Gesehene – Rauch, Feuer, Verzweiflung, Mord, Triumph, Tod? Das genügte nicht. Nicht für diese Umkehr des Blicks, in dem eine fanatische Leere saß – zugewandt einem Brennen von innen her. Achtzehn Jahre lang hast du in Automobilen gesessen. Kleider hast du dir anmessen lassen für den Aufenthalt in Sommerhotels, hast geschlafen, achtzehn Jahre zu lang, in zu weichen Betten – und nun das, und nun das. Solches Erwachen hätte hinlänglich zu denken gegeben – auch einer schärfern Denkerin, auch einer gründlicher und minder schreckhaft in die Bezirke der Wirklichkeit eingeführten Persönlichkeit, als es die in einem Hinterhof von gesenkten Bajonetten bewachte achtzehnjährige Genossin L. Lewy war.

»Hier«, sagte sie heiser, als endlich an ihr die Reihe war und ein Uniformierter ihren Namen rief. Er stand auf der Schwelle jener improvisierten Verhörskammer, aus der im Verlauf dieser Wartestunde immer wieder ein Schreien geklungen hatte, ein Klatschen, bis es einen Taumelnden, Blutüberströmten zurück zu den anderen spie. »Hier«, rief die Genossin. Mitten zwischen Mannhaftem und Mutigem hatte sie in diesen letzten zwei Tagen und Nächten mehrfach geheult, nach redlicher Kinderart. Es zuckte ihr um den Mund. Nur jetzt nicht, dachte sie – oh, nur jetzt nicht. »Hier«, sagte sie (wie im Krieg, nein, wie in der Schule) sinnlos zum drittenmal, indes sie verzweifelt und verwildert in jene Kammer trat.

Die Tür fiel hinter ihr zu. Der sie geholt hatte, war wieder gegangen. Es war ein einziger Mann im Raum – sitzend an einem einzelnen Tischchen, auf dem Papier lag, ein Schreibzeug. Auch eine Peitsche – harmloses Instrument, Reitpeitsche eines Kavallerieoffiziers. Der hätte ja hergeritten sein können, auf seinem täglichen Morgenritt, und draußen vor der Tür steht der Bursch mit dem Pferd. Der Einzelne hinter dem Tischchen erhob sich zu einer großen und dürren Höhe.

»Oberleutnant Zwanziger«, stellte er sich vor und nahm die

Hacken zusammen und lächelte. Eine tiefe, alte Narbe lief ihm über die Wange. Er sagte in diskretem Konversationston: »Gnädiges Fräulein erinnern sich nicht – ich hab' die Ehre gehabt bei dem Wohltätigkeitsabend kürzlich bei der Baronin Stratz. Blaues Abendkleiderl und Perlen – stimmt's? Der Herr Papa hat dann –« Er unterbrach sich. »Ist ja eine grausliche Sache, wo gnädiges Fräulein da hereingeraten sind. Zufällig hergekommen aus Interesse für den Kindergarten, und in dem Augenblick fangen die Proleten zum Schießen an – und behalten gnädiges Fräulein als Geisel. Wir wissen alles! Werden nur noch schnell der Form halber ein kleines Protokoll –« Er setzte sich, mit jenem Lächeln. »Verzeihung«, sagte er – »es ist der einzige Sessel. Die roten Hunde haben ja alles zerhaut. Aber es dauert nur ein Momenterl. Wenn gnädiges Fräulein vielleicht inzwischen ein Zigaretterl – nein, Nichtraucherin?« Er hatte mit fliegenden Buchstaben zu schreiben begonnen. Dazwischen fragte er im Konversationston: »– kommen oft zur Baronin Stratz?« Er erhob sich – was zu schreiben war, war geschrieben. »Unterschrift«, sagte er – »da, wenn ich bitten darf.« Und dann sagte er: »Wollen nicht unterschreiben? Noch ein bisserl benommen von dem großen Radau. Ist ja nicht grad der richtige Anblick für eine junge Dame. Aber ist eh nicht viel geschehn. Wenn man bedenkt, wie zum Beispiel der Hitler an unserer Stelle –. Bei uns da in Österreich wär' der unmöglich. Ein Anstreichergesell' mit einem gestohlenen Eisernen Kreuz! Also wenn vielleicht jetzt doch da die Unterschrift –« Und dann fiel ihm das Lächeln aus dem hagern Gesicht, und er sagte kaum hörbar: »Aber jetzt machen Sie keine Geschichten mehr, Fräulein, treiben Sie's nicht zu weit, alles hat seine Grenzen! Da – ich unterschreib es für Sie!« Er durchquerte raschschrittig den Raum, klinkte hinten eine Tür auf, sagte ins Unsichtbare: »Herr Kommerzialrat! Die kleine Formalität ist erledigt, können das Fräulein Tochter schon übernehmen! Ah, den großen Pelzmantel haben Sie mitgebracht, sehr gescheit, der deckt alles zu. Der Maxl wartet mit dem Auto im Nebenhof auf das Schwesterl. Ist alles in Ordnung, also glückliche Reise, nur ein bissel geschwind jetzt, wenn ich bitten darf. Nein, nichts zu danken, Herr Kommerzialrat. Werd ja übrigens die Ehre haben morgen nachmittag in Ihrem Büro! Na also, küß die Hand, Verehrung, Verehrung. Sind ja eh die reinen Lamperln – wir da in Österreich!« Er wandte sich ab, er hob etwas auf, die kleine Reitpeitsche war von seinem Tischchen gefallen.

Am Steuerrad, in Heimwehruniform, saß Maxl Levé, töricht langnäsigen und sehr roten Gesichts. (Unheilbar bloßgestellt war er, kaum mehr sehen konnte er sich lassen im smart set; Heldentod, so erwog er, oder ehrenkodexhaft eine Kugel sich vor die Stirn geknallt!) Da der Wagen anzog, sagte Herr Kommerzialrat Henri Lewy: »Den Pelzkragen schlag dir höher, daß man dich nicht erkennt!« Er sagte: »Seit zwei Tagen liegt Mama mit ihrer Migräne im Bett – so sehr hat sie sich aufgeregt!« Er sagte: »Fünfundzwanzigtausend Schilling, eine Spende an die Heimwehrparteikasse kostet mich das – und eine Anstellung in der Buchhaltung für den Zwanziger außerdem!« Er sagte: »Du kommst direkt in das Sanatorium Wienerwald. Für drei Monate mindestens wirst du verschwinden. Ich hab' mich verpflichtet. Und dann gehst du in ein Pensionat in die Schweiz!«

Ein Zug Blessiertenwagen, Totenwagen, Gefängniskrankenwagen mit vergitterten Fenstern schob sich an dem jäh abbremsenden Lewyschen Auto vorüber. Eine brüllende Stimme war in einem der Fahrzeuge, das da in der Stockung zum Stehen kam. Zwei Hände krallten sich an das Fenstergitter von innen her. Etwas zog sich an diesem Gitter hoch. Ein blutüberronnenes, schreiendes Mannsgesicht. Dann riß eine unsichtbare Gewalt den dort drinnen zurück. Eine Nonnenhaube ward sichtbar für einen Augenblick. Jäh zog der Wagen an.

»Den Pelzkragen«, sagte der Herr Kommerzialrat Lewy, »Liselotte, den Pelzkragen schlag dir hoch!« Sie bogen durch ein breitklaffendes Tor hinaus auf die Straße. Drüben, droben, irgendwo in einem entferntesten Winkel des Riesenbaus, war noch hinter einem letzten lebendigen Fenster ein letzter verzweifelter Einzelner und feuerte in großem Abstand letzte Patronen aus einem einsamen Infanteriegewehr.

Das war am frühen Morgen des 14. Februar 1934. Am 16. Februar, nachts, brach die wegen einer politischen Geistesverwirrung internierte L. Lewy aus dem Sanatorium aus, vermutlich mit Beihilfe von außenher. Erwiesen ist ihre Teilnahme an dem Rückzugsgefecht der schon zersprengten, schon verzweifelten Arbeiter an einem letzten Rand des Vorortes Floridsdorf, sowie ihre Anwesenheit in dem Menschentrupp, der in nächstfolgender Nacht im Scheinwerferlicht an fleißigen Gendarmerie-Maschinengewehren vorüber um Freiheit und Leben nahe bei Preßburg über freies Feld nach der tschechoslowakischen Grenze lief. Eine menschliche Demokratie, selbst bedrängt von den heroischen Pratzen im Umkreis, gab für zwei Wochen Obdach und einen Paß zur Fahrt hinauf nach Nordosten, wo die sowjetrussische Grenze lag. Diese Grenze überschritt die Genossin Lewy, verwilderten und verzweifelten Herzens, am 1. März 1934.

VEZA CANETTI

Drei Helden und eine Frau

Frau Schäfer stand auf dem Flur und wusch Stiegen. Und obwohl alle Stufen schön ölig glänzten, rieb sie immer wieder mit dem nassen Lappen darüber, drang mit dem Besenstiel in die Ecken, daß es klatschte, stieß den Lappen in den Kübel, wrang ihn aus und schlug ihn wieder um den Besen. Plätschernd fiel der Lappen über die Stufen, und wer die Bewegung sah und Frau Schäfers Gesicht, der verstand: sie war nicht dabei. Sie war von einer Vorstellung gepackt, und was nützte alle Vernunft, sie wurde diese Vorstellung nicht los. Eine kleine Kirche war es, die Frau Schäfer vor sich sah, eine kleine Kirche quälte Frau Schäfer. Die Kirche stand in dem seltsamen Ruf, jeder Wunsch, in ihr ausgesprochen, gehe in Erfüllung.

Frau Schäfer war nicht gläubig; aber als der Mann im Krieg war und seine schwere Verwundung gemeldet wurde, schleppte sie sich in die Kirche und sank nieder. Ihr Mann kehrte vom Krieg zurück, und seither hatte auch Frau Schäfer ein zärtliches Lächeln beim Nennen der kleinen Kirche.

Bis das Furchtbare geschah.

Es begann damit, daß die Arbeiter, die in den Gemeindehäusern wohnen, von ihren Brüdern mit Kanonen beschossen wurden. Das große Gemeindehaus, in welchem Frau Schäfer seit Jahren die Arbeit besorgte, mußte sich ergeben, die Waffen wurden abgeliefert, und die Arbeiter flüchteten durch einen unterirdischen Gang in das Kirchlein. Sie glaubten sich geborgen. Einer nach dem andern wankte freudetrunken aus der Kirche in die Freiheit, und jeder, der aus der Kirche trat, wurde auf der Stelle niedergeschossen …

Plötzlich fuhr Frau Schäfer heftig auf. Erschrocken drehte sie den Kopf. Durch die wild aufgerissene Glastür stürmte ein Haufen junger Menschen herein und auf sie zu. Seltsam. Alle hatten das gleiche Gesicht. Todesangst und flehende Blicke. Und dann hob einer verlegen und heiß bittend die Hand und ließ sie mutlos sinken.

Sie verstand sofort. Ihr ging viel durch den Kopf. Daß die Jungens genau so aussahen wie ihr Sohn Franz, als sie ihn vor den Kanonen im Keller versteckte, wo er sicherer war als in der verfluchten Wunderkirche; daß diese hier auch gerettet werden wollten und auch jung waren und daß jeder eine Mutter hatte. Und dann dachte sie, was ihr bevorstand, wenn sie den Jungen half, und ihr Kinn zitterte.

»Erster Stock, Tür fünf«, sagte sie aber und ließ sie durch.

Die Jungens stürmten hinauf in blinder Angst auf die Nummer fünf zu.

Wenn dort Schwierigkeiten gemacht wurden, war es zu spät.

Auf Nummer fünf öffnete sich von selbst und lautlos die Tür, kein Priester, sondern ein Arbeiter tat es, lautlos gab er mit breiter Bewegung den Weg frei, und die Jungens wurden mäuschenstill. Mäuschenstill folgten sie den weit ausgestreckten Armen, die sie einließen, warme, glückliche, dankbare Blicke auf noch eben todesängstlichen Gesichtern. Und die schützende Tür schloß sich hinter ihnen.

Unten hörte Frau Schäfer die Klinke einschnappen, da wurde auch schon die Glastür aufgestoßen. Zwei Polizisten spießten Frau Schäfer mit ihren Bajonetten fast auf. Ein Polizeioffizier folgte.

»Hier sind die Kerle hereingelaufen«, schrie er.

»Wie bitte?« fragte Frau Schäfer und stemmte den Besen auf.

»Hier sind die roten Hunde hineingelaufen. Machen Sie keine Faxen, sonst wirds schlecht ausgehn!«

»Herr Oberinspektor! Das Haus hat sechzehn Stiegen. Hier ist niemand durch! Ich hätte es sehen müssen, ich wasch hier schon seit einer Stunde auf!«

»Werden wir gleich haben«, sagte der Herr Oberinspektor und pochte an die Tür Nummer eins. »Wer wohnt hier?«

Frau Schäfer blickte angstvoll zu Boden und erschrak noch mehr. Auf den feuchten Stufen glänzten breit an die zwanzig Fußstapfen, verschwammen ineinander und bildeten tückische, dicke Flecken auf den Stufen, die noch vor drei Minuten wie Öl geglänzt hatten.

Aber der Herr Oberinspektor hatte keine Zeit, von seiner Höhe herab zu schauen. Er war damit beschäftigt, die Tür Nummer eins mit Schlägen zu bearbeiten. »Ach, bitte, klopfen Sie hier nicht an! Hier wohnt die Näherin Grün, sie ist seit den letzten Tagen sehr geschreckt, sie bekommt sofort Schreikrämpfe, sie wohnt ganz allein, sie hat bestimmt niemanden reingelassen, ich bin hier gestanden, ich hätt's sehen müssen. Schauen Sie in allen Wohnungen nach, nur nicht bei der Grün, Herr Oberinspektor!«

Der Herr Oberinspektor sah sie listig an und riß an der Glocke, daß der Knauf ihm in der Hand blieb. Verächtlich warf er ihn zu Boden. Eine fadendünne Frau öffnete einen Spalt und wurde vom Herrn Oberinspektor zur Seite gestoßen. Der zweite Polizist blieb bei der Tür stehen.

Frau Schäfer hob den Besen. Nur ihr Ohr hatte noch menschliche Funktionen, denn während ihre Arme wie automatische Stangen in rasender Eile über die Stufen fegten und die Spuren verwischten, waren die Ohren Augen im Rücken. Gerade tauchte sie den Lappen frisch in den Kübel, als der Herr Oberinspektor heraustrat. Drinnen die Näherin Grün hatte Schreikrämpfe.

»Wer wohnt hier!«, sagt der Oberinspektor gereizt und trat gegen die Tür Nummer zwei.

»Hier wohnt der Kürschner Cibulka. Keine Spur, daß der jemanden eingelassen hat, Herr Oberinspektor! Der ist sehr heikel mit seinen Fellen, da kostet ein Stück hundert Schilling, sagt er immer. Nehmen Sie sich gar nicht erst die Mühe, vom ganzen Plafond hängen sie herunter, sie werden Ihnen auf den Kopf fallen!«

Der Oberinspektor klopfte den Kürschner Cibulka heraus. Ohne Umstände wurde in seine Werkstätte eingedrungen, der zweite Polizist wartete bei der Tür, mit erhobenem Gewehr.

»Lassen Sie das sein!« hörte Frau Schäfer den Cibulka drinnen sprechen, sie fuhr wieder ruhiger über die Stufen, die hatten beinahe wieder den alten Glanz. »Wichtigkeit, sind eich paar Burschen ins Haus gelaufen, hätten sie sich vielleicht vor eire Kanonen stellen soll!«

»Maul halten! Bleder Behm!« schrie der Herr Oberinspektor.

»Bei uns in Praha schießen sie aber nicht auf die eigenen Leit!«

Hierauf wurde Herr Cibulka aufgefordert mitzugehen, er leistete aber Widerstand. »Ich fircht mich nicht«, schrie er.

Der Oberinspektor hatte die Wahl, eine große Beute mit einer kleinen zu vertauschen, und begnügte sich damit, Herrn Cibulka aufzuschreiben. Frau Schäfer war plötzlich ruhig geworden. Der Herr Oberinspektor stapfte in den ersten Stock hinauf, seine Begleiter folgten.

»Herr Oberinspektor, bitte klopfen Sie hier leise an, hier wohnt der Schuster Pfeidl, seine Frau liegt im Sterben, der Sohn ist ihr vorgestern erschossen worden, wie er aus der Kirche gelaufen ist. Mit ihr geht es zu Ende.«

»Aufmachen!« schrie der Herr Oberinspektor, und der Schuster Pfeidl leistete keinen Widerstand. Der Herr Oberinspektor sah die sterbende Frau, die einen blutbefleckten Männerrock in den verkrampften Fingern hielt. Etwas verstimmt trat er heraus.

»Klopfen Sie lieber bei fünf an, nur nicht bei vier«, sagte Frau Schäfer, ohne gefragt zu werden. »Auf vier sind alle tot, der Mann und zwei Söhne, die Frau hat sich gestern erhängt, nur die Großmutter ist drin, die ist vor Kummer närrisch geworden. Sie wird ihnen nicht aufmachen, ihre Nichte kommt erst gegen Mittag.«

Der Herr Oberinspektor wußte sofort, daß auf Nummer vier die Banditen versteckt waren; die beiden Polizisten sprengten die Tür auf. In dem kahlen Zimmer saß beim Fenster eine Greisin und blickte mit toten Augen auf die Eintretenden. Der Oberinspektor war aber auf diese Wohnung versessen und durchsuchte jeden Raum. Sogar im Abtritt sah er nach, ob sich dort nicht zehn Menschen versteckt hielten.

»Wer wohnt hier!« fragte er etwas gedämpft beim Heraustreten und wies auf Nummer fünf.

Die Hausbesorgerin sah dem Tod ins Auge. Die Gefahr war so groß, daß sie ganz ruhig wurde.

»Hier wohnt die Bedienerin Neumann. Sie ist den ganzen Tag in Arbeit, aber das Kind ist zu Haus, die Steffi. Ich kann sie gleich rufen, wenn sie mich hört, macht sie gleich auf.«

»Bah!« sagte der Herr Oberinspektor, dem die Vorstellung, ein Kind in Furcht und Schrecken zu jagen, nicht imposant war. »Lassen wir das. Zurück!« kommandierte er und stieg mit seinen Begleitern hinunter, ohne Frau Schäfer eines Blickes zu würdigen.

Und das war gut. Denn kaum hatte sich die Glastür geschlossen, da sank die Frau auf den Stufen nieder.

Die Jungens verbrachten die Nacht in leisen Gesprächen, und der Arbeiter von Nummer fünf wachte mit ihnen und holte dann seine Schwägerin, die Hausbesorgerin, herein.

Am Morgen wurde die erste Taube mit einer Milchkanne ausgeschickt. Viele Arbeiter gehen des morgens durch das riesige Gemeindehaus, und Nummer eins kam wohlbehalten durch. Der zweite trug eine Aktentasche. Eine Stunde später waren alle in Freiheit.

IV
Das rote Herz der Provinz

ANONYM

Einer gegen siebzig

In Nettingsdorf bei Linz lebte ein hundertprozentiger Invalide namens Buttinger. Er hatte im Krieg eine schwere Rückenmarksverletzung erlitten und war halb gelähmt. Er war über vierzig Jahre alt. Als die Kämpfe in Linz begannen, sagte er zu den Nettingsdorfer Schutzbündlern: »Geht nach Linz und helft euren Genossen! Ich werde allein die Heimwehr aufhalten.«

Buttinger selbst war kein Schutzbündler mehr. Noch im März 1933, als der Schutzbund sich ohne einen Schuß auflösen ließ, ist er aus dem Schutzbund ausgetreten.

In Nettingsdorf gibt es eine große Papierfabrik. Die dort beschäftigten Arbeiter erklärten sich mit den Schutzbündlern solidarisch und gingen mit ihnen nach Linz. Buttinger blieb allein in seinem Häuschen zurück.

Indessen kam der Führer der Heimwehr und Hausbesitzer Pollhammer zu Buttinger und forderte ihn auf, die Waffen abzuliefern und ihm zu folgen. Buttinger gab einen Schuß auf ihn ab, Pollhammer war auf der Stelle tot. Die zwei Heimwehrler, die mit ihm waren, liefen davon und riefen die Gendarmerie zu Hilfe. Der Gendarmerieinspektor kam und erklärte prahlerisch:

»Ich schlag die Tür ein und schieß ihn auf der Stelle tot.«

Buttinger hörte das, schoß und verwundete den Inspektor am Arm. Buttinger hatte ein Gewehr und zwei Revolver. Drei Fenster gab es in seiner Wohnung. Auf jedem Fensterbrett postierte er eine Waffe und feuerte sie nacheinander ab.

Er wehrte sich verzweifelt. Die Heimwehrler waren gezwungen, das Überfallskommando aus Linz zu Hilfe zu rufen. Als Buttingers Frau die Soldaten erblickte, sagte sie zu ihm:

»Erschieße dich, sie kommen schon.«

»Ich habe noch Zeit«, erwiderte Buttinger.

Gegen diesen einen Invaliden kämpften siebzig Mann mit zwei Maschinengewehren. Als das Schießen für eine Weile eingestellt wurde, rief Buttinger:

»Wenn ihr kein Blei mehr habt, so kann ich euch welches leihen.«

Dann haben sie das Haus angezündet.

Buttinger gab seiner Frau das Sparkassenbuch und half ihr, aus dem Fenster zu springen. Er selbst verbrannte im Hause. Die verkohlte Leiche haben sie dann in einer gewöhnlichen Marmeladekiste hinter dem Friedhof eingescharrt.

FRANZ KAIN

Revolutionsferientage

»Es gibt Hitzeferien, einmal in fünf Jahren, sehr selten auch Kälteferien, und einmal hab ich sogar schon Scharlachferien erlebt bei einer schönen Epidemie. Aber Revolutionsferien gibt's nur einmal in hundert Jahren. Hoffentlich dauern sie recht lang.«

Der Dreizehnjährige schneuzte sich mit der Hand, um seine schnoddrigen Bemerkungen unflätig zu unterstreichen und so den lastenden Ernst wegzuwischen, der seit gestern zu Hause herrschte, seit sie wußten, daß in Linz und Wien ein blutiger Aufstand ausgebrochen war.

Der andere Knabe teilte die fröhliche Hoffnung nicht.

»Keine zwei Tage werden sie dauern, diese unverhofften Februarferien, schon in einigen Stunden wird alles vorbei sein, und sie holen uns wieder.«

»Fürstenknecht!«

»Sozibazi!«

Sie blickten einander wild an.

»Schaut, wie es brennt«, rief das Mädchen und blies in die Glut des Feuers. Es war mit dem stillen Tag ganz zufrieden, schaute verzückt in die Flamme und rieb sich die frierenden Hände.

Da ragte ein mächtiger Fels empor, der auf drei Seiten völlig unzugänglich war. Die Wände hingen über, und in den glatten Flächen konnte man deutlich die Rinnen von alten Sprenglöchern erkennen. Beim Bau der Bahn ins Gebirge waren hier italienische Arbeiter am Werk gewesen. Sie hatten von dem Felsen mehr weggesprengt, als jetzt der ganze Block maß. Neben dem Felsen war ein großer freier Platz zurückgeblieben, auf dem einige Fichten und Ahorne ein armseliges Dasein fristeten.

Der Fels hatte einen eigentümlichen Namen. Er hieß »Vilikumstein«. Vilikum nannten sie das Maiglöckchen. Der Name klingt hell, nach Frühling und Licht, und der ihn erfunden, wohl aus der Verballhornung eines lateinischen Namens, muß poetisches Gefühl besessen haben.

Der Vilikumstein hat immer eine große Anziehungskraft auf Halbwüchsige ausgeübt. Im Frühling zitterte der zarte Duft der Maiglöckchen über dem Platz, die wie hellgrüne Flecken aus dem grauen Stein kamen. Im Sommer summten dicke Hummeln über dem spärlichen Steinweizen, und Kreuzottern sonnten sich träge auf der Blöße des Steins. Selbst im Winter hatte der Felsen seine Besonderheit. Der Schneewind pfiff um den kleinen Berg, und an den Ecken bildeten sich hohe und scharfe Wächten. Man stieg über sie wie über Stufen hinab zu der Stelle, an der nie Schnee lag, weil sie durch den überhängenden Felsen abgeschirmt wurde. Hier befand sich im vergilbten Gras, von rußigen Steinen umrahmt, seit Generationen die Feuerstelle der Buben, die Räuber und Gendarm spielten.

Vom Herbst her war noch dürres Reisig da, und im schütteren Laubwald hatte der Sturm nackte Buchenäste von den Bäumen gerissen. Sie lagen hier wie auf einer Tenne. Es hatte vor einigen Tagen geregnet, und nun trug der Harsch, der so hart wie Eis war und den schweren Februarschnee bedeckte.

»Es wird bald alles vorbei sein, das dauert nicht lang«, wiederholte Roman, der mit einem grünen Weidenstock im Feuer herumstocherte, »ich weiß es von daheim, die halten nicht viel von dem ganzen Geschrei. Warte nur, bis das Militär da ist!«

»Das Militär kommt nicht heran«, erwiderte Hans. »Es ist Generalstreik.« Das Wort klang in seinem Mund wie »Jüngstes Gericht«.

»Es werden genug zur Arbeit gehen, nach jedem Tag werden sie greifen.«

»Seit dem frühen Morgen hörst du keine Bahn.«

Das Mädchen sah ins Feuer. »Schaut, wie das Wasser kocht, und wir haben gemeint, das Holz ist schon ganz trocken. Aber es ist wie ein Schwamm und immer voll Nässe.«

Die Buben würdigten das Mädchen keines Blickes. Wie kann

man von nassem Holz reden, wenn im Land die glühende Revolution ausgebrochen ist!

»Mein Bruder ist gestern verschwunden«, sagte Hans geheimnisvoll, »noch am frühen Abend, und sein Bett war unberührt heute früh. Der ist sicher irgendwo dabei.«

»Der wird lange Wege machen müssen, um zu deinem Aufstand zu kommen. Bei uns ist es ruhig wie auf einem Friedhof.«

Sie gingen zu den Häusern unten am Wald zum Mittagessen. Sie schlangen alles schnell in sich hinein und ließen sich nicht aufhalten von der unguten Spannung, die herrschte. Solche ungewöhnlichen Ferien, die in keinem Kalender stehen, gehörten ihnen allein. Niemand sollte sie gängeln in dieser unverhofften Freiheit. Sie kamen wieder bei ihrem Lagerfeuer zusammen, vollgesogen von den Gerüchten, die sie zu Hause gehört hatten, voll Unruhe und Unsicherheit.

Unter der Asche war noch Glut, und das Mädchen schürte das Feuer. Mit gespitztem Mund blies es die staubige Schicht weg, legte frisches Fichtenreisig auf die Glut, und die Flammen prasselten.

»Es riecht nach Weihnachten«, sagte das Mädchen und schaute schwärmerisch in die aufzüngelnde Flamme, »wenn die Kerzen niederbrennen.«

»Du mit deinem Christkind!« wies Hans sie zurecht. »Es riecht nach Pulver und Blei, man braucht nur ein wenig zu schnuppern.«

»Du mit deinem Pulverdampf«, widersprach Roman spöttisch. »Der Briefträger hat Radio gehört, er sagt, es ist schon alles vorbei und morgen beginnt das Gericht.«

»Das sagen die immer, daß schon alles vorbei ist. Glaubst du, umsonst geben sie uns Ferien, im schönsten Winter und ohne zu sagen, wie lang?«

»Das tun sie für sich selbst. Der Landesschulrat hat auch das Faulenzen gern, und die Lehrerinnen werden Strümpfe stricken.«

Nun wurde Hans wütend. »Jetzt werde ich dir was sagen, was sie nicht im Radio durchgegeben haben. Heute nacht haben sie in Ebensee losgeschlagen. Bis auf dreißig Kilometer ist der Aufstand schon herangekommen.«

Das Mädchen hörte dem Streit unbeteiligt zu. »Unsere Nachbarin hat zwanzig Kilo Mehl eingekauft. ›Auf alle Fälle‹, hat sie gemeint, und mit dem Schlitten hat sie den Sack heraufgeschleppt vom Tal.«

»Nach dem Christkindl kommst du jetzt mit dem Mehl.«

»Ich rede von den Sorgen der anderen«, sagte das Mädchen gekränkt.

Ebensee war eine Saline wie Hallstatt auch, und beide Märkte lagen an einem See, angelehnt an hohe Felswände. Am Hallstätter See gab es eine Eisenbahnbrücke mit dem altertümlichen Namen Wehrgrabenbrücke. Und ein Aufstand, hieß das nicht Brückensprengen, Felsabstürze und donnernde Steinlawinen? Sie wußten das aus Geschichten um Andreas Hofer.

»Da kann man leicht Mühl zumachen«, ereiferte sich Hans, »dann kommt nichts mehr durch, kein Soldat, kein Gewehr und keine Kanone.«

»Wie das Buch vom wilden Colorado sprichst du: Gehn wir schnell eine Lawine baun.«

»Bei dir daheim ist zuviel vom Strammstehen die Rede, und vor dem Essen sagt ihr euch: Heil. Da ist kein Platz für den freien Wind«, stänkerte Hans.

»Und bei dir heißt's am Morgen und Abend: Hoch lebe der Konsumverein. Das ist erst eine Begeisterung!«

»Baut eine Schneeburg«, beschwichtigte das Mädchen, »und ich leg sie mit Tannenreisern aus.«

»Später«, sagte Hans, »die Ferien haben ja erst begonnen. Zuerst muß der Kampf ausgefochten werden.«

Sie begannen auf dem Platz vor dem Felsen große Löcher zu graben. Der Schnee war unter dem Harsch firnig und weich. Als die Gruben tief genug waren, um Deckung zu bieten, krochen sie hinein und bombardierten einander mit Schneebrocken.

Vorher hatten sie die Fronten abgesteckt.

»Du bist der Fürst«, sagte Hans.

»Und du der Barrikadenkämpfer Doktor Renner mit Frack und Zylinder«, gab Roman zurück. »Aber ich sag dir's gleich, ich spiel den Fürsten nur, ich hab nichts gemeinsam mit ihm. Wenn wir einmal da sind, werden wir ihn liefern und ihm einen Tritt geben nach deutscher Art und Sitte!«

»Auch ich spiel den Konsumverein-Renner nur«, erwiderte Hans, »mein Vater sagt schon lange, daß die sich ihr Grab selber schaufeln.«

Sie kamen bald dahinter, daß sie bei ihrer Schlacht einen Schiedsrichter brauchten, weil keiner von ihnen die empfangenen Treffer zugeben wollte und jeder sich als unverwundbar gebärdete. So konnte der Kampf nie entschieden werden.

»Baby, rück ein, wir brauchen dich«, rief Roman dem Mädchen zu, »du mußt militärische Kenntnisse sammeln. Wenn du Verrat übst, wirst du gehängt.«

»Aber ich hab grad Erdäpfel in die Glut gelegt«, widersprach das Mädchen, »was geht mich euer Streit an? Sollen wir am Ferientag hungern?«

»Keine Widerrede, es herrscht Ausnahmezustand und Standgericht.«

Das Mädchen lief unschlüssig zwischen den Schneelöchern hin und her. Es brach oft bis zu den Knien ein und konnte deshalb das Schiedsrichteramt nur unvollkommen ausüben. Die Schlacht mußte immer wieder unterbrochen werden, weil das Mädchen zu lange brauchte, um dem jeweiligen Bombardeur »Feuer frei« zu geben.

Da sprangen die Feinde aus ihren Löchern und traten einen festen Weg zwischen den Stellungen in den Schnee. Sie trippelten hin und her wie die kleinen Kinder, die sich eine Schlittenbahn einrichten am kleinen Hügel, für die winzigen Arschkrücken, wie die kleinen Schlitten genannt wurden.

Das Mädchen hatte vorsorglich frisches Holz auf die Glut gelegt, damit das Feuer nicht ausgehe. Hier beim Feuer und nur hier war es ganz bei der Sache.

Nun wurde die Kampfüberwachung zwar besser, aber genau war die Kontrolle noch immer nicht.

Während das Mädchen von der einen Stellung zur anderen

unterwegs war, legten die Knaben Zwischenschüsse ein. Diese Treffer waren nicht zu registrieren, weil die Spuren der Blessuren schnell beseitigt wurden.

Da kam es dann vor, daß das Mädchen, das schnaufend zwischen den Stellungen hin und her lief, die Treffer durcheinanderbrachte und sich so dem Verdacht aussetzte, sein Amt willkürlich auszuüben.

»Ihr seid ohnehin nicht ehrlich und betrügt euch und mich«, erwiderte das Mädchen auf die Verwünschungen der Knaben.

Als Hans einen weiteren Treffer zugesprochen bekam, geriet Roman in Wut. Er begann Eisstücke in die Schneebälle einzubacken, damit die Wurfgeschosse schwerer wurden und wuchtiger wirkten. Er hörte die dumpfen Einschläge drüben im Loch und ärgerte sich darüber, daß der andere geschickt auswich. Die Bälle, die, ohne zu treffen, in die Schneewand fuhren, hatten ein unverwechselbares Geräusch. Hans mußte die Geschoßverbesserung durchschaut haben, denn auch von drüben wurden die Bälle eisiger und schwerer.

Sie feuerten sich mit Rufen an: »Hahnenschwänzler!« – »Sozischeißer!«

Da formte Roman eine ganz besondere Kugel. Sie bestand aus einer dünnen Haut von Schnee und einem faustgroßen Stein, den er auf dem Grunde des Loches ausgegraben hatte. Die Schultern brannten ihm, als er das schwere Geschoß in eine ballistische Bahn brachte.

Er hörte von drüben einen unterdrückten Schrei. Das Mädchen, das die böse List nicht durchschaut hatte, rief, begeistert über seine redliche Zeugenschaft: »Treffer, Treffer!«

Da fühlte sich Hans auch noch verspottet und sprang aus dem Loch. Seine Wange blutete, der kantige Stein hatte die Haut am Backenknochen aufgerissen.

Roman war ebenfalls aus seiner Stellung gekrochen, denn in der engen Grube hätte er sich nicht bewegen können, wäre der andere in seinem Zorn auf ihn gestürzt.

Sie stürmten aufeinander zu, und bald wälzten sie sich, wütend aufeinander einschlagend, im Schnee.

Das Mädchen stand erschrocken daneben und sagte verängstigt: »Hört auf, hört auf, ich hab doch die Treffer genau gezählt!«

»Du Faschist, du Faschist«, schrie Hans und bearbeitete den Freund mit den Fäusten. »Ein Dumdumgeschoß hast du verwendet, du hinterlistige Hagensau!«

Während sie sich erbittert ächzend im Schnee balgten, kam der ältere Bruder von Hans über den stumpfen Schnee daher. Er hatte hoch über dem Tal einen Abkürzungsweg benutzt. Er war vom Waten im Schnee erschöpft und wankte in den Knien. Im Tal wären die Wege bequemer gewesen, aber es war nicht ratsam, sie zu gehen an diesem Tag. Er kam zu den Balgenden und sah das Blut auf der Wange des jüngeren Bruders.

»Hört auf mit dem Blödsinn«, sagte er, »steht auf.«

Sie gehorchten widerwillig und gingen langsam auf die Feuerstelle zu. Das Mädchen sah sich wieder als Feuerbewahrerin und lächelte den Widersachern freundlich zu.

Über den Wald herauf tönte plötzlich ein Donnern, krachend und lange nachgrollend, wie bei einem Gewitter, das über der Felswand steht.

Hans spürte keinen Schmerz mehr in der verletzten Wange, als das Donnern begann. Er richtete sich auf, und sein Gesicht wurde hell.

»Die Wehrgrabenbrücke!« rief er, »jetzt donnert sie in den See, dort, wo er am tiefsten ist!«

Der Bruder machte ein müdes Gesicht. »Es ist nur ein Steinschuß bei einem Wegebau. So ruhig ist alles ringsum, daß sie nicht einmal das Dynamit zum Sprengen weggeräumt haben.« –

Er hatte mithelfen wollen, daß die Ebenseer nicht im Rücken gepackt wurden von der Steiermark her. Den Sonnsteintunnel am Traunsee hatten die Einheimischen selbst unpassierbar gemacht.

Also mußte die andere Seite abgeriegelt werden. Wenn nur ein einziges Feld der Wehrgrabenbrücke hinabstürzte in den See, wo er am tiefsten ist, dann war der Weg gesperrt, und jenseits des Passes würden ähnliche Aktionen steigen. Der Sprengstoff lag bereit.

An zwei Beratungen, die mühsam zustande gekommen waren, hatte er teilgenommen. Viele Funktionäre hatten sich bereits davongemacht.

Sie waren in den Wald gegangen, weil Standrecht herrschte. Die Gespräche kreisten ergebnislos um ein Problem: Wer übernimmt die Verantwortung? – Was heißt Verantwortung? Wir alle natürlich!

Du mit deinen achtzehn Jahren? Du hast ja noch nicht einmal das Wahlrecht, nicht das aktive, ganz zu schweigen vom passiven, das erst wirklich Verantwortung gibt.

Aber du bist doch auch mit achtzehn eingerückt!

Da war ein ausdrücklicher Befehl des Kaisers da. Jetzt haben wir nicht einmal eine Weisung. Oder haben wir eine Weisung? Da könnten sich ja einige Maulreißer zusammentun und Führung spielen. Da machen wir nicht mit.

Ihr laßt also die anderen im Stich!

Gib Ruh, du Pappenreißer, von dir werden wir uns grad ins Unglück jagen lassen. Sollen wir die Leut an den Galgen treiben? Wir sind für die Gesetzmäßigkeit in der Entwicklung. Kein Abenteurertum. Triumphieren wird der Geschichte ehernes Muß!

Wollt ihr denn alles preisgeben?

Die Bewegung braucht jetzt Ruhe und keine Husarenstücke. Auseinandergehen. Aber konspirativ. Es herrscht Standrecht.

So waren die Auseinandersetzungen verlaufen, und sie hatten auf ihn gewirkt wie ein Keulenschlag. –

Sie saßen stumm um das Feuer, in dem das Mädchen lustlos mit einem Stock herumkratzte. Sie warteten, daß der ältere Bruder erzählen würde, aber der blieb stumm.

Während sie in das flackernde Feuer blickten, begann es im Tal unten zu rauschen, zuerst sehr fern, und dann immer näher. Es schwoll auf und ab. Es war das Rauschen, das den ganzen Tag gefehlt hatte: die Eisenbahn. Lokomotiven stießen langgezogene Pfiffe aus, eine vorn, eine hinten, und die Talenge warf heulend das Echo zurück.

»Was wird jetzt aus Ebensee?« fragte Hans, und seine Stimme zitterte.

Der Bruder gab keine Antwort und starrte unbewegt in das zusammensackende Feuer.

Roman blickte zu Boden. Seinem Gesicht war anzumerken, was er sagen wollte: Da hast du nun deinen Kampf.

Das Rauschen füllte nun das ganze Tal aus.

Es mußte ein sehr langer und schwerbeladener Zug sein – mit Soldaten, Maschinengewehren und Kanonen –, der da unten Ebensee und dem Aufstand entgegenfuhr.

ERICH HACKL

Kleine Stadt der Arbeitslosen

1. EIN MÖGLICHER ANFANG

wäre, befänden wir uns noch in den dreißiger Jahren, und in Hollywood, die romantische Version vom Ende des Werksdirektors Herbst: Eine schwarze Limousine, ein Steyr 30 (sechs Zylinder, vierzig PS), fährt vom Direktionsgebäude auf das Werkstor zu; wir sehen sie durch das Fenster der Portierloge näher kommen, ein verschneites Wiesenstück im Hintergrund, unter den Rädern bricht das Eis gefrorener Pfützen. Vor den geschlossenen Schranken stoppt das Fahrzeug, der Lenker wirft einen prüfenden Blick herein, da erst sehen wir auf dem Boden den Pförtner, vielleicht ein grauhaariger hagerer Mann mit scharfer Nase. Er zappelt, ist an Händen und Füßen gefesselt, um den Mund hat man ihm einen schmutzigen Lappen gebunden. Jetzt wird der Fahrer mißtrauisch, aber da tauchen sieben maskierte Gestalten neben dem Pförtnerhäuschen auf, zwei von ihnen springen blitzschnell hinter die Limousine, schießen mit Karabinern durch die Heckscheibe, die Projektile zerfetzen die ledergepolsterten Sitze, töten den großen, schweren, bleichen Mann.

Oder aber die Wirklichkeit war nüchterner, logischer als der Bericht der *Steyrer Zeitung*, das Ergebnis freilich dasselbe: Als Direktor Herbst wie jeden Morgen kurz nach acht im Werk eintrifft, haben in Linz »die Vertragsverhandlungen begonnen« (Waffensuche der Polizei, Widerstand des Republikanischen Schutzbundes). Arbeiter aus St. Valentin oder Herzograd, die täglich herüberfahren, im Sommer mit dem Fahrrad, jetzt, im Winter, mit der Bahn, könnten die Nachricht als erste mitgebracht haben: Drüben wird geschossen. Dann, um halb acht, der Anruf, der das Gerücht zur Gewißheit werden läßt: die vereinbarte Parole und, als brauche es die Bestätigung, Schüsse im Hintergrund. Der Obmann, August Moser, am vorigen Tag noch bei Bernaschek, ruft die Betriebsräte zusammen; der Streik wird beschlossen. Die Arbeiter verlassen das Werk. Direktor Herbst hat sich seit seinem Eintreffen nicht mehr blicken lassen, versucht aber zu telefonieren. Das Mädchen in der Vermittlung ist nervös: Der Direktor ruft mich an! Na und, könnte der Schutzbündler sagen, der das Gebäude besetzt hält: Jetzt wird nicht mehr geredet.

Gegen Mittag verläßt Herbst ungehindert das Büro. Er steigt in sein Auto, um nach Hause zu fahren. Die Porsche-Villa, die er seit seiner Übersiedlung aus Wiener Neustadt bewohnt, liegt einen Kilometer oberhalb des Werksgeländes. Würde Herbst die kürzeste, und übliche, Route wählen, geriete er nicht in das Schußfeld. Aber er fährt, als wolle er die Arbeiter noch einmal demütigen, durch das Haupttor direkt in die Gefahrenzone. Vor der Werkseinfahrt wird er erschossen. Im Leergang läuft der Motor weiter, bis der Treibstoff verbraucht ist: einen Tag und eine Nacht.

So beginnt der 12. Februar 1934.

2. MARKTPREISE

Direktor Herbst war nicht beliebt. Als man ihn auf die Not der Arbeiter ansprach, soll er geantwortet haben: Solange bei denen da oben noch Blumen vor den Häusern wachsen statt Kartoffeln, geht es ihnen nicht schlecht.

Von denen da oben kamen die Schüsse: von der Ennsleite, einer im Norden und Nordwesten steil abfallenden Terrasse am rechten Ufer der Enns, durch den Fluß von der Altstadt getrennt. Die Ennsleite ist ein Arbeiterviertel, ihre Sozialbauten, hart an den Rand der Rampe gebaut und weithin sichtbar, waren der Stolz der Sozialdemokraten. Hinter ihnen standen die Baracken; Vizebürgermeister Azwanger, Fürsorgereferent der Stadt, hatte dem jungen, zum Pathos neigenden Journalisten Ernst Fischer erzählt, wie sich da leben ließ: »In zwei Betten schlafen sieben

Menschen; diese Betten bestehen aus aufeinandergetürmten Kisten. Durch eine Wand sickert ununterbrochen Flüssigkeit; um die nassen Flecken nicht länger sehen zu müssen, verhüllte die Frau sie mit einer Wanddecke. Auf diese Decke hatte sie einen Spruch gestickt: ›Hilf dir selbst, so hilft dir Gott.‹«

Am 7. Februar veröffentlichte das *Steyrer Tagblatt* die neueste Statistik beschäftigungsloser Unterstützungsempfänger. Demnach erhielten im Jänner 1934 1271 Personen Arbeitslosengeld, 4969 Personen Notstandshilfe. In den Steyr-Werken, die noch 1929 sechstausend Beschäftigte aufwiesen, arbeiteten Anfang 1934 tausend Personen. Steyr hatte zweiundzwanzigtausend Einwohner, von denen in einem Jahr, 1932, 17.770 öffentliche Hilfe in Anspruch nehmen mußten. 1934 veranschlagte die Gemeinde die Hälfte aller Einnahmen für Fürsorgezwecke. Hatte ein Arbeitsloser das zusätzliche Unglück, ein arbeitsloses Kind in der Familie erhalten zu müssen, so bekam er dafür einen Zuschuß von zwanzig Groschen. Das reichte, halten wir uns an die Steyrer Marktpreise vom 8. Februar, für ein halbes Kilo Kohl oder zwei bis drei Äpfel.

Zweimal die Woche kamen die Bauern in die Stadt. Den Arbeitslosen lief das Wasser im Mund zusammen, wenn sie die vollen Butterstriezel sahen, die saftigen Birnen, die abgebalgten Hasen. Vollbeladen, wie sie gekommen waren, fuhren die Karren wieder aufs Land.

Man sei hinaus fechten, das heißt, betteln, gegangen, sei froh gewesen, wenn man gegen Kost arbeiten durfte, ältere, unversorgte Frauen hätten sich bei Bauern als Schneiderinnen durchgebracht, andere, Schlosser, Werkzeugmacher, Tischler, seien als Pfuscher willkommen gewesen, die kleinen Bauern hätten sich ja auch nichts mehr leisten können, nur zum Essen sei immer was auf dem Tisch gestanden. Wenn in der Stadt einmal Fleisch gekocht wurde, habe man Türen und Fenster geschlossen, um die Nachbarn nicht mit dem Geruch zu peinigen. Und jene, die damals noch Arbeit hatten, schauten sich erst einmal um, bevor sie im Wirtshaus eine Halbe Most bestellten, die Blicke von Arbeitslosen, die sich in der Gaststube bloß aufwärmten, seien unangenehm gewesen, da ist man lieber wieder gegangen. Um wenigstens Ordnung in die Not zu bringen, habe man dann einen Betteltag einführen müssen, das sei der Freitag gewesen.

Ganz schlimm wurde es im Winter, als die Saisonarbeit ein Ende hatte, da zogen die Leute mit Leiterwagen fünfzehn, zwanzig Kilometer weit vor die Stadt, um Brennholz zu sammeln. Am Vorwärts-Platz, wo zum Eislaufen aufgespritzt wurde, standen die Arbeitslosen Schlange; nur die ersten durften mit Eisentrümmern die Wellen, die der Wind ins Eis blies, begradigen. In den Schulen gab es oft nichts mehr zu heizen, glücklich, wer das Kind eines Arztes oder eines höheren Beamten zum Mitschüler hatte, dessen Vater spendete vielleicht Kohlen. In der Apotheke beim Bahnhof bettelten die Kinder von der Ennsleite um Medikamente für ihre kranken Eltern.

Für arbeitslose Burschen richtete die Stadt einen freiwilligen Arbeitsdienst ein. Essen und Trinken und die Pritsche seien gratis gewesen, außerdem habe man in der Woche fünfundzwanzig Groschen bekommen. Das Lager sei neben der Kaserne gelegen, so habe einer der Jungen, arbeitslos seit dem Tag des Lehrabschlusses, von der anderen Seite der Planken die Befehle gehört.

Am 12. Februar gegen Mittag.

Erste Kompanie rauf auf die Ennsleite. Zweite Kompanie Stadtplatz sichern. Dritte Kompanie Schloß Vogelsang besetzen.

3. ROT UND SCHWARZ

Die erste Kompanie lag bald im Straßengraben. Als die Soldaten gegen dreizehn Uhr unter dem Viadukt der Damberggasse auftauchten, über die man auf die Ennsleite zu gelangen hoffte, gab Hauptmann Fasching, ein stadtbekannter Haudegen, den Befehl zum Sturmangriff. Bevor die Truppe seiner Anordnung nachkommen konnte, hatte das Bundesheer sechs Verletzte. Faschings Hand, eben noch kühn zum Signal in die Höhe gestreckt, war durchschossen. Der Sturmangriff wurde verschoben.

Die zweite Kompanie konnte den Stadtplatz ohne Gegenwehr besetzen. Unangenehm war der Marsch durch die enge, abschüssige Gleinker Gasse, die von der Kaserne in die Altstadt führte. Einer, der mit Sturmgewehr, Stahlhelm und Tornister dabei war, wurde mit Abfällen, Steinen, altem Geschirr beworfen. Auch heißes Wasser hat man aus den Fenstern geschüttet. Das ist natürlich zu weit gegangen. Da hat man hinaufgeschossen.

Als Soldat habe man in Steyr früher genug mitgemacht. Wenn man bei Zusammenrottungen gegen die Demonstranten mit aufgepflanztem Bajonett vorging, vorgehen mußte, sei man bespuckt worden, von oben bis unten bespuckt! Beinahe jedes freie Wochenende sei mit Waffensuchen draufgegangen, am schlimmsten habe man den Einsatz im Volkskino empfunden, wo jedes Jahr im Herbst die Kohlen umgeschaufelt wurden. Nichts habe man gefunden, rußgeschwärzt sei man unter dem Gelächter der Passanten wieder abmarschiert, zurück in die Kaserne. In Uniform sei man ungern ausgegangen, viele Gasthäuser habe man laut Dienstanweisung meiden müssen. Aber man sei, ein paar starke Burschen, doch hineingegangen, sei angestänkert worden und habe zurückgestänkert. Natürlich sei man politisch rechts gestanden, sonst wäre man gar nicht genommen worden; der Feind, so wurde einen gelehrt, steht links. Aber man habe nicht gezielt auf Menschen geschossen, auch wenn es später hieß, ihr seids Arbeitermörder, man habe große Angst ausgestanden, ehe, in der Nacht, ein Zug der Feldhaubitzenbatterie aus Enns und, am nächsten Vormittag, das motorisierte Feldjägerbataillon zu Rad aus Stockerau eintrafen. Ein paar, Alte, die schon bei der Volkswehr dabei waren, hätten sich geweigert, auf Arbeiter zu schießen.

Der Aufstand sei zu spät erfolgt, er, der ausgelernte, arbeitslose Werkzeugmacher, habe von seinem Bruder, der beim Bundesheer war, schon viel früher zu hören bekommen: Von uns könnt ihr nichts erwarten. Schon 1933 wäre es zu spät gewesen. Und die Jungen hätten wieder und wieder gesagt, wann machts denn endlich was. Immer mehr Waffen seien weggekommen und immer mehr Rechte seien ihnen genommen worden, und nichts sei geschehen. Im Oktober 1933 habe Otto Bauer die Steyrer Vertrauensmänner beruhigen wollen: Wenn Dollfuß unsere Partei auflöst, dann schlagen wir los. Worauf einer aus Unterhimmel hinausschrie (so steht's im Flugblatt der Nazis), dann seid *ihr* aber sicher nicht mehr in Wien! Die Erhebung sei auch nur spontan erfolgt, die Bahn habe nicht gestreikt, es sei ein taktischer Fehler gewesen, daß immer mehr Schutzbündler aus anderen Stadtteilen und aus der Umgebung auf der Ennsleite eintrafen, so daß man hier oben wie in einer Mausefalle saß.

4. HELDEN UND TODE

Als Mausefalle empfindet sie auch ein arbeitsloser Verkäufer, der jeden Montag bei einer Eisenbahnerfamilie zum Essen eingeladen ist. Auch am 12. Februar steigt er am späten Vormittag zur Ennsleite hinauf, um rechtzeitig zu Mittag dazusein. Ich hab mich noch gewundert, daß die Arbeiter so früh aus dem Werk kommen, Schichtwechsel war ja erst um zwölf. Kaum sitzt er bei Tisch, da geht draußen die Schießerei los. Ein Drunter und Drüber, Männer laufen mit Gewehren vorüber, Leitern und Munitionskisten werden getragen, sogar den Bürgermeister Sichlrader sieht er mit Plänen herumgehen.

Nach dem Essen lassen ihn die Schutzbündler nicht mehr in die Stadt hinunter. Mit seinem Hut wird er noch dazu für einen Hahnenschwänzler gehalten. Ich war ja nie nirgends dabei. Wenigstens diesen Verdacht können seine Gastgeber zerstreuen. Die Schießerei, das Knattern der Maschinengewehre hört erst gegen Abend auf. Strenge Verdunkelung. Auch von der Stadt herauf kein Licht. Im Kinderheim soll ein Wachmann mit einem Lungendurchschuß liegen. Tote in den Straßen.

In der Dunkelheit probiert er noch einmal, von der Ennsleite wegzukommen. Die Posten vorn an der Stiege lachen ihn aus. Weit wirst nicht kommen. Unten blitzt es auf, eine Kugel pfeift vorbei, da bleibt er lieber, wo er ist. Gegen drei Uhr früh hebt es ihn, in der Wohnung seiner Gastgeber, präzis einen halben Meter hoch von der Couch: die Ennser Artillerie beginnt sich einzuschießen.

Während des Tages konnte die Steyrer Garnison auf dem Tabor, einer der Ennsleite gegenüberliegenden, die Altstadt gleichfalls überragenden Plattform, wenig ausrichten. Die Zufahrten hatten die Arbeiter mit umgeschnittenen Bäumen verlegt, ein Angriff über den vereisten Steilhang (am Nachmittag begann es zu regnen, um Mitternacht zog es an) wäre aussichtslos gewesen. Gefährlich aber war die Maschinengewehrstellung der Polizei auf dem Turm von Schloß Lamberg.

Neben einem arbeitslosen Jungordner erwischt es den Nachbarn aus demselben Haus in der Victor-Adler-Straße: Durchschuß mit Rückenmarksverletzung. Als der Bursch zwischendurch nach Hause geht, essen müsse man ja schließlich auch einmal, schaut er in die Nachbarwohnung. Der Verwundete klagt, unter zwei, drei Tuchenten, über so große Kälte. Wegen dem hohen Blutverlust habe der so gefroren. Ein paar Monate später sei er an den Folgen der Verletzung gestorben.

Andere sterben sofort, bei Volltreffern der Feldhaubitzen, obwohl den Geschossen, wie die Exekutive betont, die Zünder entfernt wurden. Einer wird erschossen, als er sich, nach dem Ende der Kampfhandlungen, bei offenem Fenster rasiert. Ein Heimwehrmann tötet den Gehörlosen, weil er dem Befehl, alle Fenster zu schließen, nicht nachkommt.

Am Faschingsdienstag, zehn Uhr vormittags, wird den Aufständischen ein Ultimatum gestellt: entweder ergeben sie sich, oder die Ennsleite wird dem Erdboden gleichgemacht.

Wir ergeben uns nicht.

5. ANGST?

Da sei nur Verzweiflung gewesen und Wut.

Er habe nur einen Gedanken gehabt: Wir müssen siegen, und wir werden siegen.

Natürlich. Um den Vater. Nur um ihn. Daß die Arbeiterklasse siegt, habe man ihr ja immer gesagt.

Es war keine Zeit, an so was zu denken.

Ganz ehrlich: Nein, keinen Augenblick lang.

Da ist nur gezittert worden.

Am Anfang nicht. Aber wie dann das Radio immer nur so dumm geredet hat und Militär gekommen ist …

6. EINBRUCH DER ORDNUNG

Zu Mittag wird auf der Ennsleite die Munition knapp. Aus manchen Fenstern hängen schon weiße Fahnen. Um drei teilt Betriebsratsobmann Moser mit, daß die Verteidigung aufgegeben werden muß. Die Männer sollen ihre Waffen gebrauchsunfähig machen, dann wegwerfen. Die der Exekutive bekannt sind oder leitende Funktionen innehaben, mögen sich verstecken oder fliehen, in die Raming hinein oder auf den Damberg. Die anderen sollen alles abstreiten, die Geflüchteten belasten und die Gefallenen. Denen würde es nicht mehr weh tun.

Erst nach dem Bundesheer seien die Heimwehren gekommen, die, traut man einem Flugblatt, »so selbstlos sind und treu, / die bei den Sturmangriffen hint' sind / und beim Plündern vorn dabei«. Vorn dabei ist auch Bundesführer Fürst Starhemberg. 1929 ließ er, bei einer Heimwehrfeier in Weyer, »den roten Führern gesagt sein, daß wir nicht zum letzten Mal in Steyr waren, wir werden wieder kommen«. In seinen Memoiren erinnert er sich freilich nur mehr an »zumeist sympathische jüngere Leute, die alle etwas blaß und übernächtig aussahen«. Er habe sich sogar veranlaßt gesehen, einem seiner Leute, der einen Schutzbündler mit dem Gewehrkolben schlägt, eine gar nicht fürstliche, weil knallende Ohrfeige zu geben.

Achthundert Gefangene werden mangels anderer Unterkünfte in die Stallungen von Schloß Lamberg getrieben, später auf zu Gefängnissen umfunktionierte Schulen, Kantinen und Fabrikshallen aufgeteilt. Vereinzelt hört man auch in den nächsten Tagen noch schießen. Aber es herrscht Ordnung.

7. DIE HENKERSMAHLZEIT

bestand aus einem Schweinsschnitzel und zwei Flaschen Bier. Der Delinquent, welcher h. a. als äußerst radikaler Schutzbündler bekannt ist, verzehrte es mit allem Appetit und rauchte bis zum Ablauf der dreistündigen Frist. Geistlichen Beistand lehnte er ab, obwohl ihm der Gefangenenhausseelsorger in gütigen Worten zusprach. Um 23 Uhr 28 Minuten wurde die Exekution von einem Landwirt, der sich freiwillig als Scharfrichter gemeldet hatte, vollzogen. Es läutete die Armensünderglocke. Im Hof des Kreisgerichtes hatte eine kleine Abteilung Militär Aufstellung genommen. Ohne jedes Zeichen von Erregung trat der Delinquent unter den Galgen. Der Gerichtsarzt stellte um 23 Uhr 45 Minuten den Eintritt des Todes fest.

Das war am 17. Februar.

Ewig schade sei es um den Buben. Er, der arbeitslose Maurer aus dem nahen Sierning (immer ein schwarzes Nest gewesen), war dabei. Die Wärter hätten sie gezwungen, sich während der Hinrichtung auf den Boden zu legen. Vor seinem Tod habe Ahrer noch die Arbeiterklasse hochleben lassen.

Josef Ahrer, am 30.8.1908 geboren, ledig, Bauschlosser in Steyr, arbeitslos, ist schuldig, am 12. Februar 1934 in Steyr gegen Johann Zehetner und Josefine Nagelseder, in der Absicht sie zu töten, durch Abgabe von Pistolenschüssen auf eine solche Art gehandelt zu haben, daß daraus der Tod des Johann Zehetner und der Josefine Nagelseder erfolgte; er hat hierdurch das Verbrechen des Mordes begangen und wird zur Strafe des Todes durch den Strang und zum Ersatze der Kosten des Strafverfahrens verurteilt.

Bis heute halten sich Gerüchte, daß Ahrer unschuldig gehenkt wurde. Angeblich war er zum Zeitpunkt des Vorfalls, in einer Baracke der Ennsleite, mit einem Gewehr bewaffnet, der Heimwehrmann Zehetner und dessen Freundin starben aber an Pistolenschüssen; in einem anonymen Schreiben an den »werten Herrn Polizeirat« von Steyr wurde behauptet, daß Ahrer für einen Familienvater mit fünf Kindern die Tat auf sich genommen hat. Viele weisen darauf hin, daß einer gehenkt werden mußte. Zur Abschreckung. Da habe es eben in Ermangelung anderer Ahrer getroffen.

Die Urnen der toten Schutzbündler (Mitglieder des Bestattungsvereins »Die Flamme«) durften nicht öffentlich verabschiedet werden. Die Leichen seien vor ihrer Einäscherung in einem Schuppen gelegen. Die Särge seien offen gestanden. Man habe die Pumphosen der Toten heraushängen sehen. Das sei kein schöner Anblick gewesen.

8. SIGHTSEEING

Viele Besucher in Steyr. Der gestrige Sonntag wurde vor allem von der Bewohnerschaft der Umgebung Steyrs zu einem Besuch benützt, wo man in erster Linie den Kampfplatz, die Ennsleite, besichtigte. Auf der Ennsleite war manchmal alles schwarz von Menschen; auch die Steyrer selbst begaben sich, soweit sie dazu noch nicht in die Lage gekommen waren, auf die Ennsleite, um die Schäden zu besichtigen. Sehr angenehm wurde empfunden, daß die Verfügung des Standrechtes über die Sperre der Gasthäuser ab Sonntag bereits gelockert und bis zehn Uhr erstreckt wurde. Die Gasthäuser waren von Auswärtigen und Einheimischen sehr gut besucht.

9. POSTSKRIPTUM: ANSCHLUSS AN DEN ZEITGEIST

Nach den Februartagen hätten sich die bewußten Arbeiter den Kommunisten, viel mehr aber den Nazis zugewendet. Manchen wäre es nachher wie eine große Erleichterung gewesen. Altbürgermeister Sichlrader, der den Aufstand nicht gebilligt hatte, aber während der Kampfhandlungen treu zu den Seinen stand, verhaftet und seiner Ämter enthoben wurde, habe über Ahrers Grab hinweg den Nazis die Hand gereicht. Die ganze Stadt sei im März 1938 auf den Beinen gewesen. Sie sei stolz gewesen, weil sie den Führer, der freilich in der Steyrer Realschule das Klassenziel nicht erreicht hatte, ein Jahr lang in ihren Mauern beherbergt habe.

KARL WIESINGER

Bulgari

Anton Bulgari war Brauereiarbeiter, hatte einen kahlen Kopf und trug einen dichtwuchernden Schnurrbart.

Er war Sozialist, Führer eines der damals – 1934 – illegalen Schutzbundtrupps, einer Kampforganisation der in die Illegalität gezwungenen Arbeiterorganisationen, und hatte die Teilaufgabe, mit seinem Trupp den damaligen Polygonplatz, später Landwehrplatz, heute Bulgariplatz, zu besetzen und das von Süden (Ebelsberg) her erwartete Bundesheer am Eindringen in die Stadt zu hindern. Er kämpfte als marxistischer Arbeiter gegen die klerikale und unerbittliche Diktatur des kleinsten Kanzlers der Welt, Engelbert Dollfuß, der ein zäher Verteidiger der Interessen des Großkapitals war in Gottes Namen.

Damals umgaben diesen Platz noch Wiesen und Felder und ließen selbst die bescheidene Vorstadt von Linz weit hinter sich.

Hier stand in romantischer Umgebung der Gasthof »Waldegg«, in dessen Vorgarten sich Bulgari mit seinen Männern verschanzte.

Sie waren am 11. Februar 1934 aus dem Arbeiterheim »Hotel Schiff« alle nach Hause geschickt worden, außer den Arbeitslosen, die dort schlafen durften. Es war Generalstreik.

Später hat Bulgari Schießen gehört. Er erhob sich in den Morgenstunden, steckte etwas Wurst und Brot zu sich und begab sich wieder zum »Hotel Schiff«, woher die Schüsse gekommen waren.

Der Brigadeführer kam und sagte, von Wels her käme Militär und es müßten sofort alle Zufahrtsstraßen abgesichert werden.

»Niederhammer und Bulgari, ihr bringts am Polygonplatz ein MG in Stellung.«

Sie sind sofort losgezogen. Er übernahm sofort einen Schutzbundtrupp, obwohl selber gar nicht im Schutzbund organisiert.

Gegen Mittag sahen sie Richtung Neue Welt, Ebelsberg, eine Staubwolke. Ein Zwölfer-Steyr-Kübelwagen kam daher, fuhr scharf auf sie zu.

Ein Soldat sprang heraus und nahm in einem Graben Dekkung. Er schoß sofort und verwundete Gschwandtner an der Schulter.

Da stand Bulgari auf und schoß und zielte und schoß und traf den Schützen und einen Leutnant. Dann war wieder Ruhe. Von der Stadt her hörten sie nur dann und wann noch vereinzeltes Schießen. Um vier Uhr früh am anderen Morgen hörten sie, daß alles zusammengebrochen war.

Der Generalstreik war zusammengebrochen. Die sozialdemokratische Parteileitung hatte so lange verhandelt, bis alles aus war. Sie legten die toten Soldaten an die Kegelbahn und gingen heim und am Morgen in die Brauerei wie immer.

Sie sind dann alle nach und nach verhaftet worden. Zu sechs und acht Mann hoch kam die Polizei in die Betriebe oder in die Wohnungen.

Strasser, Wurmböck, Bulgari, Gschwandtner und Niederhammer kamen vor ein Standgericht.

Schon am 22. Februar war Verhandlung. Standgericht. Sehr streng. Sie durften nur mit ja oder nein antworten. Von acht Uhr bis drei Uhr nachmittag hat es gedauert.

Zwei Stunden nach der Verhandlung sollte die Hinrichtung laut Gesetz sein. Bulgari hatte zugegeben, im Kampf geschossen zu haben, nachdem der Bundesheersoldat das Feuer eröffnet hatte. Er und Gschwandtner und Niederhammer waren zum Tode verurteilt worden. Durch den Strang.

»Warum hast' alles zu'geben?« fragte ihn einer der Wärter.

»Was ich 'tan hab, hab ich 'tan!« antwortete Bulgari. »Is eh wurscht. Schau, jetzt bringen's sogar noch ein Kruzifix, die verlogenen Heuchler!«

Gschwandtner meinte: »Trink dei' Bier aus, Bulgari. Mir wern nimmer viel Bier saufen können!«

Der Aufseher fragte, ob einer der drei noch einen Wunsch hätte.

Der Gschwandtner sagte: »Gebts des Essen dem Dollfuß, damit er noch a bisserl wachst!«

Niederhammer sollte als erster gehenkt werden, Gschwandtner als zweiter. Sie hatten die leichteren Urteile, denn die Verschärfung lag im Warten.

Aber dann kam ein Anwalt zu Niederhammer, flüsterte mit ihm und ging mit ihm hinaus.

Dann kam noch ein Anwalt vor Ablauf der Frist und flüsterte mit Gschwandtner und ging mit ihm hinaus.

Bulgari sagte heiser zum Wärter: »Wo bleibt denn mein Anwalt?«

»Ja, mit Ihnen wirds net leicht werden!« meinte der.

Dann hörte man ein Trillerpfeiferl im Hof, und der Aufseher sagte: »So, jetzt kommen wir dran. Ihr Anwalt ist in der Kanzlei. Kommens, Bulgari!«

Der schaute die anderen alle, die noch in der Zelle waren, einen nach dem anderen an.

Schließlich nahmen ihn zwei Wärter zwischen sich, führten ihn aus der Zelle und über die Gänge in den Hof, wo man einen Galgen errichtet hatte. Dort wurde er gehenkt.

Das ging alles sehr schnell. Sechzig Sekunden.

Aber er konnte noch rufen: »Es lebe die Internationale …«

Gegen dreiviertel sieben schrie der Henker namens Abele: »Ja habts denn keiner ein Taschenmesser, das schneid't?« Er bekam von einem Polizisten einen Säbel, mit dem er Bulgari vom Strick schnitt.

Die SPÖ wollte 1971 das Grab Bulgaris auflassen, weil sie die wenigen hundert Schilling Grabmiete nicht zahlen konnte! Oder nicht zahlen wollte, weil sie sich längst vom arbeitenden Volk distanzierte und erst recht von den proletarischen Kämpfern von 1934. Bulgaris Grab wurde ihr peinliches Erbe.

So wurde Bulgari von seiner Partei zweimal verraten. Einmal im Februar 1934 und einmal im Jahre 1971.

ULRICH BECHER
Für den Galgen gepflegt

Friede, dein Name ist Krieg.

1918 war kein Frieden. In Polen, Schlesien, in Rußland, im Nahen Osten wurde bis in die zwanziger Jahre hinein gekämpft; dann ein paar von Völkerbundsphrasen durchhallte, keine Viertelstunde vor der Weltgeschichte; Ende der zwanziger schleuderte der japanische Imperialismus den Krieg gegen China. 38: seit zwei Jahren benutzen Kleinhäusler-Deutschland und Musso-Italien den Boden der jungen spanischen Republik als Generalprobebühne. Morgen brennt's an allen Ecken und Enden. WANN begannen in Europa DIE VERTEIDIGER DER DEMOKRATIE zu schießen? In Österreich, Februar vierunddreißig, und Trebla war dabei.

Die Erinnerung an die Nacht (vom 12. auf den 13.) durchzuckte mich inmitten des überhellen Tags wie ein Blitz der Finsternis. Während Dr. Engelbert Dollfuß, päpstlich gesegneter Bundeskanzler von Gnaden dessen, der *Il Fascismo* ausheckte, Mussos, während Dollfuß, im blutigen Lachkabinett der Zeitgeschichte selber bald zum Opfer ausersehn, Kanonen auf der Hohen Warte in Stellung bringen ließ und mit Granaten hineinzupfeffern befahl in die Riesenhöfe Karl Marx und Goethe, Mustersiedlungen der Wiener Arbeiterschaft, raste ich als Motorradfahrer auf der nächtlich-vereisten Landstraße von Leoben das Murufer entlang, die Straßensperren von Frohnleiten und Peggau umfahrend, gen Graz. Auf meinem Rücken baumelte der Scherhack-Franz und stöhnte.

»JessasMariaundSanktJosef«, stöhnte der Scherhack-Franz, wiewohl er ein geschworener Atheist war.

»Wie ham mer's, Franz?« brüllte ich im Fauchen des Eiswinds, der sich mir dick entgegenblähte wie eine unnachgiebig feuchtkaltfinstere Zeltwand, über die Schulter. »Geht's noch a wengerl? Kannst es no dermachn?«

»JessasMariaSanktJosef«, stöhnte er hinter mir, stupfte den heißen blutklebrigen Mund an mein kaltes Ohr. »Is no weit, Trebla?«

»Nimm di zsamm, Franzl, nimm dich zusammen«, schrie ich über die Schulter. »Is nimmermehr weit.« Es war noch weit genug.

Am Vorabend hatte Koloman Wallisch, Gewerkschaftssekretär in Leoben, sich entschlossen, offenen Kampf aufzunehmen, wiewohl er unsre militärische Schlagkraft als schwächlich erkannte. Ich war, zweiter stellvertretender Kommandant des Republikanischen Schutzbunds in der Steiermark, von Graz nach Leoben hinübergeflitzt. Sehe Kolomans breitknochiges Gesicht, seine bleiche Stirn, von dunklem Haar bebüschelt, im abgeblendeten Lampenschein jenes Bergwerkinspektorenhäuschens, seine bedächtige, mit leichtem Akzent – er stammte aus Westungarn – beschwerte Stimme höre ich, sehe sein Kopfschütteln, höre sein: »Zuwarten, sag ich.« Ich war erregt; wir stritten miteinander. Als er vernahm, daß sie in Wien mit Kanonen auf uns knallten, wurde er andern Sinns. Er stand hinter der Lampe auf wie ein Stier vom Lager …

Beim nächtlichen Zusammenstoß zwischen dem von Gendarmerie und Ostmärkischen Sturmscharen (den sogenannten Tabernakelwanzen) unterstützten Bundesheer und dem Leobner Schutzbund erhielt der Scherhack-Franz einen Lungenschuß.

Scherhack war ein auf der Strecke Graz–Bruck beschäftigter Bahnmeister, Vater von sechs Kindern, noch nicht alt, aber lungenkrank. »I hab nix zu verliern als meine Tuberkulosis«, pflegte er seine Furchtlosigkeit zu entschuldigen, »was soll i mi da vorsehn? I bersch's an, des Reaktionsgsindel, is mir total wurscht.« Nun hatte er einen Steckschuß in der ramponierten Lunge und kotzte Blut.

Ich riß ihn aus dem Getümmel, schleppte den kaum des Gehens Mächtigen zu meinem Motorrad, einer Einzylinder-Viertakt-BMW-Maschine mit dreizehn PS, die ich hinter einem der riesigen Lagerschuppen des Braunkohlenbergwerks versteckt hatte. Ich muß ihn zu Dr. Grabscheidt bringen (mußte ohnehin nach Graz zurück)! Versuchte, ihn auf den Hintersitz zu hissen, er vermochte sich nicht drauf zu halten. Da ergatterte ich eine Wäscheleine, hißte mir Franz auf den Rücken, umwickelte uns beide keuchend und schwitzend mit dem Seil, nochmals und nochmals, dann knotete ich es vorn. Ratterte los über die vereiste holprige Landstraße. Er hing auf dem Rücksitz, gerüttelt, an meinen Rücken gefesselt, und zeitweilig kotzte er mir warmes Blut ins Genick.

Ich fuhr mit abgeblendetem Scheinwerfer. Ab und zu glitt das Vorderrad ab, ich fing's zur Not.

»JessasMaria«, röchelte der Scherhack-Franz mit spitzem Stimmchen.

Der Ostwind blähte sich mir fett entgegen, dann begann er von feinen Hagelkörnern zu sprühn, die meine Haut zerbissen. Meine Kappe war mir längst vom Kopf geweht, und ich vernahm einen unbestimmten hohlen scheußlichen Ton. Ja, es war mir, als blase der Luftzug auf meiner gelochten Stirn wie auf einer Pfeife.

»Hörst des?« lallte der Scherhack-Franz warm-klebrig in mein Ohr. »Wie a Sirenen klingt's. Du, Trebla, i glaub, sie jagen uns, die Hundsfutter, die elendichen, sie fangen uns ab.«

Daß Franz den Ton ebenfalls gehört hatte, versetzte mir einen Schock. Dann lächelte ich. Es konnten die Telegrafendrähte sein, die die Landstraße entlangführten.

»Der Telegrafendraht is, Franzl«, schrie ich. »Der Wind, weißt.«

Er schwieg. Dann: »JessassMaria, is no weit?«

»Aber nein! Nimm di zsamm, Franzl, mir san glei da!«

»JessasMariaundSanktJosef«, stöhnte der Scherhack-Franz.

Der Nachtverkehr auf der Landstraße schien völlig lahmgelegt. Wir begegneten nur ein paar zum Markt fahrenden Bauernkarren, die sich, Funzellaternen unter der Deichsel schaukelnd, träg hinschleppten. Endlich blakten die spärlichen Lichter des Rukkerlbergs auf. In der Vorstadt sah ich von fern Wachtmänner in langen Mänteln, mit übergehängten Karabinern an einer weiteren Straßensperre. Ich kannte die Gegend genau und umfuhr die Sperre durch Nebengassen, die seltsam verfinstert lagen, über schadhaftes Kopfsteinpflaster, auf dem das Motorrad hüpfte. »Jessasjessas …«

In der Nähe des Grazer Hauptbahnhofs hörte ich, wie mir schien: vom Schienenwalzwerk her, asthmatisches Maschinengewehrklopfen. Blutbesudelt, mittels einer Wäscheleine mit einem Schwerverwundeten zusammengekoppelt, wagte ich nicht, die Annenstraße zu befahren, raste durch Seitengassen in die Lastenstraße. Und alldiezeit hatte ich, in dem sich ein unverbesserlicher Pantheist versteckte, der sich in Notfällen meldete, gebetet, ja ungeduldig gebetet, zum widern Ostwind, zu den Schatten der Marktfahrergäule, zu den kahlen Bäumen, die am Straßenrain gespensterten: Laßt den Maxim Grabscheidt zu Haus sein; laßt ihn nicht verhaftet sein; laßt ihn nicht bei den Kämpfenden, nicht verwundet, nicht geflohen sein; laßt ihn zu Haus sein, damit er den Scherhack-Franz zusammenflicken kann. Maxim war zu Haus.

Der Franz rührte sich nicht mehr. Er schien fest eingeschlafen. Ich wälzte mich vorsichtig vom Sattel und schleppte ihn auf dem Buckel in die Mezzanin-Wohnung des Armenarztes (die ihm auch als Ordination diente). Maxim nahm uns, nach seiner Art, gelassen auf. Franz war nicht der erste, den man zu ihm brachte in jener Nacht; in den Tagen betrieb er in seinem einzigen Sprechzimmer, das durch mehrere Vorhänge in verschiedene »Zelte« aufgeteilt war, ein camoufliertes Lazarett. Das verhaltene Kommen und Gehn hinter den Vorhängen, das Flüstern, leise Ächzen und Fluchen beunruhigte mich nicht wenig, ich war in jeder Minute eines »Polizeiüberfalls« gewärtig.

Die Fanny, Maxims Frau, eine outriert fesche Wienerin, die sich auf ein mondänes Dirnderl herausspielte, war schockiert über dieses »Nachtlager von Granada« und bezischelte die nächtliche Tätigkeit ihres Gatten fortwährend als »Wahnsinn, der uns noch alle Kopf und Kragen kosten wird«. Im Herzen verabscheute sie all die von der Armenpflege oder der Arbeiterkrankenkasse Maxim zugeschickten Patienten. Adelstitel und Offizierstradition meiner Familie dagegen imponierten ihr, der Spießbürgerstochter. (Ihr Vater ein christlichsozialer Konditormeister in Wiens Alsergrund.) Mein blaugefrorenes Gesicht, meine blutbekrustete Windjacke schienen sie weit mehr zu erschrecken als der Ohnmächtige, der mir wie ein Eskimokind auf dem Rücken hing. Nachdem Maxim mich von ihm befreit hatte, drängte sie mir ein Glas Slivovitz und einen Oberrock ihres Gatten auf und wusch mir das Gesicht erst mit kaltem, dann mit warmem Wasser, während sie mir unseren »Wahnsinn« an den Kopf warf, nicht ohne dabei mit mir zu kokettieren.

»Es ist Krieg, gnädige Frau«, fuhr ich sie an.

»Was für ein Krieg denn?« schmollte sie. »Ein Blödsinn is, ein Wahnsinn. Mitten im Frieden ...«

»Es ist Krieg, das werden sie bald merken, Fanny«, sagte ich atemlos knapp, machte kehrt und hastete zum Operationstisch, auf den Dr. Grabscheidt den Schwerverwundeten gebettet hatte. Er hatte den Entkleideten, Abgezehrten gewaschen, untersucht und verbunden, richtete sich phlegmatisch auf (er war nichts weniger als phlegmatisch; es gehörte zu seinem Wesen, Phlegma als eine Art berufliches Mimikry zur Schau zu tragen).

»Der Scherhack-Franz«, sagte er, blickte mich aus seinen schönen schwermutdunklen Augen an, streichelte sinnend die bläulichen Bartstoppeln, die sein schmales El-Greco-Gesicht umhingen (ich verdächtigte ihn, er rasiere sich so selten, um weniger schön auszusehn vor dem schönheitsbaren Elend, das ihm in seiner Armenpraxis begegnete). »Weißt du, daß er Lungentuberkulose hat, Trebla?«

»Natürlich weiß ich's.«

»Und ein Lungensteckschuß, hm. Da wird wenig zu machen sein, fürcht ich.«

»Versuch's halt«, stieß ich ungeduldig hervor. »Wo ich mich so weit hergeschleppt hab mit ihm!«

Grabscheidt träumte vor sich hin, für Sekunden. Dann zog er

sein Phlegma aus wie ein Kleidungsstück und ging, assistiert von der murrenden Frau und zwei leichtverletzten Schutzbündlern, halben Kindern, die er hinter den Vorhängen hervorzauberte, an die Operation, während ich mich auf mein Motorrad warf...

Maxim Grabscheidt gab den Scherhack-Franz dem Leben wieder. Nach zwei Tagen brach die Schutzbundoffensive gegen die Klerikaldiktatur zusammen. Die Leitung der Sozialdemokratischen Partei hatte versagt, der Generalstreik war weder eindeutig proklamiert noch einmütig durchgeführt worden; die Diktatur hatte den Heeresapparat zur Verfügung, die Kanonen, die nach Mussolini-faschistischem Muster gedrillten Heimwehren und, nicht zuletzt, die sozialistische Uneinmütigkeit. Ich versteckte mich kurz bei St. Lambrecht an der Kuhalp, auf einem Kleinbauernhof, den der Bruder einer Köchin, die jahrlang in meinem Elternhaus bedienstet gewesen war, bewirtschaftete. Maxim wurde verhaftet, selben Tags wieder entlassen. Tausende wurden in die Gefängnisse gepfercht. Im Grauen Haus zu Wien wurden die Flaschenzüge der Galgen geschmiert; gegen Wallisch, Stanek, Scherhack, mich und andre Schutzbundführer Steckbriefe erlassen. Eine Haussuchung in Dr. Grabscheidts Wohnung und Ordination verlief ergebnislos, während der Scherhack-Franz im Kohlenkeller des Hauses in der Lastenstraße röchelte. (Der Hausmeister war einer der Unsern.) Maxim war's gelungen, die Kugel zu entfernen, Komplikationen zu verhüten. Metallarbeitersekretär Stanek wurde in Graz ergriffen, dort im Zug des Standrechts gehenkt. Wallisch nah Admont von einem Eisenbahner, Verräter aus unseren Reihen, erkannt und denunziert; nach Leoben überführt und im Vollzug des verlängerten Standrechts gehenkt. (Der Eisenbahner konnte sich seiner Belohnung nicht freuen, er wurde tags drauf erstochen aufgefunden.) An eben dem Morgen wäre der Scherhack-Franz notfalls transportfähig, die Gelegenheit gegeben gewesen, ihn aus dem Kellerloch, drin sich sein Lebenswille behauptet hatte, nach Jugoslawien hinüberzuschmuggeln ...

Als ich von der Kuhalp niederschlich, erfuhr ich's. Neun Stunden vor Aufhebung des Standrechts war Grabscheidt, indes Fanny mit dem achtjährigen Sohn nach Wien gereist, abermals verhaftet und eine zweite, gründlichere Haussuchung vorgenommen worden, möglicherweise zufolge einer Denunziation.

In derselben Nacht setzte ich in unsrer Geheimdruckerei in der Auenbruggergasse jenes von mir redigierte Flugblatt, bei dessen Kolportierung ich in Kriegsgefangenschaft geraten sollte. Es trug die Überschrift: FÜR DEN GALGEN GEPFLEGT!

Vier Stunden, nachdem sie den Scherhack-Franz gehenkt hatten, wurde das Standrecht aufgehoben; der schäbige Fasching ging weiter.

MICHAEL GUTTENBRUNNER

Beim Pflügen auf einem Acker

Es gibt keine Staatsumwälzung ohne Vermehrung der Polizei. Ihre Kompetenzen werden erweitert und ihre Übergriffe noch mehr als sonst toleriert. So war es auch 1934. Sie trat immer spannender in Erscheinung, und der natürliche Gegensatz von Polizei und Jugend hatte nun auch politische Gründe. Besonders eindrucksvoll war das, wenn es symbolisch wirksam war. Ich war beim Pflügen auf einem Acker bei Lehndorf, als ich zum erstenmal die Formel hörte: »Im Namen des Gesetzes!« Sie war an mich gerichtet. Zwei Gendarmen standen wie aus dem Boden gewachsen neben mir, mit aufgepflanztem Bajonett, wie sie damals zu gehen pflegten, und forderten mich auf, ihnen zu folgen. Ich mußte auf der Stelle ausspannen und die Pferde heimführen. Als wir auf den Hof kamen, warf der Bauer mir einen bitteren Blick zu. Mein Verschlag im Pferdestall wurde durchsucht, was an Büchern verdächtig erschien, beschlagnahmt, und ich wurde ins Landesgericht abgeführt. In der Diktatur gesellt sich zu der staatlichen Exekutive noch die unsichtbare Dimension des Denunziantentums. Ein unheimliches, unmittelbar nicht faßbares Faktum, an das wir uns erst gewöhnen mußten. So ferne lag es uns, an die Möglichkeit nur zu denken, daß einer dem andern zum Zwecke der Denunziation aufpaßt. Es gab nichts Erbärmlicheres als den Anblick eines entdeckten Spitzels. Es genügt aber nicht, eine Sache wie es die Polizei ist historisch zu betrachten in der Beleuchtung von Seiten der Diktatur: sie ist durch die demokratische Ordnung seit 1945 nicht wieder besser geworden. Es fehlt ihr nach wie vor an rechtlich handelnden Vorgesetzten, bei welchen jeder Übergriff verpönt ist, und so sind auch im Rechtsstaat polizeilicher Verwilderung und Verwahrlosung keine Hindernisse errichtet.

KURT NEUMANN

Der Waffenkeller

»Sie können jetzt mittagessen gehen«, sagte der Chef der politischen Polizei Dr. Von Stetten zu dem Schreibmaschinenfräulein. Langsam erhob sie sich, warf Peter einen bedauernden Blick zu aus wasserblauen Augen und verließ zögernd das Zimmer. »Setz dich, Peter«, sagte Von Stetten und wies einladend auf einen Stuhl.

Schweigend blätterte er in einem Stoß von Papieren, griff ein maschinenbeschriebenes Blatt heraus und begann sich darin zu vertiefen. »WAFFEN« war, rot unterstrichen, an den oberen Rand des Blattes geschrieben, und Peters Name stand darunter. Warm schien Peter die Wintersonne durch die hohen Fenster ins Gesicht, heiß und krampfartig zuckte es auf in seinem Magen.

Der Revolver, dachte er, nun haben sie ihn gefunden!

Ein Eiszapfen hing vom Dach vor einem der Fenster und glitzernd fiel von seiner Spitze in unendlich gleichmäßigem Geticke Tropfen auf Tropfen schmelzenden Schnees. Das Bildnis des kleinen Kanzlers Dollfuß in Kaiserjägeruniform lächelte auf ihn herab; schwarz stand darüber das Kruckenkreuz der Vaterländischen Front. Peter saß reglos da in großer Lähmung, und nur sein Herz hämmerte in unruhigen Schlägen.

»Ich nehme an, Du wirst wissen wollen, was sich seit Deiner Verhaftung ereignet hat«, sagte Von Stetten schließlich und sah Peter an. »Es ist alles vorüber«, fuhr er langsam fort, »die Kämpfe sind zu Ende, auch in Wien, die Regierung hat Österreich fest in der Hand.« Er schwieg. Das Papier knisterte leise in seiner Hand und vor dem Fenster die Wassertropfen tickten weiter und bange Traurigkeit begann die Erstarrung in Peters Gliedern zu lösen.

»Was übrig bleibt, ist das traurige Geschäft der Abrechnung«, sagte Von Stetten langsam. »In Wien sind gestern drei Führer der

Arbeiterwehr hingerichtet worden. Eine Reihe anderer stehen vor den Ausnahmegerichten und heute früh ist in unserer Stadt der Gemeinderat Holler gehängt worden. Mehrfacher Mord. Er hat eine Handgranate in ein Überfallsauto der Polizei geworfen …«

Peter sah bei diesen Worten den dicken Holler, den früheren Lokomotivführer und Herrn der städtischen Schlachthäuser, vor sich; den Holler, den er nicht hatte leiden können, weil er so laut und großkotzig sprach und sich zur Bekräftigung schallend auf die fetten Schenkel hieb; den Holler, den er für einen angstzitternden Drückeberger und ein Großmaul gehalten hatte, weil er ihn in den letzten Tagen nirgends gesehen hatte; den Holler, der Handgranaten gegen Polizisten geworfen hatte. Vorstellen konnte er es sich nicht. Aber hatte er es sich bis vor kurzem vorstellen können, jemals einen Revolver in die Hand zu nehmen?

Nicht leiden hatte er den Holler können wegen einer dummen, läppischen Äußerlichkeit, und nun hatten sie ihn an einen Galgen geknüpft … Bei diesen Gedanken war es Peter, als steiften sich seine Magenwände gegen das Krampfige da innen und als schlösse seine Brust sich fester zusammen, zur Ruhe zwingend das unstete Herz. Jäh löste sich der Eiszapfen vor dem Fenster; klirrend zersplitterte er drunten auf dem holprigen Pflaster. Peter richtete sich in seinem Sessel auf und hatte plötzlich das Gefühl, mit dem, was da kommen mochte, fertig zu werden.

Von Stetten wandte sich ihm nun voll zu. »Es hat keinen Sinn, Peter«, sagte er mit halblauter vertraulicher Stimme, »es hat keinen Sinn, dir zu verschweigen, dass auch deine Lage sehr ernst ist, bitter ernst …« Langsam ließ er die Worte einsinken in Peter, sorgfältig, wie man Wasser gibt einem durstigen Strauch, so dass es seinen Weg finde zu den feinsten und tiefsten Wurzeln.

»Das Gesetz«, fuhr er fort, »schreibt mir vor, dich darauf aufmerksam zu machen, dass du als Beschuldigter die Wahrheit nicht sagen musst und auch die Aussage verweigern kannst. Aber«, nun lehnte er sich über den großen Schreibtisch näher zu Peter, »aber ich glaube, du wirst besser fahren, wenn du mir reinen Wein einschenkst. Leider steht in deinem Akt schon mehr als mir lieb ist, aber wenn ich von dir die Einzelheiten höre, dann lässt sich vielleicht etwas machen.« Er sah Peter mit freundschaftlicher Sorge an.

Der alte Polizistentrick, der Väterlichkeit mit Verachtung paart, dachte sich Peter, und doch, es war schwer, diesen Von Stetten in Einklang zu bringen mit dem Von Stetten, den er kannte, das hochmütige Raubtier aus den Hochschultagen, den zynischen Schuft im Mondlicht der Eisenstadt... Konnte es nicht sein, dass das Schießen und Hängen und Herzzerbrechen dieser blutigen Tage auch einem Menschen wie Von Stetten zusetzte? Musste nicht auch er unter der Härte und dem Dünkel irgendwo etwas Weiches, etwas Versunkenes, Verschüttetes, Menschliches haben?

Hatte denn nicht auch Walter, der Ehrgeizling, in der entscheidenden Stunde sich selbst übertroffen in einer menschlichen Tat? Peter kokettierte mit diesem Gedanken und unterdrückte ihn zugleich.

»Deine Aufgabe war es also, für die Konservierung und Instandhaltung der Waffen der Arbeiterpartei zu sorgen«, sagte Von Stetten mit leiser, vertraulicher Stimme. Die Waffenlager? Nein, damit hatte er nichts zu tun. Es war der kleine sanfte Oberleutnant Holzer, der sich darum kümmerte. Der war ein Sachverständiger, der hatte viele Nächte in den geheimen Kellern verbracht, die Gewehre schmierend und ölend, sie zerlegend und wieder zusammensetzend. Er hatte Eisenrohre mit Sprengstoff gefüllt, damit sie als Handgranaten verwendet werden konnten. Und tagsüber war er gewissenhaft acht Stunden hinter dem Schalter der Arbeiterbank gesessen und sehr dünn und sehr blass geworden in diesen letzten Monaten. Was mit ihm seit gestern wohl geschehen sein mochte? »Nein«, sagte Peter laut, »von Waffen verstehe ich wirklich nichts. Meine Aufgabe war es, Häuser zu bauen...«

»Ich verstehe«, sagte Von Stetten und nickte. »Aber die unterirdischen Keller, in denen die Waffen versteckt waren, die hast du natürlich gebaut. Den Waffenkeller in den Wohnhausanlagen am Bauernhügel zum Beispiel?«

Ja, den hatte Peter gebaut und andere auch. Und so geschickt hatte er seine Aufgabe erledigt, dass alles Suchen und Klopfen der Polizei vergeblich gewesen war. Dabei war es nicht einmal ein Geheimnis, jeder wusste, dass die Arbeiter Waffenlager hatten. Das waren doch zum größten Teil Waffen aus dem Weltkrieg, Waffen, die ursprünglich versteckt worden waren auf Grund einer geheimen Vereinbarung aller Parteien, um sie der Beschlagnahmung durch die alliierte Waffenstillstandkommission zu entziehen. Das war damals als eine patriotische Tat angesehen worden und deshalb war dieses Geschrei, das die Christlichsozialen in den letzten Jahren plötzlich über die Waffenlager der Arbeiterpartei erhoben hatten, so niederträchtig verlogen gewesen. In den anderthalb Jahrzehnten, die seither verstrichen waren, hatten diese Waffen niemals das Tageslicht gesehen und sie würden heute noch in ihren Kisten liegen, wenn die anderen nicht alle Treu und Glauben gebrochen und das Stückchen österreichischer Freiheit am Galgen erwürgt hätten.

Ja, das konnte er sagen, das sollte Von Stetten getrost in seinen Akt hineinschreiben. Peter setzte schon an zu sprechen, da fuhr es ihm durch den Kopf, dass es der Revolver und der tote Mann im Schrebergässchen waren, worauf Von Stetten mit seinen Fragen hinaus wollte. Laut sagte er: »Ich habe keinen einzigen Waffenkeller gebaut, nur Wohnungen und Kindergärten …«

»Ich verstehe«, sagte Von Stetten wieder und da war kein Sarkasmus und kein Unglauben in seiner Stimme und seine Augen waren völlig ausdruckslos. »Montag, am frühen Nachmittag«, fuhr er gleichmäßig fort, »haben sich einige Hundert Mitglieder der Arbeiterwehr in dem Wohnhausbau am Bauernhügel gesammelt, um sich zu bewaffnen. Doch war niemand da, der wusste, wo die Waffen verborgen waren. Und so um halb drei bist du dann gekommen und hast ihnen gezeigt, wo die Waffen waren. Das stimmt doch, Peter?«

Ja, das stimmte schon, Peter freilich sagte: »Nein, ich habe niemandem ein Waffenversteck gezeigt«, und während er es sagte, brach die Erinnerung an diese Stunden atembeklemmend und würgend wieder über ihn herein. Von Stetten schwieg und gab Peter Zeit, viel Zeit, und nur leise schüttelte er den Kopf wie in tiefer Besorgnis, während Peter die Bilder niederzukämpfen versuchte, die nun in ihm aufstiegen.

Franz Kern hatte er angerufen im Parteihaus, von einer der Telephonzellen neben dem Ständehaus. Natürlich hatte Franz gesagt, die Lage sei ernst. Der Parteivorstand sei nicht im Parteihaus, doch brauche er kein Parteivorstandsmitglied zu fragen, um zu wissen, was er zu tun habe; Peter solle sich beeilen. Dann hing er auf. Minutenlang war Peter dagestanden in der Telephonzelle, und noch immer wollte es ihm nicht einleuchten, dass dies wirklich die Stunde war, über die in dem letzten Jahr so oft gesprochen worden war, für die er sich sogar vorbereitet hatte, mit halbem Eifer und halbem Herzen, mit Aktionsplänen und heimlichen Schießübungen in alten Kellern. Ausführen sollte er nun diese Pläne, konnte sich aber nicht rühren, denn trotz allem Reden und allem Vorbereiten hatte er, wie so viele, wie die meisten, das alles im Grunde ja doch nicht ernst genommen. Bis zur letzten Minute hatte er geglaubt, dass das alles nur dazu bestimmt war, eine Drohung zu sein und ein Schachzug im politischen Kampf, ein Gegengewicht gegen die Regierungsdrohung mit Heimwehrlärm und Diktaturgefuchtel. Diese Gedanken lähmten ihn. Erst wütendes Trommeln gegen die Tür der Telephonzelle rüttelte ihn auf. Rasch lief er aus der Zelle, an den wütenden Blicken der Wartenden vorbei. Zum Bauernhügel rannte er, mechanisch, ohne zu denken – die Straßenbahnen standen still und aus der Glasfabrik drüben am anderen Ufer des Flusses stürmten die Arbeiter. Das war der Generalstreik und bald würde geschossen werden!

Dann hatte eine Lokomotive gepfiffen, auf der Eisenbahnbrücke, drüben im Dunst des Februartages, und der Pfiff war ihm durch alle Glieder gefahren. Dumpf klang das Rattern des Zuges über die Eisenbahnbrücke aus der Ferne. Die Eisenbahner streikten also nicht. Und im größten Kaufhaus der Stadt ging das Leben ebenfalls weiter; sie verkauften Herrensocken und

Damenhüte wie immer. Herrgott, wenn das alles ernst war und immer ernst gewesen war, dann hätten er und die anderen doch ganz anders darauf hinarbeiten müssen, dann hätte man doch nicht zusehen dürfen, wie die Regierung die Waffen fortnahm da und dort, dann hätte man doch das Vertrauen in die Kraft und Unbezwinglichkeit der Partei nicht versickern lassen dürfen, dann hätte man doch nicht zuwarten dürfen, bis die Regierung und die Faschisten fertig waren mit allem und jedem, dann hätte man doch losschlagen müssen schon vor Monaten! Da war man doch dieses ganze letzte Jahr wie ein Kaninchen dagesessen und hatte auf die Schlange gestarrt, wie sie sich näher wand, langsam, Stück um Stück; wie sie alle Hoffnung auf Flucht versperrte, wie allgegenwärtig sie war und überall langsam den Kopf hob und das Maul öffnete und züngelte zwischen den giftigen Zähnen!

Wieder ratterte ein Zug über die Eisenbahnbrücke drüben. Dass die Eisenbahner nicht streiken würden, hätte man sich doch denken können, dafür hatte die Regierung schon gesorgt, als sie die Gewerkschaft kastrierte. Dass die große Masse nicht mitgehen würde, hätte man sich auch denken können, von Woche zu Woche, von Monat zu Monat hatte man doch fühlen können, wie die Menschen den Glauben verloren und die Siegeszuversicht unter dem endlosen Hinnehmen und Alles-Dulden der Partei.

Menschen drängten sich vor einem Radiogeschäft. Sie hörten der Stimme zu, die aus dem Lautsprecher kam. »Arbeiterpartei und Gewerkschaften aufgelöst und verboten«, sagte sie. »Todesstrafe und Standgericht … rücksichtslos und ohne Milde«. Die Angst fuhr Peter in die Glieder. Was tat er denn hier? Warum ging er denn nicht nach Hause? Es war ja alles verloren, noch ehe es richtig begonnen hatte. Das wusste er doch, er kannte sie doch, diese Pläne, diese halbherzigen, diese kindischen und zum Scheitern verurteilten Pläne seiner Partei.

ANNA SEGHERS

Der letzte Weg des Koloman Wallisch

Zehn Wochen nachdem man den Koloman Wallisch in Leoben aufgehängt hat, fahre ich an einem Werktag in der Frühe von Graz nach Bruck an der Mur. Unermeßliche Mengen von Flieder und Kastanien sind über dem Land Österreich aufgegangen. Fliederbüschel in Wassergläsern haben in Wien in den zerschossenen Gemeindehäusern auf allen Kommoden gestanden, in denen noch die Schrapnellsplitterchen steckten. Wären nicht diese eisernen Splitterchen gewesen, man hätte glauben können, die schwarzen Sonntagsröcke der Männer seien in den Schränken von riesigen Motten zerfressen. Die Gemeindehäuser waren nur außen wiederhergestellt, innen war alles unverändert geblieben, weil der Gemeinde das Geld ausgegangen war. Auch denen hatte es nichts genützt, die für die Dauer der Reparatur in die Kirche eingetreten waren.

In unserem Abteil ist es heiß und voll, Bauern, Handwerker, ich, ein Holzhändler aus Bruck, zwei Handelsreisende. Die Handelsreisenden fragen den Holzhändler nach seinen Geschäften. Der Holzhändler dreht sich langsam und bedrängt uns alle mit seinem breiten ledernen Hintern. Er schimpft. Die Schußschäden an seinen Mühlen sind immer noch nicht vergütet, freilich haben die Mühlen auch vorher stillgestanden, vielleicht kann sie der italienische Vertrag in Gang bringen. Wir halten in Frohnleiten. Die sonnige, grüne Stille der Bergabhänge kommt in unser Abteil und trifft auch den Holzhändler. Er sagt: »Was jetzt 'ne Ruhe ist überall, und was 'ne Unruhe gewesen ist.«

Der lange Handelsreisende sagt: »Da hat er sich abgebrüllt, der Wallisch, bis es ihm die Kehl verschnürt hat. ›Freiheit!‹ hat er gebrüllt, der Wallisch, die Freiheit haben sie ihm rausgeschnürt aus dem Maul, und Sand haben sie ihm reingedruckt.« Der kleinere Handelsreisende sagt: »Was man dem Mann lassen muß: Courage hat er beim Sterben gehabt.« Der Holzhändler wird ärgerlich: »Sollen s' nicht mal Courage gehabt haben beim Sterben, wo s' die anderen zum Sterben gehetzt haben, so 'n Hetzer, wie das gewesen ist, so 'n Kommunist, wie das gewesen ist, so 'n Bolschewik, wie das war.«

Die Leute betrachteten den Holzhändler mit listig zugekniffenen Augen, zustimmend bis mürrisch, belustigt bis finster. (Heute morgen in Graz in der weißgetünchten bäuerlichen Küche meines Genossen, als uns die Frau Zwetschgenmus auf die Brote schmierte, haben wir aus alten Zeitungen eine herausgesucht. »›Hyänen der Arbeiterbewegung‹ – das hat er gegen uns geschrieben, der Wallisch, ich glaub, wie der Bund der Freunde des Neuen Rußland seine letzte Versammlung hier in Graz gehabt hat. Was das für ein Kommunistenfresser gewesen ist, der Wallisch, ein Antibolschewik.«)

Der Holzhändler erzählt von dem katholischen Pfarrer in Bruck, der zu ihm gekommen ist, um einen Zaun für den Friedhof zu bestellen, nicht rundherum, sondern quer durch, um die katholischen Toten von den protestantischen abzutrennen; er hat nicht gewußt, daß der Holzhändler seine ewige Wohnung jenseits des bestellten Zaunes erwartet. Der Holzhändler hat alles notiert und dann eine Riesensumme gefordert, der Pfarrer hat einen Schrecken bekommen und die Toten beisammengelassen. Alle im Zug lachen, auch die katholischen Bauern.

Der Holzhändler und ich steigen in Bruck aus.

Wallisch hatte den Bruckern versprochen, aus Graz herüberzukommen, sobald es ernst wird. Der Generalstreik wurde durchgegeben. Wallisch rief seine Frau, und sie fuhren. In Bruck war der Streik total, das Elektrizitätswerk lag still, die Brucker hatten seit Januar ihre Waffen in Kellern und Wohnungen eingemauert, die bewaffneten Formationen stellten sich, vor Pernegg wuchsen Barrikaden.

Der Fluß hält einen ab, sofort in die Stadt hineinzugehen, der ungewohnte sichtbar schnell und laut fließende Gebirgsfluß, der hier und dort von den Mühlen in glatte Stränge gekämmt wird. In der Hauptstraße sehe ich noch einmal den Holzhändler von hinten, sein wuchtiges Gestell, die kindlichen herzförmigen Ledereinsätze in den Ärmeln hinter den Ellenbogen. Er bleibt lachend bei einer Menschengruppe stehen, die lachend zusieht, wie mehrere Burschen mit mächtigen Besen die Straße kehren. Gendarmen, Gewehr bei Fuß, bewachen lächelnd die Straßenreinigung. Man braucht nicht mehr zu fragen, das sieht man in vielen Provinzstädten, sie kehren die papierenen Hakenkreuze zusammen, die sie am Vorabend gestreut haben, oder sie ziehen die gemalten Hakenkreuzarme zu Gittern.

Das große rote Haus hinter den Kastanien ist das Volkshaus. Die Gendarmen, Gewehr bei Fuß, lächeln nicht. Sie zwingen mich abzubiegen, man kommt nicht dicht heran. Die Brucker Februargefangenen sind im Volkshaus eingesperrt. Allzu gelassen schoben diese neuen Volkshäuser ihre großzügigen und reinlichen Fassaden zwischen die angestammten Prachtbauten, Kirchen, Theater und Gerichtsgebäude. In Leoben, in Bruck, in allen Provinzstädten sperrt jetzt die Kleinstadtbourgeoisie ihre Gefangenen in die Volkshäuser.

Die durchlöcherte Gendarmeriekaserne zeigt, daß in Bruck die Richtung der Befehle anders lief als in anderen Städten: Angriff, nicht Verschanzung. Aber die »Schmierbüchsen« funktionierten schlecht, Lackner, der die Waffenverstecke allein wußte, saß im Frohnleitner Gefängnis, die Schutzbündler verbluteten im Stürmen. Auf den Kirchentüren sind große Anschläge: Katholische Bevölkerung Brucks! Nehmt vollzählig teil an den Wallfahrten nach Mariazell! In diesem Jahr habt ihr mehr Ursache als sonst in einem Jahr, Dank abzustatten.

Über den Dächern steht der Schloßberg. Wer ihn hatte, hatte die Stadt und die Zugangsstraßen. In der Nacht auf Mittwoch, den Vierzehnten, wurde er von Militär und Heimwehr gestürmt, Kanonen gegen Gewehre. Wallisch sammelte seine Leute auf dem linken Mur-Ufer. Ein Umgehungsmarsch sollte das werden, der Artillerie in den Rücken.

Ich kaufe mir eine Karte der Obersteiermark. »Der böse Geist des ganzen Unternehmens«, vergleiche ich die Landkarte mit dem Bericht der Anklagerede, der bereits mit der Urteilsvollstreckung schließt, »der böse Geist der Obersteiermark, Koloman Wallisch, hat Rücksprache gehalten mit dem militärischen Leiter des Schutzbundes, Ruhs, und jetzt war es Sache dieses Wallisch, die auswärtigen Truppen in Bruck zusammenzuziehen. Ruhs hat, von Wallisch unterstützt, bestimmt, daß eine Abteilung die Gendarmeriekaserne, eine weitere die Forstlehranstalt zu stürmen hat, eine weitere das Beamtenhaus der Firma Felten & Guilleaume, in dem Gendarmerie untergebracht war. – – – Als die Lage unhaltbar wurde, da sind Ruhs und Wallisch mit den Schutzbündlern am 13. Februar morgens am linken Mur-Ufer gegen den Utschgraben abmarschiert und in der Richtung auf den Hochanger gestiegen.« Wenn die Straße nach Kapfenberg unter Feuer lag, dann hat der Wallisch hier entlang gemußt mit seinem Weib und seinen vierhundert Leuten. Auf den Bergen lag der Schnee meterhoch. Der Wallisch konnte nicht Ski laufen, so ganz ein Hiesiger war er noch immer nicht geworden, seit er im Jahre einundzwanzig herübergekommen war. »Das Ideal einer Rätediktatur schwebte ihm vor, wie er sie in Ungarn erlebt hatte und wie er sie im Jahre siebenundzwanzig in Bruck aufrichten wollte«, glaubte der Staatsanwalt. (Aber was glaubte Wallisch?)

Ich überquere die Schienen und komme auf den Friedhof des Holzhändlers. Ich finde mich nicht zurecht, werktagmorgens allein auf diesem Friedhof. Den Totengräber finde ich nicht. In der Provinz ist es noch schwerer als in Wien, die Februartoten zu finden. In Graz hat man sie zwei und zwei in Säcke vernäht, man hat sie überall in flache Gruben gedrückt, man hat die Gräber mit den Schuhen eingetreten, man hat verboten, Schilder und Blumen daraufzustecken. Man kann allein nicht wissen, ob diese Grasstücke Gräber sind. Auf der Landstraße frage ich einen Radfahrer nach dem Utschgraben. Er hat den gleichen Weg und schiebt sein

Rad. Dieser kleine, hinkende, zwanzigjährige Bursch in schlechtem Hemd und speckiger Hose ist der arbeitslose Sohn eines Eisenbahners. Er erzählt freimütig, wie er den Rest des Februars im Wald verbracht hat. Er wohnt auch noch nicht in Bruck, sondern irgendwo draußen auf einem Gehöft. Er hat Glück gehabt.

»Mein Vater ist ein ordentlicher Mann, aber er hat nicht mitgemacht, er hat kein Vertrauen reingehabt. Da hatten die Eisenbahner vorher den großen Streik verloren. ›Man hat uns verpackelt, und man wird uns diesmal wieder verpackeln.‹ Der Wallisch? Wir haben ihm zugesetzt das ganze Jahr über, wir haben ihm zugesetzt, daß er losschlagen soll, aber er wollte kein Blut vergießen. Blut ist dann doch vergossen worden, zur Unzeit, und falsches Blut. Wir haben ihm gesagt: ›Du bist doch von Natur gar kein Packler, was hältst du dich denn an denen ihre Pakte? Schlag doch du zuerst zu, Genosse Wallisch, dann hat eben Bruck zuerst zugeschlagen.‹ Jetzt ist es so gekommen«, sagt er und bleibt stehen, »bei uns in Bruck waren die meisten Toten prozentual, genausogut wie sie das meiste Blut hier vergossen haben, genauso hätten s' auch die ersten Schläg hier kriegen können.«

Die Straße zieht sich, die Wallisch-Leute hatten den scharfen Wind im Gesicht, sie waren heiß vom Schleppen. Noch vor dem Utschgraben begriffen sie, daß der Schloßberg schon genommen war. Sie wollten nach Frohnleiten durchbrechen, den Lackner befreien, mit frischen Waffen weiterkämpfen.

»Der Wallisch hat einen Anhang hier in der Gegend gehabt, auch bei den Bauern, was immer schwer für die Partei gewesen ist. Was er jetzt tät, der Wallisch, wenn er mehr gehabt hätt als sein Leben, ob er in Brünn säß mit den andern, ob er von Brünn aus auch packeln tät? Ich glaub nicht. Von uns ist doch viel drin gewesen in dem Mann.«

Hier unten war der Schnee noch erträglich, die Wallisch-Leute hatten ihn noch in ihrer Gewalt, ihre Marschtritte stampften ihn.

Die dünnen weißen Hakenkreuze unter unsern Füßen sind schon zu Gitterfenster gemalt.

»Die Nazis? Da hat's bei uns 'n paar Sorten, die jetzt zu ihnen überspringen, da hat's 'n paar dumme Lausbuben, die auch bei uns nichts Gescheites waren, Turner sind's zum Beispiel, und gehen hin, weil's dort noch Turnhallen hat bei den Nazis. Und unsere sind geschlossen. Und die Nazis lassen sie auf ihren Barren schwingen. Andre denken, wenn's losgeht, egal mit wem, nur dem Dollfuß 'n paar zurück auf den Kopf. Als ob nicht die Nazis morgens zum Schein die Gefängnisse aufmachen täten und abends im Ernst dieselben wieder reinsperren.

Was bei uns der Kern war, das ist nach links gerückt. Bei uns hat's schon immer scharf gegen Wien geblasen. Vierzig, fünfzig Kommunisten hat's vordem in Bruck gegeben.

Was mich aber noch immer grämt, ist, daß ich mir immer denk, daß der Wallisch mit dem Leben davongekommen wäre, wenn er sein Weib nicht dabei gehabt hätt. War halt gewohnt, das Weib, immer dabeizusein, in allen Versammlungen, wollt auch zum Schluß dabeisein. Er hätt sie sollen bei uns in einem Versteck lassen. Wegen ihr hat er zuletzt nicht durch die Berge zu Fuß gekonnt im Schnee, wegen ihr hat er müssen das Auto nehmen.«

Ich muß bei den großen Holzstapeln den Bach hinauf, der hier gegen die Mur springt. Die Wallisch-Leute bekamen den ersten Geschmack des Aufstiegs. Sie zogen ihre Beine aus dem Schnee. Sie wollten um keinen Preis ihre drei Maschinengewehre zurücklassen. Sie stemmten und zerrten mit ihren vor Kälte und Hunger morschen Armen. Sie hatten schon Tage und Nächte des Kampfes hinter sich.

Am Eingang des schmalen Utschgrabens beginnt ein Reihendorf. Vor einem schönen, sauber gestrichenen Haus sitzt ein alter, kräftiger Mann im Flieder und raucht. Über der Tür steht ein Spruch:

Dies Haus hab ich gebaut.
Doch kann ich's nicht bewohnen.
Wer nach mir kommt, muß auch hinaus,
Wird nicht der Tod verschonen.
Der dritte folgt ihm hinterdrein,
O sagt, wem soll das Haus nun sein?

Unberührt von den Schrecken seines Totenhauses genießt der rechtmäßige Besitzer seinen Flieder, seine Pfeife und seine Morgensonne.

Ich frage nach dem Wirtshaus. Aber in diesem Wirtshaus gibt es werktags weder Bier noch Milch, weder Brot noch Butter. Am Ende des Dorfes, bei einer stillstehenden Mühle, gibt es ein Haus, in dem die Bäuerin Brot und Weißkäse verkauft, in der Stube sitzen sechs erwachsene Männer, die Bäuerin, ihre schöne, über ihre Schönheit vergnügte, starkzöpfige Schwester. An den Wänden hängen Geweihe, ein Spiegel, ein Öldruck der Mutter Gottes. Einer der Männer sagt: »Sie sind 'ne Deutschländische? Wie ist es dort? Man hört solche und solche. Einer war dort, der sagt, haargenau nach der Bibel wie überall: Wer da hat, dem wird gegeben, wer da nix hat, dem wird genommen. – Der Wallisch? Ja, der ist durch den Utschgraben gekommen. Ja, an die vierhundert Leute. Ja, auch sein Weib.« Mehr wird nicht gesagt. In diesem Schweigen gibt es keine Bruchstelle, durch die man sieht, was es zudeckt. Die Bäuerin freut sich, wie gezahlt wird. Sie tritt sogar vor die Tür, wickelt die Schürze um die Hand und zeigt den Weg.

Der Schnee stieg den Wallisch-Leuten bis zur Brust. Sie spürten, wie die Berge, an die sie sich klammerten, sie abschütteln wollten. Die angefrorenen Kiefer formten die ersten »Unmöglich«, Wallisch lachte und erklärte ihnen, nichts bliebe übrig als dieser Marsch. Er blieb auch übrig, weit über die Dauer ihrer Leben.

Nach einer Stunde bergauf durch den Wald – hinter dem Dorf gab es nur noch ein einziges großes Gehöft –, hoch über dem Kopf auf dem Bergvorsprung, mit vielen weißen, krausen, vom Wind verkrüppelten Obstbäumen, kommt eine Hütte auf einem umzäunten Grasplatz. Im Freien sitzen um den Tisch ein rotbärtiger Bauer, ein Mann in Jägerkleidung, ein Mann in Uniform mit Revolvergürtel, eine junge Frau in weißer Stadtbluse. Ein Wirtshaus ist es nicht, aber man lädt sofort ein. »Eine Deutschländische?« Man holt Rheinwein aus dem Keller, gießt ihn in steirische Porzellankannen. Die Hütte hat einen wohlversehenen Keller. Der rotbärtige Bauer ist bloß der Verwalter. Der Herr und Gastgeber war heute nacht an der ungarischen Grenze, Auerhähne jagen. »Ruhe, Ruhe, Ruhe, Gott sei's gedankt, Ruhe ist überall in den Bergen. Drunten in der Stadt das Pack, das gottverlaßne, hat Ruh gegeben. Ja, freilich, sogar hier in den Dörfern hat's Sozialdemokraten gegeben. Man merkt's schon an der Art, wie die Kinder grüßen, ja, man sieht's schon von hinten den Männern an. Hoch oben auf den Almen sieht man's den Männern an, ob sie raufgestiegen sind aus einem christlich-sozialen Dorf oder aus einem sozialdemokratischen. Ganz genau den Weg, den die gnädige Frau gekommen ist, den ist der Wallisch im Februar dahergekommen, mit seiner Frau und seinen Leuten. Hier in den Schnee, wo's jetzt Gras hat, haben sie ihre Waffen geworfen. Die Frau hat sich bißchen reingelegt, ausruhen. Der Wallisch, der Lump, nicht mal saufen hat's können, Milch hat er verlangt. Dann sind sie hier oben weitergezogen, bei der Schutzhütt, wo früher die Gottesmutter gestanden hat, aber die Schweinehund pflegen ja nichts, sondern demolieren alles, da sind's abgebogen, gegenüber vom Hochanger auf Frohnleiten zu, und auf dem Hochanger, da war schon die Exekutive – und in Frohnleiten, da war auch die Exekutive –, hat er fliehen müssen, der Wallisch, und viele von seinen Leuten haben sich in die Berge verschlupft. Wer weiß, ob nicht noch welche drinstecken. Jetzt hat er ausgehetzt, der Hetzer, der böse Geist der Steiermark.«

»Ausgehetzt hat er«, sagte der Gendarmeriehauptmann. Er ist vergnügt und schon ein bißchen betrunken und packt seine junge Frau. »Ich war selbst dabeigestanden in Leoben, wie sie ihn an den Galgen gehängt haben. Courage hat er gehabt«, sagte er plötzlich ganz erstaunt, als ob ihm das erst eben einfalle, »obwohl es doch gegen mich und unsereins gegangen ist. Herrgott, wo der die Courage hergenommen hat. Ich hab's selbst gar nicht glauben können, daß er tot sein soll, eben noch Freiheit geschrien, echt der Wallisch, und dann hängen schon die beiden Kerle rechts und links an seinen Schultern. Nämlich sie hängen sich bei den Gehenkten an die Schultern, verstehen Sie, damit er schwer genug ist. Verstehen Sie, gnä' Frau, damit der Strick richtig abschnürt. So ein Sadist, wie das war, der Wallisch, ein rechter Bolschewik. Je, wie das fesch ist, daß die gnä' Frau 'ne Deutschländische sind und grad an unsrer Hütt vorbeikommen. Muß doch großartig in Deutschland sein, na kolossal muß das in Deutschland sein. Pst, verraten S' mich nicht, daß ich das gesagt hab, 'n uniformierter Mann, aber im Herzen weiß ich, daß das 'n ganz anderes Leben ist in Deutschland, und lieber heut als morgen.«

Ich steige weiter, am Bach hinauf, unschuldiges blaues Fädlein auf der Karte. Der Schnee stieg den Wallisch-Leuten bis zur Brust. Manche waren abgebröckelt, nach Bruck und in die umliegenden Dörfer. Immerzu mußten die drei Maschinengewehre aus den Mulden gezogen werden. Wallisch beteuerte seinen Leuten, sie müßten um jeden Preis zusammenbleiben, in Wien sei der Aufstand im Durchdringen, man müßte sich nach Frohnleiten durchschlagen, mit neuen Waffen und Hilfstruppen weiterkämpfen.

Es kommen lange keine Häuser mehr, man hört zuweilen aus der Ferne Holzschlag, aber hier auf den Hängen ist der Holzschlag schon beendet. Riesenruten gefällter Tannen hängen über den Bergabhängen, die Schnittflächen glänzen stark in der Sonne und geben den Bergen ein eigentümliches, eigenes Licht. Dann treten die Wälder zurück, der Bach wird kieseliger, griesiger. Die Weiden fangen an, Tiergatter versperren den Weg. Treppenlos steht auf dem grasigen, von Geriesel überschwemmten Abhang ein schräges, kahles Bauernhaus. Ich trete ein. In der großen, fast kahlen Stube sind Tisch und Backofen das Wichtigste. Der Boden ist ungedielt, rauh und sandig. Das kleine Kind der Bäuerin trägt nur ein Flanellhemd. Hinter dem Tisch sitzt ein Brautpaar Hand in Hand. Wir spielen alle mit dem Kind. Ich lasse mir den Backofen zeigen, der von außen angeheizt wird. Die drei Erwachsenen sprechen über die Wallfahrt, die in Bruck an den Kirchentüren angeschlagen ist. Die Frauen verabreden sich, um teilzunehmen. Wo ich herkomme? So, an der Jagdhütt bin ich vorbeigewesen. So, einen Auerhahn hat er geschossen. Ich sage:

»Sie haben erzählt, drunten in der Jagdhütte, daß der Wallisch im Februar bei ihnen haltgemacht hat und Milch zu trinken bekommen hat.« Da ruft die Frau schnell: »Bei denen? Nein, bei denen hat er nichts zu trinken gekriegt. Die haben ihm doch nichts gegeben, die nit. Bei uns war das, wo er Milch gekriegt hat.« Der Bräutigam hinter dem Tisch sagt: »Milch und drei Brote. Sie waren elend vor Hunger. Aber sie haben bezahlt, bevor sie reingebissen haben. Sie haben 's Geld auf den Tisch gelegt, bevor sie nach dem Brot gelangt haben.« Die Frau sagt: »Wenn Sie auf dem Hochanger übernachten, kommen Sie morgen früh recht zum Viehauftrieb.«

Ich steige weiter gegen den Eisenpaß. Wallischs Leute waren wohl hier schon bis auf hundert zusammengeschmolzen. Ihre Hoffnung war nah, mit den Waffen in der Hand über die Grenze nach Jugoslawien.

Ab morgen mittag werden die Halden bimmeln. Jetzt ist die Stille noch ungebrochen. Noch kommt Rauch aus den Sennhütten. An manchen Stellen, wo ein Waldzipfel in das Weideland tritt, gibt es noch Schneeflecke. Der Abhang selbst ist warm. Nach einiger Zeit kommt ein Mensch herangestiegen, der Bräutigam aus dem Bauernhaus, er will gleichfalls auf den Hochanger, will morgen früh zur Hand sein, wenn das Vieh kommt. Seine Brüder sind Holzfäller. Sein Vater hat etwas Acker und Vieh bei Frohnleiten. Ja, er war auch im Februar in der Gegend. Wodurch der Wallisch Anhang bei den Bauern hatte? Durch das Pachtschutzgesetz. Das Weideland um Bruck herum ist seit langem zum großen Teil Gemeindeland. Der Wallisch hat damals das Pachtschutzgesetz gemacht und nie dran rütteln lassen. Der Pächter konnte nicht vom Boden vertrieben werden, die festgesetzte Pacht konnte nicht erhöht werden. Er war der reine Anwalt, der Wallisch. Bist du zu ihm gekommen, hast du ihn um Rat gefragt, an allen Fingern hat er die Paragraphen abgezählt. Solche Paragraphen hat er gewußt – für den armen Mann, daß man ihm nix ans Fell kann. Jetzt werden sie wohl die Gesetze durchreißen, in denen's noch solche Paragraphen hat.

Wir erreichen die offene Schutzhütte. Links geht es zum Hochanger hinauf. Das steile Tal hinter dem Hochanger ist von dichtem Wald eingeschlossen. Rechts geht es nach Frohnleiten hinunter, in drei, vier Stunden. Ruhs erbot sich, Patrouille zu gehen. Die Leute verschnauften sich und warteten. Ruhs kam nie zurück. Er war auf Umwegen nach Graz gegangen, wo er sich dem Sicherheitsdirektor gestellt und ein umfassendes Geständnis abgelegt hatte. Die Schutzbündler in den Bergen schickten neue Patrouillen. Jetzt erfuhren sie alles, den Verrat des Ruhs, die Niederlage und das Standgericht. Wallisch hämmerte ihnen ein, weiter an den Sieg zu glauben, nicht an den jetzigen, aber an den endgültigen.

»Lange haben sie rumgeschnüffelt«, sagt mein Begleiter, »wo denn der Wallisch damals die Nacht über geblieben ist. Da unten im Tal in der Sennhütt ist er gelegen, Exekutive hat auf dem Hochanger gestanden, die haben gefragt, wem denn die Hütt da unten gehört. Wem soll s' gehören, 'ne Sennhütt ist's, 'nem Bauern wird s' gehören. Wir haben gesagt, daß sie der K. zum Skilaufen gepachtet hat, der Kassierer. Haben schon achtgegeben, daß kein Rauch aus dem Schornstein kommt.«

Wir umgehen das Tal. Der Wald hört auf, wir erreichen wieder Weideland. Das Hochangerhaus ist plötzlich nahegerückt. Auf den jenseitigen, faltenlosen, vom Abendlicht festgeglätteten Abhängen waren die ersten Gefechte mit Frohnleitner Gendarmen. Die Wallisch-Leute, nur noch ein kleiner Haufen, gegen vierzig.

Der Hochangerwirt hat meinen Begleiter erwartet. Er wundert sich, daß wir zu zweit sind. Außer uns gibt es noch ältere Holzfäller in der Stube. Wir bekommen Brot und Suppe. »Fünftausend Schilling haben auf dem Wallisch seinen Kopf gestanden, und wer hätt's nit brauchen können! Aber wir haben zu unsern Weibern und Töchtern gesagt: Nix heruntergeguckt ins Tal, damit man den Mann nicht zu sehen kriegt und nicht verquer kommt mit seinem Gewissen. Hätt man das Geld bekommen und hätt sich davon ein paar Buxen gekauft, und sie hätten einem über den Hintern gespannt – gleich hätt man den Galgen gesehen.

Hätt man davon ein Tuch fürs Bett gekauft und hätt sich mit dem Weib reingelegt, gleich hätt man auch den Galgen gesehen.«

Frühmorgens gehen wir, der Wirt und ich, ein Stück nach Bruck dem Vieh entgegen. Wir setzen uns ins Gras, der Boden ist selbst um diese Stunde schon warm. Noch tief drunten im Wald hört man schwaches Gebimmel. »Für den Ersten Mai ist den Bruckern verboten, in den Wald zu gehen. An Hitlers Geburtstag haben die Nazis in den Bergen Lichter angesteckt. Ich laß mir aber nicht die Augen vollblinzeln. Was hat man mir nicht alles von Italien erzählt. Da bin ich voriges Jahr selbst runtergestiegen nach Italien. Den ersten Tag hab ich niemand gefunden, der mir hat wollen Auskunft geben. Dann hab ich einen gefunden, der hat mich bei der Hand genommen, hat mich ein ganzes Stück weit weggeführt, hat mich auf eine Bank gesetzt, hat mir dieses und jenes erzählt, hat mir gezeigt, was niemand gezeigt wird. Ich laß mir kein X für ein U vormachen. Ich spar mir mein Geld, nächstes Jahr geh ich nach Deutschland. Da guck ich nicht hin, wo sie mir meinen Kopf hindrehen, da dreh ich selbst meinen Kopf.«

Beim Abstieg komme ich in den Viehauftrieb. Von Bruck bis zum Hochanger schlingert ein Zug brauner Kuhrücken. Hier und dort sind auch Schweine dazwischen. Alles Lebende aus den Ställen kommt für den Sommer herauf.

Einige Stunden später stehe ich vor dem Bahnhof in Leoben. Die Kraft der Berge ist weit; fader, muffiger Provinzgeruch liegt über den staubigen Bahnhofsanlagen. Abends, am 17. Februar, also vor ungefähr zehn Wochen, trat aus dem Bahnhof ein junger Mann an einen Taxichauffeur heran und bestellte ihn für Sonntag früh nach Oberaich. Vielleicht seufzte der Verräter, der kleine Eisenbahner, auf dem Weg zum Wirtshaus vor dem Fünftausendschillingplakat. Er wußte noch nicht, wie bald sein Leben mit dem anderen Leben verknüpft und verwirkt war. Sonntag nachmittag fuhr schon der Triumphzug durch die Stadt Leoben. Auf Umwegen die Straßen auskostend. Wallisch und seine Frau saßen, in Eisen geschlagen, auf einem offenen Autobus, Militär und Gendarmerie vorn und hinten, ein Spalier von Bürgern rechts und links. Die zeigten ihren Frauen das gefesselte Paar auf dem Autobus. Die Frauen stierten die gefesselte Frau im grünen Kleid an, die ihrem Mann in den Kampf gefolgt war und zuletzt Tage und Nächte auf der Flucht durch die Berge.

Wie ich in die Stadt hineingehe, jagt mich ein Posten vom Trottoir vor dem großen Eckhaus. Aus den kleinen vergitterten Kellerfenstern über dem Pflaster kommen Zurufe. Die Februargefangenen von Leoben stecken im Keller der Kammer für Arbeiter und Angestellte.

»Hart und gehässig sind hier in Leoben die Urteile«, erzählen die Erwerbslosen vor dem Landgericht, in dem auch die öffentlichen Ämter untergebracht sind. »Wir waren hier eingesperrt, wie s' den Wallisch und sein Weib angeschleppt haben. Eine Unruh war in der Nacht. Wir Gefangene haben wohl gemerkt, daß was Besonderes losgeht, aber das haben wir nicht geträumt, daß man unseren Genossen Wallisch aufhängt. Zweimal hat es gewaltig durch das ganze Gefängnis durchgeschrien. Wie s' die Paula Wallisch zu ihrem Mann gebracht haben, und dann, wie sie ihn weggeschleppt haben.

Und der Henker war ein Selcher aus Wien.

Damals bei der Verhandlung war alles rundum abgesperrt von Alpenjägern. Das war aus Klagenfurt das elfte Regiment.

Nämlich, was bei den Alpenjägern steht, das muß Abitur haben.

Kürzlich beim Schwurgericht haben die Geschworenen hier beisammengestanden, denn sie werden von hier aus miteinander reingeführt. Da ist plötzlich ein Motorradfahrer angekommen, hat jedem einen Brief in die Hand gedrückt und war weg. Der Brief war von der Roten Hilfe. Drin stand: Die Geschworenen sollen sich solidarisch zeigen mit den Angeklagten.«

Nach einiger Mühe gelingt es, aus einer Amtsstube einen Blick in den Hof zu bekommen. Der Galgen ist abmontiert. Drei Meter tief mußten Kriminalhäftlinge das Loch schaufeln, in das der Pflock gesetzt wurde. Von ihm aus konnte man weit über das in dieser Gegend flachere Land sehen, über die ferner gerückten Berge. Der schmutzige Hof liegt voll Holz und Stroh. Kriminalhäftlinge füllen Säcke.

Die endlose, heiße Straße nach dem Friedhof ist hier und dort mit Hakenkreuzen gestempelt. Hammer und Sichel zeigen sich auf den Bretterzäunen und Häuserrücken. Von diesen Tagen ab trifft man sie dichter und dichter auf den Bretterzäunen, Waldwegen und Landstraßen.

Ich gehe auf dem heißen Friedhof umher und suche nach Männern und Frauen, die aussehen, als ob sie das Grab besuchen. Wie der Wiener ist auch der Leobener Friedhof bespitzelt. Das Wallisch-Grab ist flacher als die Erde, grasig, ein paar zerquetschte Butterblumen liegen darauf. »Sie haben mit den Stiefeln draufgetrampelt«, sagt der Grabbesucher, der mit gerunzelter Stirn auf die zerquetschten Butterblumen herunterstarrt wie auf eine Inschrift. »Sie geben vierzehn Tage Arrest jedem, der Blumen drauflegt.«

Ich denke mir, daß der Weg des Wallisch hier zu Ende ist. Aber der Grabbesucher sagt: »Was hier drin liegt, soll nur der Rumpf sein. Weil doch der Wallisch in Räteungarn mit dabei war, heißt es, hat der Dollfuß seinen Kopf dem Horthy geschickt.«

Am Nachmittag sitzen wir zu fünft oder sechst in einem kleinen Wirtshausgarten unweit der Hauptstraße. Weiße und rosa Kastanienblüten betupfeln die Tische und fallen in die Gläser. Heute erwartet Leoben die italienischen Offiziere, die Dollfuß zum Ersten Mai nach Wien eingeladen hat, um den Matteotti-Hof umzutaufen in Gio-Hof (Gio, von Marxisten im Stadtrat von Bologna ermordet). Mit Nägeln sind die Landstraßen gespickt für diese Gäste, die bis zum Semmering zehnmal die Reifen wechseln werden.

Im Wirtshausgarten streiten die Lebenden über den Toten. »Die Freiheit, die wir jetzt meinen, das ist 'ne ganz andere Freiheit als die, die sie dem Wallisch im Mund abgewürgt haben. Tot ist die Demokratie, ja, tot und abgewürgt, und mit den Schuhen draufgetreten und soll auch nicht mehr hochkommen.«

»Daß du so sprichst über einen Toten –«

»War aber doch ein Packler. Wenn er auch hat bluten müssen, ist doch immer so gewesen, daß man hat müssen Pakte mit seinem Blut unterschreiben.«

»Daß ihr so über einen Toten sprecht«, sagt einer, »das sieht euch wieder ganz ähnlich, euch. Wißt ihr denn überhaupt, wer das war, der Wallisch? Ganz von klein auf hat er gekämpft, zuerst als Maurerlehrling daheim und dann im Bauarbeiterverband, ein Bursch, blutjung. In Triest vor dem Krieg hat er gekämpft bei dem großen Bauarbeiterstreik, in Szegedin war er Parteisekretär, und in Räteungarn hat er gekämpft. Und dann in Marburg hat er aufgebaut, ah, ihr wißt ja nix. Abgebrannt sind s' zu Fuß nach Graz geflohen, sein Weib und er.« Wir werden unterbrochen durch das Gebrumm der italienischen Motoren. Über dem dünnen Bürgerinnenspalier flattern ein paar welke Hände.

»Und solch ein Toter, der so gelebt hat wie der und so gestorben ist –« – »Halt, so tot ist er denn doch wieder nicht, der Wallisch, so ein ganz Toter, daß man nicht mehr mit ihm soll streiten können, daß man nicht mehr heraussuchen soll können, wo er gekämpft hat und wo er gepackelt hat, wo er falsch ist und wo er richtig ist. Das weiß ich auch ohne dich, daß der Mann Fleisch war vom Fleisch der Arbeiterklasse, das man gequält hat; daß es *unser* Hals war, den man gewürgt hat, und auf *unserem* Hals sind rote Flecke. Und deshalb, weil es so ist und weil wir wissen, daß es so ist, deshalb ist der Mann nicht tot und heilig, sondern mit Fehlern und lebendig.«

V
Jenseits der Donau

KURT KLÄBER

Karl

Unter den Wiener Arbeitern, die am dreizehnten, vierzehnten und fünfzehnten Februar den Goethehof vor den anstürmenden Heimwehrleuten, Polizisten und Soldaten verteidigten, war auch ein junger Ottakringer, dessen persönliche Tapferkeit verdient, daß man sie besonders hervorhebt. Vor allen Dingen, daß man seiner nicht vergißt und die Erinnerung an ihn mit ehernem Griffel in die Geschichte der österreichischen Arbeiterbewegung eingräbt.

Er hieß Karl, sein Nachname war Rölsch oder Rösch. Er war der Sohn eines kleinen Gerbers und schon seit seinem siebzehnten Lebensjahr, bis auf einige kleine Handlangerdienste, die er hie und da verrichten konnte, erwerbslos. Er wußte, als er hörte, daß die österreichische Regierung im Namen Gottes und einiger anderer hochstehenden Herrschaften auf die Wiener Arbeiter schießen ließ, daß jetzt entweder das alte Leben so schlecht würde, daß man besser täte, es wegzuwerfen, oder ein neues Leben anfinge.

Er gehörte dabei weder einer Partei an noch dem österreichischen Schutzbund. Er war nichts weiter als einer von den Hunderttausenden der Wiener Arbeitslosen, die aber, obwohl sie nicht organisiert sind, genauso auf den Sozialismus hoffen wie ihre organisierten Genossen und eigentlich nur darauf warten, daß man sie aufruft und in das Feuer der Kämpfe für den Sozialismus führt.

So einer war unser Karl, und er wußte auch, jetzt war diese Zeit da. Er ging allerdings ziemlich unvorbereitet in diesen Kampf. Er hatte nichts weiter an als eine geflickte Hose und einen zerrissenen Sweater und trug eine alte Pelzkappe, die vorher die Ohren eines Rentiers vor dem Erfrieren geschützt hatte, und als Waffen harte er seine Fäuste und seinen proletarischen Mut.

So wurde er von einem unteren Schutzbundführer im Goethehof in ein Zimmer über einem der großen Torbogen gesteckt. In diesem Zimmer waren bereits zwei Schutzbundleute, von denen jeder ein Gewehr und zwei Dutzend Patronen hatte. Karl bekam den Befehl, ihnen zu helfen, wenn es nötig war. Einmal, indem er die Verbindung mit den Nachbarräumen und dem Befehlsstab, der in einem Hinterzimmer untergebracht war, aufrechterhielt, und sonst durch kleine Dienstleistungen, wie sie sich aus den allgemeinen Kampfhandlungen ergeben würden.

Man kann wohl sagen, daß das nicht gerade Aufgaben waren, die einen jungen Arbeiter, der sein Leben für die Sache der Arbeiterschaft hingeben will, befriedigen konnten. Noch dazu, wo am Ende der Straße bereits von Pioniertruppen Schützengräben ausgehoben und der Goethehof unter Maschinengewehrfeuer genommen wurde. Aber Karl tröstete sich mit der festen Hoffnung, daß er seinen Mut sicher auch noch auf andere Weise bestätigen könne. Da er außerdem durch die lange Arbeitslosigkeit auf das Warten eingestellt war, kümmerte ihn das auch nicht weiter, und er tat alles, um dem erhaltenen Befehl gerecht zu werden.

Er mußte allerdings ziemlich lange warten. Den ganzen Tag wurde nichts weiter gemacht, als in langsamen Abständen, einmal von der einen Seite und einmal von der anderen Seite, geschossen. Tote gab es wenige dabei, denn die Kameraden vom Schutzbund hatten keinerlei Interesse, ihre schwachen Kräfte unvorsichtigerweise aufzubrauchen, und die Heimwehrleute, Polizisten und die sonstigen Streitkräfte der österreichischen Exekutive waren, wie alle Söldnertruppen der Welt, nur darauf bedacht, den Sold, der ihnen für das Zusammenschießen der Wiener Arbeiter versprochen worden war, noch in Gesundheit und nach Möglichkeit ohne ein Loch im Bauch zu verzehren.

Auch in der ersten Nacht geschah nichts weiter, als daß die Pioniere unter dem Schutz von Raketen und Streufeuer ihre Gräben ein paar Meter weiter vortrugen, und die Schutzbundleute benutzten die Dunkelheit, um ein paar Reserven heranzuziehen, außerdem Proviant und Patronen zu ergänzen, die ihnen ja durch den Verrat ihrer Führer beinahe schon am ersten Tag ausgegangen waren.

Am zweiten Tag änderte sich bis gegen Mittag auch nichts an der allgemeinen Schießerei, und Karl war schon bereit, auch diesen Tag mit Wassertragen und ähnlichen Hilfeleistungen zu verbringen, als plötzlich gegen Mittag mit Granaten geschossen wurde. Warum? Wahrscheinlich, weil die verschiedenen Regierungstruppen der Meinung waren, daß sie ihr kostbares Leben lange genug in die Feuerlinie gestellt hatten und daß man nun die Kanoniere in diese Feuerlinie lassen sollte, vielleicht auch, weil sich die Regierung vom Schießen mit Kanonen mehr versprach als vom Schießen mit Maschinengewehren. Und da Kanonen bekanntlich größere Löcher reißen als Maschinengewehre, besonders wenn man sie wie in Wien unmittelbar vor ihrem Ziel aufstellt, passierte es bald, daß eine Granate die Wand auseinanderriß, hinter der Karl mit seinen beiden Schutzbündlern lag, und da einer dabei von der einfallenden Mauer begraben wurde, hatte Karl nun ein Gewehr und konnte schießen.

Er hatte früher oft geschossen, zwar mit kurzen Stutzen und nach Scheiben, aber er hatte das nicht schlecht gekonnt, und er versuchte auch jetzt sein Bestes. Es war allerdings nicht leicht, jemand zu treffen, denn die Soldaten und die Heimwehrleute verließen sich darauf, daß die Kanoniere schon ganze Arbeit leisten würden, und waren noch weniger zu sehen als am ersten Tag. Nun, Karl war der Meinung, daß sie wahrscheinlich doch einmal ihre Verstecke verlassen würden und daß es dann gut sei, wenn er noch ein paar Schüsse in seiner Flinte hätte. Er beteiligte sich deswegen nicht an der allgemeinen Schießerei, die als Antwort auf jeden Kanonenschuß aus dem Goethehof begann, sondern er schoß nur, wenn es wirklich etwas zu schießen gab, und wartete ab.

Die Kanonen taten unterdessen ganze Arbeit. Sie brachen in die breite Häuserfront ein, als wäre sie nur für sie hingestellt. Sie schlugen da eine Fassade auseinander, brachen dort eine Mauer ein. Manchmal konnte man dann einen Augenblick eine Mutter mit ihren Kindern sehen, die bis zu dieser Minute in ihrer Häuslichkeit ausgehalten hatte, weil sie sich trotz aller Hinweise der Nachbarn da am sichersten fühlte. Es war diesen Frauen einfach unfaßbar, daß man in ihre umfriedete Häuslichkeit mit Kanonen schießen könnte, auf Befehl einer Regierung, die Haus und Familie über alle Tugenden der Welt stellte. Aber so ist es, der Arme ist immer erst von der teuflischen Schuftigkeit seines reichen Nachbarn überzeugt, wenn es zu spät und für ihn nichts mehr zu retten ist. Nun, die armen Frauen kamen wahrscheinlich nicht einmal zu dieser Überlegung, denn sie waren in den meisten Fällen durch den Krach der einschlagenden Granaten und den Sturz der Mauern sofort betäubt oder ohnmächtig, und sie sahen ja auch nicht mehr, daß auch ihre Kinder erschlagen und zerrissen wurden und mit Steinen, Mörtel und Holz auf die Straße sausten.

Auch die Schutzbündler hatten immer mehr Verluste. Nebenan stöhnte einer. Es war ein kleiner Straßenbahner. Karl hatte ihn zweimal flüchtig gesehen. Karls zweitem Nachbarn – vom ersten sah man nur noch die Beine unter dem Schutt hervorragen – fiel ein Mauerstück auf die Hände. Er schrie einige Male auf, und Karl tat alles, um seine Schmerzen erträglicher zu machen. Er litt allerdings nicht lange, ein paar Minuten später traf ihn einer der glühenden Eisensplitter, die wie Hagel über das Haus strichen. Die tapferen Kanoniere schossen, da ihnen das Schießen immer mehr Spaß machte und sie wohl nicht so bald wieder zu einer so guten Zielscheibe zu kommen gedachten, jetzt auch mit Schrapnells. Der Splitter fuhr dem Ärmsten durch den Rücken in den Leib. Er schnellte einmal in die Höhe, schrie noch einoder zweimal auf, dann legte er sich still auf die Seite. Er war tot.

Karl drückte ihm die Augen zu, nahm sein Gewehr und seine Patronen an sich und schob sich etwas nach rechts in die Ecke, wo er sich hinter einer Kommode und einem halb umgeschlagenen Sofa einigermaßen sicher fühlte. Es war übrigens höchste Zeit, daß er sich dort versteckte, denn es knallte jetzt ziemlich oft über ihm, und es war beinahe ein Wunder, daß ihn nicht schon längst eine der tausend Kugeln oder Stahlsplitter getroffen hatte.

Das Schießen aus dem Goethehof wurde übrigens immer

schwächer. Zum Teil waren es die Verluste, zum Teil aber auch der große Mangel an Munition. Auch die Heimwehrleute schienen das bemerkt zu haben, jedenfalls schob sich ab und zu ein Kopf oder ein Arm hinter den Sand- und Steinbarrikaden hervor, und Karl hatte auch die Möglichkeit, wieder zu schießen. Er hatte aber, wie er bald feststellte, die Tapferkeit der Wachleute überschätzt. Es waren meistens nur ihre Kappen oder ihre Uniformröcke, die die Kerle aus ihren Verstecken heraushoben, und sobald sie merkten, daß noch irgendwo geschossen wurde, zogen sie beides wieder ein, und die Artillerie schoß weiter.

Es wäre nebenbei leicht gewesen, mit den wenigen Verteidigern, die noch im Goethehof waren, zu verhandeln. Vor allen Dingen, weil die Leute bereits wußten, daß ihr Kampf nutzlos war, daß die anderen Schutzbundgruppen bereits geschlagen oder auseinandergelaufen waren. Aber die Herren von der Regierung waren wohl der Meinung, daß ein toter Arbeiter im Augenblick für sie besser sei als ein lebendiger, und weil den Heimwehrleuten, nun, da die größte Gefahr überstanden war, das Schießen immer mehr Vergnügen machte, wollten sie ihnen diese Freude noch eine Weile lassen.

Jedenfalls war Karl heilfroh, daß es langsam dunkel zu werden begann und das Schießen auf beiden Seiten wieder ganz eingestellt wurde. Er konnte sich endlich einmal recken und strecken, es war ja hundekalt, seitdem ihm die Artillerie die Vorder- und Hintermauer zerschossen hatte. Außerdem regnete und schneite es, und er klapperte, als läge er nackt auf der Erde. Er hatte auch Hunger und Durst, der Goethehof war ja seit dem Morgen von jeder Proviantierung abgeschnitten. Und vielleicht konnte er sich in der Dunkelheit auch wieder ein paar Patronen verschaffen.

Es war ihm aber nicht möglich, aus dem Loch herauszukommen. Die Regierungstruppen leuchteten die ganze Häuserfront mit Scheinwerfern ab, und sobald sich Karl hinter seiner Kommode rührte, krachte es. Der arme Kerl mußte also, trotzdem ihm Hände und Füße schon zu Eisklumpen geworden waren, auch die Nacht auf seinem Posten aushalten.

Die Regierungstruppen hatten die Nacht weit besser ausnutzen können. Als es hell wurde, sah Karl, daß sie unter dem Schutz der Dunkelheit beinahe bis an den Goethehof herangekommen waren. Außerdem hatten sie sich im gegenüberliegenden Kloster eingenistet. Das war ein wichtiger Punkt. Auch die Arbeiter hatten das Kloster am ersten Tag besetzen wollen, aber die Mönche hatten sie davon abgehalten mit dem Versprechen, daß sie nie zulassen würden, daß aus dem Haus des Herrn eine Mördergrube würde. Nun mußten die Arbeiter ihre Leichtgläubigkeit bezahlen. Die Heimwehr konnte vom Kloster direkt in den Goethehof hineinschießen.

Es dauerte auch nicht lange, und die Schießerei begann wieder. Zuerst natürlich wie am Tage zuvor mit Granaten und Schrapnells. Als die Fassade gegen Mittag wie ein Sieb aussah, schoß man auch wieder mit Gewehren, Maschinenpistolen und Maschinengewehren. Karl freute sich schon. Nun würden die Wachleute wahrscheinlich auch bald zum Sturm ansetzen. Er hatte noch elf Patronen, und dann konnte er die blanken Stahlmantelgeschosse, die er so sorgsam gehütet hatte, doch noch an den Mann bringen.

Aber die Wachleute waren genauso vorsichtig wie am ersten Tag. Sie rutschten nur hinter großen stählernen Schutzschilden vorwärts. Außerdem wurden sie durch die Soldaten, die sich im Kloster eingenistet hatten, gedeckt. Sobald einer aus dem Goethehof auf die langsam vorwärtsschleichenden Wachleute schoß, wurde der Schütze mit einem Hagel von Geschossen aus dem Kloster belegt, und Karl konnte auch beobachten, daß die Geschosse ihr Ziel erreichten, jedenfalls waren die Schützen danach meistens still.

Karl tat deswegen alles, bevor er selber in die Beschießung der immer schneller näher kommenden Wachleute eingriff, um sich auch vor den Angriffen aus den Klosterfenstern und vom Klosterdach aus zu schützen, und erst, als er das notdürftig getan hatte, nahm er die anstürmenden Wachleute langsam und bedächtig aufs Korn, und wenn sich hinter den Schutzschilden ein Arm, ein Kopf oder ein Fuß zeigte, schoß er.

Er traf ziemlich gut, denn die Wachleute beantworteten beinahe jeden seiner Schüsse mit einem lauten oder leisen Schrei. Man wurde dadurch nur doppelt auf den Schützen aufmerksam, der übrigens mit der letzte war, der aus der breiten Hausfront schoß. Man brachte sogar ein Maschinengewehr in eines der Klosterfenster und nahm seine Höhle damit unter Feuer. Karl mußte dadurch seinen Platz einige Male wechseln, und dabei glückte es einem Wachmann, der oben auf dem Klosterdach saß, Karl in den Arm zu treffen.

Nun, wenn der Arm auch schlapp wurde und sonderbar nach unten hing, ein guter Soldat läßt sich durch eine solche Lappalie nicht aus der Ruhe bringen. Karl stützte also sein Gewehr etwas auf und suchte weiter nach Opfern. Vor allen Dingen war es dieser Kerl auf dem Dach, den er sich auserkor. Dieser, ein junger Heimwehrmann, hatte wohl gesehen, daß seine Kugel getroffen hatte, er war aufgestanden und schrie es seinen Kameraden auf der Straße zu. Es war sonderbar, wie sich dieser Mann nun mitten in seinen Rufen plötzlich drehte, umkippte und wie ein grauer Sack vom Dach auf die Straße plumpste.

»Hundesohn!« schrien die Soldaten. »Schweinehund! Na warte nur!« Und Karl wurde weiter beschossen. Aber er war noch vorsichtiger, schob seinen mageren Leib hinter einen dicken Mauerrest und schoß von dort aus. Er konnte aber nur noch drei- oder viermal schießen, dann waren die Patronen zu Ende. Was nun? Sich dem ersten, der die Treppe heraufkam, an den Hals werfen oder einfach von oben auf die Straße springen? Tot war man auf diese Weise am schnellsten.

Vorerst sah Karl noch einmal bei dem Toten zur Linken nach, ob er nicht doch noch ein paar Patronen hätte, aber er hatte keine. Nur einen Revolver fand Karl in seiner Tasche, einen dikken, großkalibrigen Revolver. Das genügte vorerst. Er schob das Magazin heraus. Es waren noch vier Schüsse drin. Drei für die Wachleute, wenn sie kamen, und einen für sich, denn es war wohl besser, wenn er nicht lebendig in ihre Hände fiel.

Die Wachleute hatten unterdessen auch gemerkt, daß Karl nichts mehr zu schießen hatte, und da auch sonst niemand mehr aus dem Goethehof schoß, sprangen sie hinter ihren Schutzschilden hervor und stürmten gegen die Eingänge. Sie kamen von allen Seiten. Die einen durch das Treppenhaus, die anderen über den Hof, die dritten polterten schon nebenan in der Etage, und da Karls Wohnloch mit das letzte gewesen war, aus dem geschossen wurde, und sie sich den Vogel, der ihren Kameraden so einfach vom Dach geputzt hatte, sowieso einmal gesondert ansehen wollten, schlugen sie hinter ihm die Türfüllung zusammen und drangen ein. Ein paar hatten sich sogar ganz offen unter das große Mauerloch gestellt, aus dem Karl geschossen hatte, denn es konnte ja tatsächlich geschehen, daß dieser Kerl, den sie gern noch lebendig an einen Galgen gebracht hätten, wenn er von allen Seiten umstellt war, in die Tiefe sprang.

Karl tat nichts von alledem. Er lag nur hinter seiner Barrikade und wartete, daß die Wachleute, die eben die Tür eingetreten hatten, näher kamen. Der Revolver hatte wirklich ein zu großes Kaliber, und er wußte, auf zehn Meter schoß er sicher vorbei, auf acht Meter würde von den drei Schüssen bestimmt nur einer treffen, er mußte die Wachleute also mindestens auf drei oder vier Meter herankommen lassen, damit jede Kugel ein Treffer werden konnte.

»Da ist diese Drecksau!« schrien die Wachleute, als sie ihre Köpfe durch die Türfüllung steckten. »Ergib dich, oder wir machen dich zu Brei!« Karl tat auch so, als wollte er sich ergeben. Er stand auf, hatte aber zu gleicher Zeit seine Pistole in die Höhe gerissen, schoß erst auf den vordersten, dann auf den zweiten, dann auf den dritten. Halt, die vierte Kugel war ja für ihn, da aber der vierte so groß und mit einem so käsigen Gesicht in seiner Nähe stand und Karl das bestimmte Gefühl hatte, die anderen, die sich hinter den ersten durch die Tür drängten, hätten noch genug Kugeln für ihn, so hob er diese vierte und letzte nicht für sich auf, sondern schoß auch den vierten nieder.

Er hatte nicht unrecht. Die Wachleute schossen, als sie sahen, daß er seinen Revolver plötzlich fallen ließ, nicht eine Kugel auf ihn, sondern ein halbes Hundert. Sie durchlöcherten ihn noch mehr, als sie die Hausmauern durchlöchert hatten. Sie machten ein Sieb aus ihm, dann schlugen sie auch noch auf ihm herum, trampelten auf seinen Leib und beruhigten sich erst wieder, als auch der ängstlichste von ihnen das Gefühl hatte, daß der arme Kerl tot war.

Auch ein durchsiebter Leichnam ist nicht viel anders als ein anderer, nur daß die Männer und Frauen, die die Toten des Goethehofes später zusammentrugen, Ältere, Jugendliche und Kinder gesondert, merkten, daß das wohl ein besonderer Kerl sein mußte, den die Soldaten so durchschossen und durchstochen hatten, und als sie dann herumfragten und hörten, daß dieses dürre Kerlchen allein neun Wachleute erschossen und genausoviel verwundet habe, hoben sie ihn aus dem großen Haufen heraus und legten ihn auf die Seite.

Sie ließen es sich nicht einmal nehmen, seinen zerfetzten Leib aus den Lumpen herauszuschälen, ihn zu waschen und dann ein reines Hemd über die Wunden und Löcher zu ziehen, und als sie das getan hatten, brachten sie ihn eilig auf einen kleinen Friedhof, der in der Nähe war, und begruben ihn gesondert. Wir wollen auch der Nachwelt nicht verschweigen, was die Leute, die den armen Kerl so heimlich begruben, bei seinem Begräbnis sagten: daß, wenn alle Arbeiter in Wien so tapfer gewesen wären wie dieser, heute wohl nicht die Fahne der Hahnenschwänze über dem Wiener Rathaus wehen würde, sondern die rote. Aber er solle sich nur da unten in seinem Loch keine Sorgen machen, was heute nicht gewesen sei, könne morgen sein, und meistens begännen die Revolutionen erst, wenn die anderen schon meinten, sie wären zusammengeschlagen.

So wollen wir es auch halten.

REINHARD FEDERMANN

Voll Wunden

Wir standen zu fünft in der Einfahrt der Spedition, gedeckt durch den großen Wagen, dessen Lichter nun gelöscht waren. Die Eisenstangen lagen noch so auf der Ladefläche, wie die Arbeiter sie heute früh hinaufgehoben hatten; niemand hatte Zeit gehabt, sie hinunterzuwerfen. Vielleicht konnten sie uns noch von Nutzen sein.

Aber nicht hier. Die Straßen der inneren Bezirke waren beherrscht von Militär, Polizei und Heimwehrkolonnen, hier fiel kein Schuß. Gekämpft wurde nur in den Vorstädten, jenseits des Gürtels und jenseits der Donau. Robert wußte nicht, wie es jetzt im Süden und im Westen stand; genaue Nachrichten hatte er nur aus Floridsdorf, der Arbeiterstadt im Norden; dort und in Kaisermühlen hatten Schutzbundeinheiten sämtliche Wachstuben gestürmt, dort konnten wir Anschluß finden, nur dort. Wir mußten über die Donau. Dabei wußte keiner von uns, ob die Donaubrücken noch passierbar waren oder ebenso von Stacheldrahtrollen und bewaffneten Regierungstruppen gesperrt wie die zur Innenstadt führenden Kanalbrücken, auch Robert wußte es nicht, obwohl er irgendwann am Nachmittag jenseits der Donau gewesen und ungehindert wieder zurückgefahren sein mußte. Es machte aber auch keiner von uns die Bemerkung, daß wir unser Ziel vielleicht gar nicht mehr erreichen würden; die ruhige Art, in der Robert sprach, ließ ein solches Bedenken nicht erst aufkommen. Er half unseren drei Freunden mit ihren Gewehren und Handgranaten auf die Ladefläche und zeigte ihnen, wo sie sich auf die Eisenstangen setzen sollten, damit man sie nicht gleich sah und damit sie doch ihre Waffen gebrauchen konnten, falls es nötig wurde, und ich stand unterdessen frierend auf der Straße und dachte: wir brechen durch. Ich stieg zu Robert ins Führerhaus.

Ich habe noch das kurze Knallen im Ohr, das beim Zuwerfen der Türen entstand. Wir brechen durch, dachte ich, jetzt brechen wir durch. Alles Bisherige war ein Spiel gewesen, ein Spiel mit Erwartungen und Befürchtungen, mit Worten, Vorstellungen und neuartigen Gegenständen, die mir zwar vertraut waren als Wort und Vorstellung, nicht aber als Masse von Holz und Eisen, die ich mit Händen greifen konnte; ein gewohntes Spiel, in dem Wunschträume und das Bewußtsein des eigenen Ungenügens die bestimmenden Faktoren waren, Zorn, Angst und Ungeduld. Jetzt sollten wir der Wirklichkeit begegnen.

Die Wirklichkeit: das war eine harte, rüttelnde Bank für mich, ein Vorschnellen in die Finsternis, Kälte, dumpfer Ölgeruch, ein betäubendes Rasseln, das unsere geschrienen Worte verstümmelte.

Es klang nicht wie Entschuldigung, was Robert mir zurief, eher wie ein rauher Vorwurf. Er hatte keinen Sinn darin gesehen, mich anzurufen, er hätte mir nichts Neues mitteilen können. Sein Zug war verloren, wozu sollte er mir das sagen? Er war zu derselben Zeit mit seinem Wagen unterwegs gewesen, um irgendein höheres Schutzbundkommando zu suchen. Er wollte durch die Innenstadt nach Favoriten, denn auch er hatte gehört, daß sich dort die zentrale Kampfleitung befand. Er hatte es bei der Aspernbrücke versucht, bei der Franzensbrücke, schließlich bei der Schlachthausbrücke, aber er war nirgends mehr über den Kanal gekommen. Er fuhr zurück. Als er sich dem Kohlenhof näherte, begegneten ihm grüne Arrestantenwagen, und vor dem geschlossenen Gittertor hatte die Polizei einen Doppelposten zurückgelassen. Er fuhr vorüber. Ich bin sicher, daß ihm niemand die verlorenen Hoffnungen ansah. [...]

Ich habe mir die Gassen nicht gemerkt, durch die Robert fuhr, ich erinnere mich nur, daß er die Durchzugstraßen mied und daß ich mich immer wieder festhalten mußte, weil wir alle Augenblicke um eine Ecke bogen. Was dann geschah, ging schneller, als ich es erzählen kann. Vor uns tat sich ein freier Platz auf, und zugleich hörten wir langgezogene Haltrufe, und unser Licht ging aus. Ich hatte mich noch darüber gewundert, daß Robert nur mit einer Hand lenkte, die andere hatte er am Lichtschalter. Ich konnte nicht verstehen, wie er in der Finsternis überhaupt etwas sehen konnte, er schien aber genau zu wissen, wohin er fuhr, er lenkte den Wagen so mühelos, als sei es heller Tag. Ich hörte jenes durchdringende Pfeifen, von dem ich bisher nur gelesen hatte und das durch die Geschwindigkeit entsteht, mit der ein fliegender fester Körper die Luft verdrängt, hörte die krachenden Abschüsse, ich zog den Kopf ein, und dann war vor mir eine lange Bahn von Licht, in dessen Strahl ich springende Gestalten sah und die Pfeiler der Brücke. Von allen Seiten wurde geschossen, ich hörte in der gleich wieder einbrechenden Finsternis das Gellen von Querschlägern, das dumpfe Klatschen der Projektile gegen Mauern, vielleicht bildete ich mir das auch nur ein, aber die Explosionen in meiner nächsten Nähe, die mir einen Schmerz in den Ohren verursachten, die habe ich mir nicht eingebildet, und den Feuerschein, der sie begleitete und zusammen mit dem Krachen hinter uns wegstarb: Chwala, Rubin und Beranek warfen ihre Handgranaten ab. Ich hielt meinen Revolver in der Hand, ich wußte nicht, was ich damit anfangen sollte, ich zuckte unter den Detonationen. Es war, als wären wir ins Zentrum eines Gewitters gefahren, und wenn sich die Donner wie ein Kometenschweif hinter uns verloren, bohrten sich vor uns schon wieder neue Blitze in die Dunkelheit.

»Jetzt«, sagte Robert Gernhardt. Ich machte die Augen auf, ich sah das Eisengeländer der Brücke neben uns vorbeiziehen, aber wir fuhren nicht wie bisher, der Wagen bewegte sich in kurzen Rucken, er schwankte, neigte sich, dann waren die eisernen Streben direkt vor uns, ich fiel vom Sitz, schützte im letzten Moment meinen Kopf instinktiv mit den Armen. Ich hörte ein blechernes Dröhnen, das nicht aufhören wollte. Jemand zerrte an meinem Mantel, schüttelte mich wie einen Betrunkenen. »Runter!« schrie Robert mir ins Ohr.

Ich schlug mir den Kopf an, ich landete mit Händen und Knien auf kaltem Stein. Robert schleifte mich das Geländer entlang. Ich sah die aufgerissene Seitenwand des Lastwagens, unter mir glänzte schwarz der Strom. Ich verstand überhaupt nichts mehr.

Ich hörte Schüsse ganz in der Nähe, ich lief, von Robert gezogen und gestoßen, ich merkte, daß ich meinen Revolver verloren hatte. Dann hörte ich eine Detonation, die lauter war als alle früheren. Ich blieb stehen und sah mich um. Unser Lastwagen brannte. Hinter ihm, auf der Brücke, ein Rudel balgender Männer.

»Wir laufen ja zurück!« rief ich Robert zu.

Er packte mich wieder am Arm, ich stolperte Stufen hinunter. Unser Wagen war verloren, das konnte ich sehen. Er war nicht mehr als ein von Flammen umgebenes schwarzes Gerüst, ans Geländer gequetscht wie weggeworfen mit großer Kraft. Ich verlor ihn aus den Augen. Über uns auf der Brücke wurde noch immer geschossen.

Wir standen wie in einem Schacht, in völliger Finsternis, in Sicherheit.

»Der linke Vorderreifen«, sagte Robert. »Zerschossen. Wir müssen zur Eisenbahnbrücke.«

»Wo sind die andern?« fragte ich.

»Davon.«

»Aber die Rauferei auf der Brücke?«

»Das war nur einer«, sagte Robert. »Den haben sie. Dort gibt's kein Hinüberkommen.«

»Wer war es?«

»Weiß nicht.«

Wir gingen genau unter der Brücke auf die Donau zu. Ich kam langsam zu mir. Ich spürte, daß mir Blut über das Gesicht rann. Manchmal sah ich Robert als einen Schatten, dann wieder überhaupt nichts. Ich hörte keine Schüsse mehr, nur das Hallen von Laufschritten, entfernte Stimmen, laut und gedämpft.

»Nach rechts«, hörte ich Robert sagen. Er faßte mich am Handgelenk, führte mich wie einen Blinden. Ich stolperte über ein Drahtseil, riß mich blutig, fluchte, Robert half mir auf. Wir rührten uns nicht und horchten. Dann gingen wir langsam weiter, und ich hatte das Gefühl, daß wir uns immer mehr dem Wasser näherten. Ich ging mit Robert, bis er mich losließ.

»Wart' hier«, sagte er. Dann war er weg.

Ich war froh, verschnaufen zu können. In der Ferne sah ich hie und da einen kurzen Lichtschein, hörte ein leichtes, lustiges Geknatter. In meiner Nähe war alles still, zu Anfang wenigstens. Dann hörte ich den leisen Schlag der Wellen gegen das Ufer. Ein Plätschern. Einen Schritt.

»Robert?« fragte ich halblaut.

Da waren sie auch schon über mir. Sie traten mich gegen die Schienbeine und schlugen mich ins Gesicht. Sie schrien »Hände hoch!«, obwohl sie mich ohnehin schon unter ihren Fäusten hatten. Sie fanden meine Handgranaten und zerrten sie mir aus den Taschen. Sie traten mich in den Bauch und schlugen mir ihre Gewehrkolben ins Kreuz.

»Robert!« schrie ich aus aller Kraft, »Robert, Robert!«

Ich konnte nicht fassen, daß sie von mir abließen. Irgendwoher kam starkes Licht. Ich sah ihre Hahnenstöße an den Mützen. Es waren zwei Mann. Ich sah sie ihre Gewehre anlegen. Sie schossen. Ich rannte.

Ich hatte keine Ahnung, wohin ich rannte. Der Lichtstrahl jedenfalls fand mich nicht. Hinter mir schossen sie ununterbrochen. Ich fiel ein paarmal, blieb liegen, rannte. Vor mir war ein Maschengitter. Ich sprang es an wie ein Tobsüchtiger seine Zellenwand. Ich war oben, ließ mich fallen, landete auf Schienen, rannte die Schienen entlang, ich rannte, bis ich nicht mehr konnte. Ich hörte mich keuchen, hielt mir die Seiten, dachte mir, ich müsse möglichst bald etwas für mich tun. Jetzt hörte ich keine Schüsse mehr. »Das war nur einer«, sagte irgendeine Stimme, »das war nur einer, den haben sie.« Ich wußte jetzt, wo es in die Stadt zurückging. Ich konnte in der Ferne den massigen Unterbau der Brücke sehen, die Säulen über dem helleren Wasser, hoch oben die Fackel unseres Wagens, die nun schon ganz klein geworden war. Ich wunderte mich, daß der Wagen noch immer brannte.

Ein Mann stand vor dem Haustor, ich sah ihn zu spät, sonst wäre ich ausgerissen, trotz meiner Erschöpfung. Ich weiß nicht, welche Straße es war, ich kann mich nicht erinnern, wie ich dorthin gekommen war, es muß irgendwo in der Brigittenau gewesen sein, nicht weit von der Donaubrücke. Sie mußten dort den Lärm gehört haben: die Schießerei und das Gebrüll.

Der Mann sagte mir in freundlichem Tonfall, ich sei ein Idiot, und zog mich ins Haustor. Eine Wohnungstür ging auf, ich erschrak vor dem vielen Licht, sie hatten dort Karbidlampen aufgestellt. Vor mir stand eine junge Frau, die ihre Hände zusammenschlug und ausrief, man hätte mich sauber hergerichtet.

Ich sah mir den Mann an. Es war ein kleiner Mann, in den Dreißigern, er hatte ein pfiffiges Gesicht, aber er sah zu schäbig aus, als daß ich Angst vor ihm gehabt hätte. Ohne nachzudenken, wie ein Automat, beantwortete ich seine hastigen Fragen.

Die Frau stellte eine Waschschüssel vor mich hin und brachte mir ein Handtuch. Ich ließ es, wo es war, und setzte mich auf den Stuhl, den der Mann mir hinschob. Es waren noch zwei andere Frauen da. Sie betrachteten mich von weitem; auch sie schlugen die Hände zusammen und bestätigten einander in jämmerlichem Ton irgend etwas Trauriges. Ich sah auf eine rötlichbraune Photographie unter Glas und Rahmen: zwei kahlgeschorene Knaben in Matrosenanzügen und eine Frau mit hochgetürmter Frisur. Aus einem der beiden Stiftenköpfe schien der pfiffige kleine Mann geworden zu sein. Er steckte mir eine brennende Zigarette in den Mund. Währenddessen hörte er nicht auf, mich auszufragen, und beugte sich interessiert zu mir nieder.

Ich rauchte in tiefen Zügen. Wie nach der Henkersmahlzeit, dachte ich. Ich spuckte einen blutigen Zahn in meine Hände. Der Mann schob mir diensteifrig einen Aschenbecher hin, es war ein Aschenbecher aus blauem Glas, klein und blank. Ich legte behutsam den Zahn hinein und stäubte Asche darüber. Ich rauchte, als würde ich nie mehr etwas zu rauchen bekommen. Die Frauen waren jetzt nähergerückt und ließen mich nicht aus den Augen.

Es klopfte, und ein hagerer Mann in karierten Knickerbockerhosen trat ein. Er rauchte aus einer hölzernen Zigarettenspitze, langsam und mit aller Vorsicht, wie es schien. Er betrachtete mich prüfend, schien aber nicht im geringsten erstaunt zu sein, mich hier zu sehen.

»Ihr seid von drüben gekommen, nicht wahr?« fragte er mich.

»Wir wollten hinüber.«

»Blödsinn«, sagte der Mann. »Die Brücke ist gesperrt.«

Die junge Frau fragte mich, ob ich verwundet sei. Sie sagte etwas von heißem Tee und wies noch einmal auf die dampfende Waschschüssel. Ich drückte den winzigen Rest meiner Zigarette aus und stand mühsam auf. Ich zog meinen zerrissenen Mantel aus. Auch mein Rock war zerrissen, selbst das Hemd. Die Frauen wendeten meine abgelegten Kleidungsstücke hin und her, kopfschüttelnd und mit Ausrufen der Verwunderung und der Entrüstung.

Während ich das warme Wasser über mein Gesicht rinnen ließ, hörte ich, wie sich die beiden Männer über den Umstand unterhielten, daß die Eisenbahnen fahrplanmäßig fuhren, als sei dies ein Tag wie jeder andere. Der Hagere wußte genau Bescheid. Er berichtigte den kleinen Mann, indem er von mehrstündigen Verspätungen erzählte.

»Die streiken nicht«, sagte er dann, »weil wir sie beim letzten Streik haben hängenlassen.« Einen Augenblick glaubte ich, Robert reden zu hören. Ich schaute ungläubig auf den Mann mit den Knickerbockern. Er sah aus wie ein Mann, der jederzeit über alles informiert und sehr zufrieden mit sich ist. Nein, es war nicht Robert, der nicht.

Er mußte übrigens die Tür offen gelassen haben. Immer mehr Leute betraten die Wohnküche, und alle beobachteten mich, als hätten sie noch nie einen Mann gesehen, der sich wäscht. Freilich, mein Waschwasser war rot von Blut.

»Ihr habt einen großen Fehler gemacht«, sagte der kleine Mann zu mir. »Heute nacht kommen sie sowieso herüber aus Floridsdorf und von überall. Heute nacht wird die Innenstadt gestürmt.«

Die junge Frau reichte mir mein Hemd und half mir in den Rock. Es waren jetzt so viele Menschen in der Küche, daß ich mich schon nicht mehr hätte durchdrängen können, wäre ich plötzlich gezwungen gewesen davonzulaufen. Ich erinnerte mich, daß ich dem Mann mit dem pfiffigen Gesicht in den ersten Minuten eine ganze Menge Fragen beantwortet hatte, und meine Geschichte hatte inzwischen längst die Runde gemacht und wurde immer noch weiter kolportiert. Ich sah durch die offene Tür, daß sich inzwischen auch im Hausflur Leute angesammelt hatten, und brennende Kerzen wanderten draußen vorüber. Das ganze Haus schien lebendig geworden zu sein.

»Die Innenstadt stürmen!« sagte der Hagere mit den karierten Knickerbockern zu den Versammelten. »Wie der sich das vorstellt. Wo das ganze Bundesheer ausgerückt ist!«

Der kleine Mann ließ sich aber nicht beirren. »Heute nacht kommen sie herüber«, wiederholte er.

Irgend jemand meldete, die Arbeiter hätten schon am frühen Abend den ganzen Gürtel besetzt. Alle Augenblicke fragte mich jemand, an welcher Körperstelle ich verwundet sei. Da ich keine genaue Auskunft gab, machten sie enttäuschte Gesichter. Die junge Frau zog mich zum Herd und drückte mir eine Tasse Tee in die Hand. Ich schmeckte Rum und wollte die Tasse schon auf den Herd zurückstellen, aber dann dachte ich mir, es ist eine Ausnahme, und trank doch. Ich tastete nach Zigaretten. Die mir zunächst standen, machten mir ehrfurchtsvoll Platz.

»Wie viele wart ihr?« fragte mich der Hagere, der noch immer das große Wort führte. Ich gab ihm Antwort.

»Fünf Mann!« rief er und schlug sich vor die kahle Stirn. »So ein Blödsinn!«

»Aber heute nacht kommen sie herüber«, sagte der Kleine. Ich sah mich vergeblich nach einem Fluchtweg um. Es konnte nicht sein, daß in diesem Haus nur Gutgesinnte wohnten. Und irgendein Mieter hatte bestimmt Telephon.

»Ich will Ihnen hier keine Scherereien machen«, sagte ich der jungen Frau ins Ohr. Sie wehrte ab. Sie sagte, da draußen sei es jetzt zu gefährlich. Aber dann muß sie meine Aufregung bemerkt haben oder meine Angst, oder was immer es war.

»Ich zeig's Ihnen«, sagte sie laut.

Sie ging mir voraus, und wieder machten mir die Leute respektvoll Platz.

Als sie mir das Haustor aufgesperrt hatte, wollte ich ihr die Hand geben; aber ihre Hand war an meinem Hals und auf meiner Wange und streichelte mich. In diesem Augenblick spürte ich, daß mein Gesicht voll Wunden war, und die Wunden begannen mich zu brennen.

OTTO ROLAND

Aschermittwoch

Es war am Aschermittwoch, dem 14. Februar, gewesen ... Ein orkanartiger Sturm hatte seit den frühen Morgenstunden über Österreich getobt, und Schneestürme in den Bergen der Steiermark hatten dort die letzten Aufständischen vertrieben. Auch in Wien ließen die Straßenkämpfe, die zwei Tage und Nächte getobt hatten, allmählich nach. Nur vereinzeltes Gewehrfeuer da und dort erinnerte die Einwohner daran, daß sich noch immer einige tausend Schutzbündler verbissen wehrten, weil sie nicht gewillt waren, dem »großherzigen« Bundeskanzler Dollfuß demütig zu Füßen zu fallen.

Nur Floridsdorf, der einundzwanzigste Bezirk der Hauptstadt, war noch in den Händen der aufständischen Arbeiter. Die Regierung befürchtete, daß der Hauptstoß gegen die Innere Stadt über die Reichsbrücke erfolgen würde, die das linke mit dem rechten Donauufer verband.

Vor dem Goethehof in Kaisermühlen, am Rande des Bezirks, nahe der Alten Donau, lagen die Leichen zweier junger Arbeiter. Neben ihnen hatten Polizisten ein Schild mit der Aufschrift befestigt: »Das verdankt ihr euren Führern!«

Den riesigen Gemeindebau bewohnten über tausend Arbeiter mit ihren Familien. Einige der Frauen hatten sich mit ihren Kindern in die Kellerräume geflüchtet. Auch die blonde Anna, Karl Bofingers junge Frau, mit ihrem drei Monate alten Söhnchen war unter ihnen. Ihr Gesicht mit den breiten Backenknochen und den hellen Augen war blaß, wie die Gesichter aller Frauen hier. Ihre fest zusammengepreßten Lippen verrieten die Anstrengung, der Müdigkeit Herr zu werden, die alle hier verzweifelt Ausharrenden zu überwältigen drohte.

Immer noch umbrauste der Sturm den mächtigen Bau; wenn

eine kleine Atempause eintrat, richtete Anna sich auf, um irgendwelchen Geräuschen zu lauschen, die eventuell ein Ende dieses zermürbenden Wartens verhießen, und sei es auch neu aufflammender Kampf, der eine Entscheidung brächte ... Am Vorabend hatten die Regierungstruppen durch einen Parlamentär den Bewohnern des Goethehofs ein Ultimatum gesandt, sich binnen vierundzwanzig Stunden zu ergeben; es war jedoch von den Schutzbündlern einmütig zurückgewiesen worden. Seitdem war kein Schuß mehr gefallen ... Sie werden Geschütze heranschaffen und Verstärkung holen, überlegte sie, starrte vor sich hin und drückte den schlummernden Säugling fester an ihre Brust.

Vor einer Stunde waren Karl und einige andere Arbeiter gekommen, um nach ihren Frauen und Kindern zu sehen. Sie hatten einen zuversichtlichen Eindruck gemacht und erzählt, daß soeben Verstärkung, vierhundert Schutzbündler aus Kagran, mit Waffen und ausreichend Munition über das Eis der Alten Donau und durch den geheimen Stollen im Weinberg in den Goethehof gelangt wäre. Einige Gruppen von ihnen seien bereits damit beschäftigt, auf der Wagramerstraße, unweit der Reichsbrücke, die über die Donau führt und Floridsdorf mit dem zweiten Bezirk verbindet, Barrikaden zu errichten und mit Maschinengewehren zu besetzen. Anna war erschrocken aufgefahren und hatte ihren Mann mit weit aufgerissenen Augen beschwörend angestarrt. Er aber hatte sie beruhigt und gesagt, es sei beschlossen worden, die verheirateten Männer bei ihren Frauen und Kindern als Besatzung im Goethehof zurückzulassen. Dann hatte er die mitgebrachte Thermosflasche mit der warmen Milch neben sie auf die Bank gestellt, war ihr durch das Haar gefahren, und sie hatten einander in die Augen geschaut, wie sie es immer taten, ehe sie vor dem Einschlafen das Licht abschalteten.

Zwei Stunden später: Der Sturm ist abgeflaut, die meisten Frauen und Kinder haben sich inzwischen auf Feldbetten und Feldmatratzen, in Decken gehüllt, ausgestreckt und sind eingeschlafen, von Müdigkeit übermannt. Plötzlich zerreißt eine Maschinengewehrsalve in nächster Nähe die Stille, gefolgt von Schreien weiblicher Stimmen und von angstvollen Rufen – Gepolter und Türschlagen.

Anna Bofinger und die anderen Frauen sind erschrocken hochgefahren, die Kinder starren verwirrt und schlaftrunken um sich. Inzwischen hat sich der Lärm gelegt, nur gedämpft sind Männerstimmen zu hören, und von nebenan dringt das Schreien eines Säuglings herüber. Jetzt kommen Männer, sie gehen durch die Kellerräume, beruhigen die Frauen. Auch ein grauhaariger Alter in schwarzer Uniformhose mit roten Biesen ist dabei, offenbar ein Straßenbahnschaffner. Er trägt statt des dazugehörigen Rockes einen dicken grauen Pullover mit Rollkragen. Überhaupt wirkt alles grau an dem Alten mit den fahlen, eingefallenen Wangen, die von Bartstoppeln strotzen. Nur seine tiefliegenden Augen blinken dunkel und stechend wie zwei Knöpfe aus Glas.

Auf die besorgten Fragen der Frauen nach der Ursache der plötzlichen Schießerei gibt er mürrisch Auskunft: einige Weiber hätten halt die Nerven verloren; infolge der Stille draußen hätten sie geglaubt, daß die Belagerer abgezogen seien, und versucht, mit ihren Kindern den Goethehof zu verlassen. Sie wußten nicht, daß sich gegenüber in dem Kloster Heimwehrleute eingenistet haben, die auch sofort bei ihrem Anblick losballerten. Sie könnten noch von Glück sagen, daß sie mit dem bloßen Schrecken davongekommen seien ... Damit wendet er sich zur Tür.

Abermals vergehen Stunden, ohne daß sich in der nächsten Umgebung des Goethehofs eine Uniform gezeigt hätte. Dafür scheinen die Regierungstruppen im weiteren Umkreis in fieberhafter Eile Vorbereitungen zu treffen. Die Beobachtungsposten im Dachgeschoß melden anrückende Einheiten und die Aufstellung von zwei Haubitzen am Donauufer. [...]

Und dann – um vierzehn Uhr – bricht die Hölle los ... Bis achtzehn Uhr dauert die Beschießung. Über dem Goethehof kreisen Armeeflugzeuge, um der Artillerie das Zielen zu erleichtern.

Als ein älterer Mann ein verwundetes Kind erblickt, verliert er die Nerven, reißt sich das Hemd herunter und hängt es als weiße

Flagge hinaus. Dann zieht er sich am Fensterkreuz hoch, schreit etwas, was bei dem Lärm nicht zu verstehen ist, und stürzt sich in die Tiefe.

Verstörte Frauen laufen in den Gängen umher …

Schließlich schießen die Belagerer das Gebäude mit Granaten in Brand.

Karl Bofinger hat Anna mit dem Kind vergebens im Keller und auf den Gängen gesucht. Jetzt stürzt er in aufsteigender Angst in seine Wohnung im zweiten Stock. Als er die Tür aufreißen will, wird sie ihm schon durch einen heftigen Windstoß entgegengeschleudert.

Er erstarrt: Vor ihm gähnt eine riesige Öffnung – der Einschlag eines Artilleriegeschosses hat die halbe Fensterwand zertrümmert. Durch die Bresche sieht er den klaren winterlichen Sternenhimmel mit der Sichel des abnehmenden Mondes und wie eine höllische Illumination das Aufblitzen des Mündungsfeuers der Maschinengewehre.

Mit weit aufgerissenen Augen starrt er ins Innere des halbzerstörten Zimmers. Noch stehen auf der linken Seite der Schrank und der Tisch, darauf die unversehrte Lampe mit dem bunten Biedermeierschirm, und – sie brennt! Also ist Anna mit dem Kleinen hiergewesen! Aber nur das Skelett des Metallbettes, das sich fächerförmig an der rechten Wand spreizt, fällt ihm zunächst ins Auge … Davor nichts als Mauerwerk, Staub, Holzteile und irgendwelche Splitter, dazwischen hochgetürmt ein großes Stück der zertrümmerten Zementwand, aus der die eingegossenen Eisenstangen wie Finger einer riesigen Hand herausragen …

Er spürt, wie ihm die Knie weich werden, wie ihn schwindelt, so daß er das höllische Toben, das von draußen hereindringt, kaum noch wahrnimmt. Nur eine Frage bewegt ihn, die doch durch die erleuchtete Lampe schon beantwortet wird …

Mechanisch stolpert er zum Tisch, an dem er sich festhalten muß, weil seine Beine versagen. Dann hebt er die Lampe hoch, ohne seine suchenden Augen von dem Trümmerhaufen losreißen zu können. Wie erstarrt vor Angst klammert er sich an den winzigen Hoffnungsschimmer, daß das Brennen der Lampe nur ein Zufall sei, daß Anna nur vergessen habe, sie auszuschalten, und daß sie irgendwo in dem riesigen Gebäude mit dem Kind in Sicherheit warte ...

Von der quälenden Ungewißheit wie gelähmt, schiebt er sich unendlich langsam, Zentimeter um Zentimeter vorwärts, wobei sein Fuß sich erst einen Weg zwischen dem Mauerwerk bahnen muß. Die Lampe in seiner Hand schwankt. Da pfeift dicht an seiner Schläfe eine Kugel vorbei und schlägt hinter ihm in die Wand – er merkt es gar nicht, hat in diesen Minuten nur das Gefühl, daß er jetzt beten müßte – beten zu dem ohnmächtigen Allmächtigen, an den er längst nicht mehr glauben kann ...

Grell durchschneidet die Alarmglocke das Rattern der Maschinengewehre, daß das ganze Gebäude davon widerhallt.

Das reißt ihn aus seiner Betäubung; mechanisch registriert sein Gehirn: »Feuer im Haus«, er weiß, das ist das Signal zum Einsatz der Brandschutzwache, zu der er gehört ... Männerstiefel stürmen den Korridor entlang. Drei, vier Pulsschläge lang steht er mit geschlossenen Augen da, in furchtbarem Zwiespalt zwischen der Pflicht gegen die Kameraden, ihre Frauen und Kinder – und der kaum noch zu ertragenden Ungewißheit um das Schicksal von Anna und dem Kleinen. Doch dann strafft sich sein Körper, er öffnet die Lider und steigt über Schutt zur Tür, um mit den anderen nach oben zu stürmen. Unwillkürlich wirft er noch einen letzten Blick zurück auf den Zementblock mit den gespreizten Eisenfingern, den eine Riesenfaust bis in die Mitte des Zimmers geschleudert hat und stutzt ... Er glaubt soeben unter den Trümmern etwas Buntes wahrgenommen zu haben, das im Zugwind flatterte – es reißt ihn herum, er will hin, strauchelt über Geröll und stürzt ...

Da erkennt er vor sich einen Fetzen Kleiderstoff und davor eine zerbrochene Schüssel, verschmiert von Brei ... und den Löffel, mit dem Anna den Kleinen fütterte ...

OSKAR MARIA GRAF

Die Flucht nach Uhorská Ves

Draußen auf den schneeüberkrusteten Landstraßen, über schlammige Wiesen und Tümpel zog ein Häuflein schlotternder Floridsdorfer Schutzbündler dahin. Der Magen knurrte und schmerzte. Sie griffen nieder und aßen den körnigen Schnee. Der Wind pfiff grausam. Die meisten hatten keine Mäntel und Windjacken, zerrissen und gefroren waren ihre klebrigen Kleider. Die Kälte biß. Die Schuhsohlen waren durchtreten. Die nackten Fersen schmerzten bei jedem Schritt. Eis und Schnee schnitten in die Schwielen und Blasen der Haut. Zuletzt war so ein Fuß nur aufgerissenes Fleisch, und sein Blut vermischte sich mit dem Schnee und Dreck. Wie die Trümmer des napoleonischen Heeres anno 1812 über die unabsehbaren russischen Schneewüsten, so wankten diese siebenundsechzig dahin. Ihre frosterstarrten Hände blieben an den Eisenteilen der mitgenommenen Waffen kleben. Man riß sie weg, und ein Stück Haut hing am Gewehrlauf. Die Wunde brannte.

Auf einem Bahndamm lagen Heimwehrler und zogen sich sofort zurück, als sie die Flüchtlinge sahen. Auch die Gendarmen im ersten öden Ort liefen davon. Dann tauchte ein Panzerzug auf der Bahnlinie auf und schoß. Die zu Tode Gehetzten warfen sich nieder und drückten ihre Leiber auf die naßkalte Erde. Nach einer Weile ging es wieder weiter. Im nächsten Dorf wurden für die letzten sechs Schillinge etliche Laib Brot gekauft und heißhungrig verschlungen. Ein Einödhof kam. Erstaunt glotzten die paar Menschen. »Hunger!« sagte einer aus der Schar. »Heimwehr!« Der Bauer maß sie zögernd und schenkte ihnen einen Laib Brot. Der war weg, man sah es kaum. Wasser tranken einige.

Im nebligen Dunst dumpfte ein Rattern daher. Zwei Überfallautos fuhren heran, die fünfzig Polizisten schwärmten aus, aber als sie sahen, auch Geschlagene verstehen sich noch zu wehren, da kehrten sie um und stiegen wieder auf die Wagen, fuhren weiter und wollten den Fliehenden den Weg abschneiden. Kampfgeübt und unerschrocken bildeten die bedrängten Schutzbündler eine Vorhut, die das Feuer eröffnete. So gedeckt zogen sie seitwärts ins weite Feld. Die Polizeiwagen verschwanden im Nebel.

Über holperig-lehmige Äcker stolperten die Erschöpften. Da fiel einer hin, dort sackte einer zusammen. »Es geht nimmer!« wimmerte ein dritter und weinte auf. Sie schleppten ihn eine Zeitlang mit. »Laßt's mich liegen, laßt's aus!« hauchte er, und keuchend setzten sie ab.

»A-ch was, geht's nur«, klagte der Mann. Zwei andere legten sich hin und ließen den Haufen ziehen.

»Krepiern wir eben, geht's nur! Geht's!« baten sie und blieben liegen.

»Wir kehren um! Nein, wir gehn zurück! Laßt's uns!« sagten nach einer Weile wieder einige und hockten sich störrisch auf die klebrige Ackerfurche. Alles Einreden half nichts. Es dämmerte schon. Dicker wurde der schwimmende Nebel über den Flächen.

Die Ortschaft Straßhof stand auf einmal vor den Flüchtlingen. Trist und klobig ragten die niederen Bauernhäuser aus dem Schnee und Schmutz.

»Aufpassen!« warnte der Führer. Die Genossen dampften vor Schweiß. »Durst!« keuchten einige und ließen sich nicht mehr abhalten. Sie liefen nach Wasser und wurden von den Gendarmen, die im Überfallwagen nachgekommen waren, angegriffen. Sie schossen. Ein Wachmann fiel klatschend in den Morast der Straße und blieb liegen. »Mensch, was ist das? Hans, schau nach! Pirsch dich hinein«, raunte der Führer des wartenden Häufleins und rief halblaut nach: »Aber gib gleich ein Zeichen, hörst!« Der Hans nickte und kam nicht mehr zurück.

»Der ist weg, weiter … Hilft nichts!« sagte der Führer.

Eisüberzogener Sumpf kam und dann dunkler Wald. »Hört's! Ruhig! Hört's doch! Da rührt sich was!« Die Vordermänner hielten inne und lugten scharf in die unbestimmte Dämmerung. Gestalten liefen von Baum zu Baum. Die Schutzbündler bauten ihre Maschinengewehre auf, warteten schußbereit, und da zogen sich die Gendarmen auch schon zurück.

Die Weiterziehenden bogen auf den Damm der Nordbahn zu. Etliche zogen ihre Handgranaten und gingen zum Eisenbahnerblockhaus, in dem ein gelbes Licht flammte. Mit hastiger Wucht rissen sie die Tür auf und schwangen die bewaffneten Fäuste. Der bärtige Eisenbahner stieß einen dumpfen Laut aus und hob zitternd die Arme.

»Nana, wir wolln dir nix! Erklär uns bloß den Weg«, sagte schließlich einer der Ausgesandten und lächelte ein wenig. Der Eisenbahner fuhr sich um das Hirn und glotzte entgeistert auf sie, als habe er eine spukhafte Erscheinung vor sich. Endlich kamen ihm die Worte wieder.

»Nein-nein, gar nix, Genoss'n ... Kein Gendarm war da ... Nix hat sich g'rührt«, sagte er zum Schluß. »Viel Glück! Viel Glück! Freundschaft!« Die zwei Genossen winkten über den Damm hinunter. Die anderen unten fingen mühsam zu klettern an. So erschöpft waren sie, daß sie sich kaum mehr schleppen konnten. Ein Maschinengewehr rutschte ihnen aus und fiel polternd über das schiefe Gestein. Sie holten es nicht mehr.

»War eh schon kaputt, laßt's nur ... Zahlt sich nimmer aus!« sagte einer. Schnaufend kamen sie auf den Bahndamm, an den Gleisen entlang ging sich's ein wenig leichter. Einer spähte herum und entdeckte eine dunkle Strohhütte. Sie liefen hinunter und fanden sie offen. Sie sanken um, übereinander, quer und schief, und schliefen sofort ein. Einer wimmerte im Traum. Der andere schlug um sich. Nur der Führer und zwei Genossen kundschafteten nach dem Weg. Mutlos waren auch sie schon, aber der Führer sagte: »Bevor nicht alles probiert ist, geb ich's nicht auf.«

Sein Begleiter sagte todmüde: »Dös scheint überhaupt nicht mehr aufzuhören, fix nochmal.«

Die drei kamen zurück und mußten die Schlafenden mit Gewalt aus dem dünnen Stroh zerren. Ein leichtes Raufen wurde daraus. Keiner wollte mehr weiter. Einfach hinlegen und krepieren.

»Buama! Es ist eh nimmer weit! Mir scheint, keine halbe Stund nimmer!« munterte sie der Führer auf, und endlich schwankte der Haufe wieder von dannen. Ein junger, ausgezehrter Mensch unter ihnen fing plötzlich grausig zu weinen an. Es klang furchtbar durch die stockdunkle Nacht. »Sei doch still, Loisl, sei nur still ... Gleich haben wir's!« trösteten ihn etliche und nahmen ihn unter die Arme. Jetzt lachte er krachend und stoßweise. Er schrie, er tänzelte, er sang heiser und schauerlich irr: »Mei Kaisa-stadt, mei Wean! Ha-hähä-ha ... U-und es wird Madeln ge-gebn ...« Seine Zähne klapperten. Er riß sich bellend los und legte auf die anderen an. »Heimwehrhund! Jeden mach ich kalt! Hu-und!« Sie überwältigten ihn. Er sank wie abgebrochen in ihre zitternden Arme und schluchzte unablässig.

»Auweh! O jegerl!« rief ein Vordermann. Sie standen fassungslos am Ufer des breiten, fahl aufscheinenden Marchflusses.

»Aber das *muß* die Grenz sein«, sagte einer.

Der delirierende Genosse, den zwei mit sich schleppten, plapperte heiser singend: »Die schee-ene blaue Do-Donau ... Mei Wean!«

»Jaja, Loisl, gleich sind wir daheim! Eh gleich!« redete ihm einer zu. Etwas abseits berieten sich leise der Führer und einige Vordermänner. Dann stiegen sie tastend zum Ufer hinunter. Man hörte ihre schlurfenden Schritte. Die drei Männer tauchten unten auf der Fläche auf, und das Eis grollte leicht. »Ist zug'froren ... Wenn das Eis nur tragt«, brummte ein Genosse unter den Zurückgebliebenen, und sie verfolgten die dunklen drei Gestalten, die mit ihren Gewehren vor sich herstocherten. Manchmal vernahmen sie ein Knistern. Die Eisdecke splitterte. Das Wasser gurgelte. »Hoppla! Vorsicht!« hörten die Wartenden und sahen einen Mann schief einsinken. Seine Begleiter streckten ihm die Gewehre hin, und er zog sich hoch. Dann kamen die drei wieder zurück.

»Es hilft nichts. Wir müssen durch ... Tief ist ja das Wasser nicht«, sagte der Führer. »Es muß gehn. Paßt nur jeder auf den andern auf.« Sie stellten die Maschinengewehre hin und ließen sie zurück.

»Nein-nein, ich geh nicht ins Wasser! U-au-U-huau, ich laß mich nicht ertränken, nein, Hü-ülfe!« plärrte der Irre jäh auf und wehrte sich. Ein baumstarker Mensch nahm ihn auf die Schultern. Eisern hielt er den Schlagenden umklammert. So stiegen sie auf die nachgiebige, schwankende Eisdecke und tappten behutsam Schritt für Schritt vorwärts, ins Ungewisse hinein. Viele Male brach das Eis durch, peitschend sackte einer ins Wasser. Schließlich wateten die meisten bis zum Bauch im schneidend kalten Fluß. Mit letzter Kraft rangen sie sich vorwärts. Fluchen und Wimmern, abgehackte Schreie und stumpfes Heulen, das alles vermischte sich mit dem Geräusch des aufgewühlten, gurgelnden Wassers. Eis kam wieder. Alle griffen danach. Die scharfe Kante zerschnitt die Hände, warm rieselte Blut, und spritzend brach das Eis ab. Als die ersten Männer drüben waren, wußten sie nicht mehr, war ihnen kalt oder glühheiß. Eine fliegende Mattigkeit rumorte in ihren Gliedern. Sie sanken ein im Morast und brachten die Beine nicht mehr heraus. Sie ächzten wie Sterbende.

»Nur nicht stehnbleiben! Das ist gefährlich, Buama! Weiter, daß uns warm wird!« riet der Führer, und der Boden wurde endlich fester. Mit einem Ruck griffen die vorderen nach ihren nassen Karabinern. Im Dunkel standen zwei Uniformierte. »Pardon!« sagte der eine. Zwei, drei Sekunden dauerte das Gegenüberstehen. Da fing einer der Uniformierten fremdartig zu reden an. Den ermatteten Schutzbündlern fielen die Gewehre aus den Händen.

»Gerettet! Endlich!«

Sie wankten hinter den Uniformierten her, ins nahe Gasthaus. »... kommt nicht wie-hieder, das ...«, sang der haltlos über die Schulter des Baumstarken hängende Irre. Es klang wie ein herausgeschütteltes schwaches Weinen.

»Doch, doch Loisl! Mir kommen schon wieder! Die Roten kommen immer wieder!« tröstete ihn der Führer. »Wieder ...« Das Wort ging unter. Im hellen Gasthausraum sanken sie zusammen. Sie blieben liegen wie ein wirrer Knäuel.

Der tschechische Polizist begann zu zählen und notierte.

Siebenundsechzig waren ausgezogen, siebenundvierzig brachte der Zählende noch zusammen.

Uhorská Ves hieß der kleine Ort. Er und diese Flucht sind in die Geschichte aller Verfolgten und Unterdrückten eingegangen …

ALOIS VOGEL

Alles vergessen

Er hatte die Hand auf eine Sprosse der Leiter gelegt, während er mit der anderen die Pistole in der Manteltasche umklammerte. Ich kann nicht Tschechisch, sagte er. Sie müssen deutsch mit mir sprechen.

Hans sah den anderen näher kommen. Der Mann stieg über die Deichsel eines abgestellten Bauernwagens und blieb an der anderen Seite der Leiter, die zu einem geräumigen Strohboden führte, stehen. Das auch noch, sagte der Mann. Was willst du hier? Wir haben selbst genug Arbeitslose. Er betrachtete ihn mit zusammengekniffenen Augen. Was bist du von Beruf? fragte er endlich.

Werkzeugschlosser, sagte Hans. Der Zeigefinger seiner Rechten strich an dem kühlen Metall des Laufes entlang.

Pilsen, meinte der andere. Er verstand aber nicht, was der Mann damit sagen wollte, und blickte ihn nach wie vor mit rotgeränderten Augen an.

Da erscholl die Stimme einer Frau. Der Mann rief etwas zurück. Hans hörte wieder die Stimme, und er wußte, daß er hier bleiben würde. Dann kam die Bäuerin durch die Dämmerung über den Hof. Sie sprach noch immer laut auf ihren Mann ein. Hans verstand kein Wort. Doch er sah nun die Frau hinter dem Wagen auftauchen. Sie hatte ein dunkles Kopftuch weit in das runde Gesicht gezogen, ihr in der Mitte abgebundenes, bis zu den Knöcheln reichendes Kleid, dunkel und farblos, erinnerte ihn an gedrechselte Holzpüppchen oder Häkelhölzer, in denen sich, der Länge nach, ein Loch befindet, aus dem die kleinen Mädchen lange bunte Gebilde hervorzaubern, Wollwürste, die sie dann zusammennähen. Er sah sie vor sich, grün und rot gesprenkelt oder braun und blau. Untersätze für Pfannen oder Waschlappen. Die kleinen Augen der Frau musterten ihn. Wieder wechselten die beiden Bauersleute einige Worte.

Er hatte, als die Frau auf ihn zugetreten war, die Hand aus der Manteltasche genommen. Er hatte gespürt, wie diese durch das Gewicht der Waffe schwerer geworden war. Nun hob er die Mütze ein wenig vom Kopf. Dobrou noc, sagte er. Es war das so ziemlich alles, was er in dieser fremden Sprache sagen konnte.

Guten Abend, erwiderte die Frau. Auch sie sprach gut Deutsch. Sie hatten es sicher beide noch in der Schule gelernt. Wir müßten Sie der Gendarmerie melden, sagte sie und sah an seinem flekkigen und an zwei Stellen eingerissenen Regenmantel hinunter.

Sie werden mich nicht melden, dachte er, nein, sie werden es nicht!

Sie sind aber sicher müde, sagte die Frau, also schlafen Sie sich erst aus. Oder – sie blickte wieder zu ihrem Mann – wollen Sie vielleicht einen Teller Suppe essen?

Er hatte ihnen verschwiegen, daß er verheiratet war, er sagte nur, als sie ihn fragten, warum er beim Tischgebet kein Kreuzzeichen machte, daß er konfessionslos sei. Das genügte den Alten schon. Auf die Tochter schien es aber wenig Eindruck zu machen. Sie änderte ihr Verhalten nicht. Sie war auch der einzige Mensch, der wußte, daß er noch immer die Pistole bei sich trug, obwohl ihr bekannt sein mußte, daß das streng bestraft wurde. Einmal, er hatte an dem Tag die Messer der Häckselmaschine neu geschärft, und der Abend war noch kühl, sie standen hinter der Scheune, und er zog sie ein wenig an sich, oder vielleicht war es auch so, daß sie sich an ihn lehnte, jedenfalls war ihr der große harte Gegenstand in seiner Tasche nicht entgangen. Sie schwieg aber, und auch er schwieg, obwohl er wußte, daß sie es bemerkt hatte.

Die wenigen landwirtschaftlichen Maschinen, die es auf dem kleinen Hof gab, waren bald in Ordnung gebracht. Da nützte es nichts, daß er sich bei der Arbeit noch so sehr Zeit ließ. Der Alte sprach wieder öfter von Pilsen.

Er zauderte aber nach wie vor. Er half dem Bauern bei den im März einsetzenden Frühjahrsarbeiten, schlief am Strohboden und aß mit der Familie an dem großen Tisch unter dem Muttergottesbild. Die Alte mit dem runden Gesicht sprach jedesmal das Tischgebet. Anna und der Bauer bekreuzigten sich vorher und nachher. Sie standen zu viert um den Tisch, und ihm war es jedesmal peinlich.

Es waren die unangenehmsten Augenblicke des Tages. Er spürte ein ungutes Gefühl in Magen und Bauch, so als hätte er bereits das oft auf dem Tisch stehende Bohnengulasch gegessen und die Hülsenfrüchte begännen schon in seinem Leib zu arbeiten. Jedesmal sagte er sich von neuem: Nun ist es genug. Morgen gehe ich. Dann ging er aber doch nicht. Er war nur froh, daß das Gebet tschechisch gesprochen wurde, sodaß er kein Wort verstand. Er dachte dabei immer an die Artillerieeinschläge und an die durch die Granatwerfer zerrissenen Kameraden und wie die Pfaffen die Maschinengewehre, Kanonen und Werfer der Faschisten gesegnet hatten. Man wußte Bescheid.

Er zauderte, obwohl er sich darüber im klaren war, daß er auch bei Anna nicht weiterkommen würde. Er war gestrandet, war an ein ihm vollkommen unbekanntes, fernes Ufer gespült worden. Die von unzähligen Zigaretten verrauchten Kellerlokale, vollgestopft mit schlecht bekleideten, übelriechenden Menschen, die endlosen Debatten, Versammlungen, von Tür zu Tür getragenen *Unzufriedenen*, das Aufzeigen und Sehen der Übel: überfüllte Wohnräume, verwanzte Betten, rachitische Kinder, stinkige Obdachlosenheime, dreihunderttausend Arbeitslose, Väter, die ihre Kinder aus Brotmangel verkaufen, keifende Menschenbündel vor Fleischbänken, in denen das Fleisch kranker Tiere billiger abgegeben wird, Mistkübelstierer auf der Suche nach Knochen, Kartoffelschalen oder hartem Brot, Zigarettenstummelsammler mit schwindsüchtigem Brustkorb, volle Auslagen mit Leckerbissen, Südfrüchten und frischem Obst zu jeder Jahreszeit und davor in Lumpen gehüllte, mit zerrissenen Strümpfen angetane hohläugige Kinder oder nie wieder sauber werdende Männer, die den Koks aus den Müllhaufen graben, Biertippler mit abgeschlagenen Geschirren von Gasthaus zu Gasthaus, von leerem Faß zu leerem Faß, letzten, abgestandenen Fusel mit eingebrockten Brotresten löffelnd, Untermieter und Bettgeher auf zerschlissenen, aus unzähligen Flicken zusammengenähten Leintüchern, ein Leintuch von zwei Schilling fünfundsiebzig aufwärts, nicht viel, aber doch zu viel, weil die Männer alle ausgesteuert waren, Burschen an der Ecke, Kopf und Adler und einer auf der Lauer, ob der Schmier kommt, grad und ungrad vor dem Arbeitslosenamt, Hausierer mit Schuhbändern, treppauf und -ab, Fetzen, Glas und altes Eisen, geplärrt, geschrien, gesungen, gesammelt, die Straßensänger mit zitternder Stimme: Hinter der Garage da und Ade, mein kleiner Gardeoffizier oder Hüa ho, alter Schimmel, hüa ho, danke, gnädige Frau, küß die Hand, für zwei Groschen, die Genossen aber hinter dem Stacheldraht, Untersuchungshaft, Fußtritte, alles vergessen. Alles war vergessen.

ALFRED HIRSCHENBERGER

Um eine Hoffnung ärmer

Die Waschküche ist voll wallendem Dampf. Vom kochenden Kessel steigt er dampfend hoch. Keinen Schritt weit ist die Sicht. Zwei Wäscherinnen werken an Waschtrögen. Sie rumpeln und bürsten, winden und klatschen die Wäsche zum Schwemmen ins Wasserschaff. Schemenhaft tauchen die Gestalten aus dem Dunst auf und verschwinden wieder in ihm.

In einer Schmiede klingt heller Hammerschlag. Das Werken ist vom Feuer beleuchtet. In seinem Bereich ist der Schmied Herr und Meister des Geschehens.

Hier aber, in der Waschküche, ist das Tun verhüllt, undurchschaubar. Kein im Werden begriffenes Werk ist zu beobachten.

Die Plage scheint endlos.

1925 im Dezember zogen sie um. Weg vom Dorf, seiner Kirche und dem Weihrauch, über die Straße in den neuerbauten Gemeindebau. Es war eigentlich kein Umziehen, es war ein Auswandern. Ein Auswandern von einer alten in eine neue, vielversprechende Welt. Mit Traditionen wurde gebrochen. Die Geschichte, die Kirche, der Staat gehörten der Vergangenheit an. Keiner von denen, die über die Straße wechselten, wollte mit dem, was er zurückließ, noch etwas zu tun haben. Die Trennung sollte endgültig sein. Die Frauen schnitten sich die Zöpfe ab.

Nach nur sechs Jahren Republik hatte sich eine Idee zu verwirklichen begonnen. Sie baute den Proleten Paläste. Sie, die Entrechteten, mochten es nicht glauben. Sie, die im Dorf in Kaluppen hausten, sollten einziehen in Wohnungen mit Zimmer, Wohnküche, Vorzimmer – und mit dem Klo in der Wohnung! Wie kann das denn nur funktionieren? (Jetzt ist der Abort weit über dem Hof, ein Bretterhäusel über einer Senkgrube.) Das Gespräch kreist immer wieder um diesen Umstand. Das Klo in der Wohnung – unvorstellbar!

Ja, und da war noch etwas: überall Parkettboden! Sie, die gedemütigten Besitzlosen, standen dem vertriebenen Kaiser in Schönbrunn nicht nach. Warum auch?

Der Hausrat ist mehr als dürftig. Noch schlafen sie auf Strohsäcken, aber was tut's? Die Zukunft hat begonnen.

Das Dorf bleibt zurück – die Zöpfe sind weg.

Unerhört, sündig und unverschämt, Megären sind sie. Sie aber stellen ihren Wagemut stolz den Alteingesessenen, Begüterten, Erbberechtigten entgegen.

Und sie fanden sich – bei den Kinderfreunden. Sie wurden ihre Heimstatt. Hier hatten sie Stimme und Geltung. Es scheute sich niemand, utopische Zielvorstellungen zu haben. Gerade diese Träume nach vorwärts einten und sprachen sie an.

Der Wäscherin wurde die Aufgabe, Mitgliedsbeiträge zu kassieren, übertragen. Monatlich suchte sie die ihr zugeteilten Genossen auf.

Neun Jahre später, 1934, waren fast alle vollzählig bereit, ihre Beiträge weiter zu leisten, jetzt als Rote Hilfe (eine verbotene Sammelaktion zur Unterstützung Angehöriger der Eingekerkerten).

Für heute hat sie sich vorgenommen, den einen oder anderen Gesinnungsgenossen aufzusuchen.

Ihre Tasche hat sie hinten unter das Wasserbankerl gestellt. Sie glaubt sie dort sicher. Zuoberst die Taglöhnerzehrung, eine Knackwurst mit zwei Semmeln, die sie nicht ißt und heimträgt, darunter die Holzschlapfen und ein Wichsleinwandschurz, zuunterst vergraben die illegal erscheinende »Arbeiter-Zeitung« und die »Rote Fahne«. (Das Format der beiden Zeitungen ist kleiner als ein Viertel der heutigen »AZ« und ließ sich leicht verstecken.)

Nicht jedem, den sie aufsucht, traut sie sich eine Zeitung anzutragen. Es herrscht das Standrecht!

Nicht für die Partei setzt sie sich der Gefahr aus. Sie sieht auch nichts Heroisches darin. Sie tut es einfach, weil Bindungen bestehen. Aber auch, um es denen zu zeigen, die ihren Sohn faßten und einkerkerten.

Sie bekennt sich zu ihren Söhnen und würde ihnen auch dann noch folgen, wenn diese eine andere Gesinnung hätten.

Gegen acht in der Früh kam er heim. Er wurde abgelöst. Die Nacht lang lag er mit einem Genossen an der Grenze zwischen Groß-Jedlersdorf (Bezirk Floridsdorf) und Stammersdorf im Straßengraben an einem Maschinengewehr in Bereitschaft.

Wenn sie ihn brauchen, werden sie ihn holen, lautet die Order, sonst soll er sich am späten Nachmittag wieder melden.

Kaum ist er in der Wohnung, unbeobachtet, beginnt sich die Anspannung zu lösen. Seine Bewegungen werden fahrig, und – es ist nicht zu fassen – die Zähne beginnen aufeinanderzuschlagen, immerfort, anzuhören wie das Geknatter von Kastagnetten. Es gelingt ihm nicht mehr, sich zu beherrschen, im Gegenteil, es erleichtert, sich vor der Mutter gehen zu lassen.

Verstohlen beobachtet sie ihn, sagt aber kein Wort und widersteht der Versuchung, es ihm gleichzutun. Sie schüttelt den Polster auf dem Diwan auf, er soll sich niederlegen. Es hört nicht auf zu knattern.

Die sich lösende Angst allein ist es nicht, die sich derart äußert. Auch nicht die Kälte. Er hat von sich aus, freiwillig, eine Tat gesetzt, die tödlich sein kann. Dafür ist er allein und voll verantwortlich. Er kann sich auf keinen Befehl berufen. Er hat dafür, daß er sich zur Wehr setzt, allein einzustehen. Darin unterscheiden sich er und die Genossen von Soldaten. Sie, die sich erhoben, werden nicht vom Jubel an die Front getragen. Sie schleichen aus Kellern, drücken sich um Hausecken und bangen, auf Gehorsam nicht gedrillt, das Gewehr abdrücken zu müssen.

Ein Offizierskorps mit seinen Obersten beruft sich auf den Befehlsnotstand. Sie, die Vogelfreien, führen als Begründung ihr Gewissen an.

Es dauert lange, bis die Erregung abklingt und er unruhig einschläft. Am Abend wird er wieder hingehen. Freiwillig.

Der Widerstand war umsonst, von Anfang an verloren. Mit Kanonen wurde auf die Gemeindebauten geschossen. Die Parkettböden waren ihr Ziel. Das »Begehren« mußte denen im Gemeindebau ausgetrieben werden.

Eine Woche danach, vom Abendmahl weg, wurde der Sohn verhaftet. Der eine der beiden Kriminalbeamten, die ihn holten, entschuldigte sich fast. Einer der Genossen hatte ihn, leichtfertig oder erpreßt, verraten.

Was wird ihm geschehen? Das Leid einer Mutter vervielfältigt sich mit ihren Kindern. Mit einem jeden leidet sie. Und so sucht sie ihm beizustehen, und sei es auch nutzlos, in Bekenntnis zu seiner Tat.

Mit schweren Füßen steigt sie die Stiege hinauf. Sie läutet an der Tür. Eine Frau öffnet. Sie halten sich nicht mit dem Begrüßen auf, der Besuch schlüpft sofort in die Wohnung hinein. Es ist riskant, gesehen zu werden. Jetzt erst begrüßen sie sich. Manchmal erzählt sie, wie's um den Sohn steht. Heute nimmt sie sich keine Zeit, tauscht nur die zuunterst hervorgekramte Zeitung gegen zehn oder zwanzig Groschen. Es ist schon spät, sie muß noch kochen.

Im ersten Stock steht eine Tür einen Spalt weit offen. Als sie vorbeigeht, wird sie leise angerufen und hineingewinkt.

Sie kennen sich vom Sehen, haben aber noch nie ein Wort miteinander gesprochen. Die Hausfrau schließt hinter der Eingetretenen die Tür. Gefangen! Hastig drückt ihr die Frau bereitgehaltene fünfzig Groschen in die Hand, mit der Bemerkung, regelmäßig spenden zu wollen. Überrascht und daher auch widerspruchslos bedankt sie sich und schaut, daß sie wieder hinauskommt.

Draußen atmet sie auf. Von wem wird sie noch beobachtet? Ihre Heimlichkeit bleibt nicht verborgen. Fieberhaft beginnt sie ihre Schritte zurückzuverfolgen, ob sich irgendwo eine Unvorsichtigkeit entdecken läßt. Beunruhigt eilt sie nach Hause, in ihre vier Wände. Zuletzt beruhigt sie sich, wenigstens vorsichtig genug gewesen zu sein, keine Zeitung angetragen zu haben. Sie, die Frau, könnte doch ein Provokateur sein. Morgen, oder besser gleich, wird sie nach ihr fragen.

Die Ära des Mißtrauens, der Angst vor anderen, des Bespitzelns, der Denunziation hat begonnen. Unter dem Symbol des Kreuzes.

In der Fortbildungsschule gab es keinen Religionsunterricht. Wozu auch? Daher war auch im Klassenzimmer kein mahnendes Kreuz aufgehängt. Aber bereits am ersten Schultag nach der Februarerhebung glänzte der Gekreuzigte an der Wand. Ungefragt mußte er als Geßlerhut herhalten. Als sie das Klassenzimmer betraten, äußerten sich die Schüler befremdet. Ihre Bemerkungen wurden im Keim erstickt. Schüler wurden aus der Schule ausgeschlossen. Was aus ihnen wurde, ist nie bekanntgeworden. Landweit wird der Kirchgang erwartet und genüßlich beobachtet.

Es konnte nicht anders kommen: Der so oft geschmähte Bau von Gemeindebauten wurde eingestellt. In Floridsdorf wurde eine Kirche gebaut. Ein Familienasyl neben dem Gemeindebau am Engelsplatz, der auf Pater-Abel-Platz umgenannt wurde. Die Wohnzellen waren wieder Kaluppen. Im Überschwemmungsgebiet auf der Donauwiese (der heutigen Donauinsel) bei der Floridsdorfer Brücke neben dem Zinkabachl wurden drei, vielleicht waren es sogar vier, Bäumchen gepflanzt. Sie sollten wohl den Arbeitslosen, die dort ihre Zeit totschlugen und sich die Sonne auf den leeren Bauch scheinen ließen, Schatten spenden. Sie, die Hungrigen, wurden von der sogenannten »Berittenen« gejagt, wenn sie eine als unzüchtig empfundene Badehose anhatten. Als besondere Provokation galten rote Badehosen.

All das war schlimm genug – und doch gering im Vergleich zu dem, was folgte. Noch war es ein unprofessionelles Nacheifern der Praktiken der Nachbarstaaten. Aber einmal eingeleitet, setzt sich das Unheil fort. Um das, was sich anschließend, im Hitlerreich ereignete, bewältigen zu können, bedarf es einer peniblen Buchführung.

Österreich	Februar 1934	1938–1945
Hinrichtungen	9 (0,3 pro Tag)	2.700 (1 pro Tag)
Getötete	300* (10,7 pro Tag)	32.000** (38,4 pro Tag)
Vernichtete Juden	0	65.000

* Bei Kampfhandlungen
** 16.000 in Konzentrationslagern, 16.000 in Gestapo-Gefängnissen.

Dem stehen dreißig (wegen nachgewiesener NS-Verbrechen) vollstreckte Todesurteile gegenüber.

Anhand dieses Materials lassen sich wunderbare Zahlenspiele anstellen. So ist zum Beispiel der Multiplikator der Anzahl der Hingerichteten und der zu Tode Gebrachten von 1934 zu der von 1938–1945 etwa 300.

9 x 300 = 2.700,

300 x 323 = 97.000 = 32.000 + 65.000.

Die Sühne wiederum beträgt ein Zehntel des Multiplikators: 30.

Das Ergebnis ist statistisch interessant und darf nicht unterschätzt werden. Sich allenfalls ergebende Ungenauigkeiten sowie die Tatsache, daß sich einige Kenn- und Einheitsgrößen nicht in Beziehung zueinander bringen lassen, dürften nur auf die nicht genügend großen Zahlen zurückzuführen sein. Es sind zuwenig Tote.

Die Hoffnung überdauerte auch diese Ungeheuerlichkeiten. Sie widerstand nicht nur, sie nahm sogar zu. Doch was der Terror nicht imstande war, zu brechen, erstickte der Kommerz.

Vertrauensleute wurden Funktionäre, Macher, Bosse, Banker und »leider noch nicht Millionäre«. Sie nützten Privilegien und Macht, um sich alles, aber auch alles (Verträge, Autos und vieles mehr) auf Kosten der anderen auf den Leib schneidern zu lassen. Wen wundert's, daß sie die Parkettböden vergaßen.

Die Zöpfe wuchsen nach, vor allem denen, die Nutzen daraus zogen. Die Hoffnung wurde aufgegeben. Nur ein Traum blieb zurück.

Es ist erreicht! Bereitwillig verteilt man den Überschuß. Was will man mehr? Keiner braucht mehr zu hungern!

Eine alte Frau hört mit an, wie sich Jugendliche zurufen: Mit uns nicht! Grau geworden, pocht sie nicht auf durchgemachtes Leid. Aber schmerzvoll hat sie erfahren, daß gerade die Lautesten, die sich Vordrängenden, die ersten sind, die ihre Bekenntnisse, wenn es darauf ankommt, ablegen.

Die Begeisterung der Jugend ist erfrischend. Was wäre die Jugend ohne Enthusiasmus!

Doch auch die Alten sangen Lieder. Es waren nicht nur Lieder, es waren Bekenntnisse. Sie sind verstummt. Und steigen doch hin und wieder Melodien hoch – über die Lippen kommen sie nicht mehr.

Irgendwo im Nähkörbchen liegt neben abgerissenen Knöpfen ein Abzeichen: die drei Pfeile.

VI
Vorbei, nicht vergangen

NAOMI MITCHISON

Wien, 27. Februar 1934, Nachmittag

Wir nahmen einen Bus, und zwar am Stephansplatz, im touristischen Zentrum Wiens mit seinem Zweisternedom und einem Restaurant, in dem ich bei meinem letzten Aufenthalt in der Stadt, vor neun Jahren, sehr gut zu Abend gegessen hatte. Der Bus holperte erbarmungslos über das Kopfsteinpflaster, den Donaukanal hinüber in einen eindeutig untouristischen Bezirk – kleine Geschäfte, Mietskasernen, unverbautes Gelände, Fabriken, ein gut erhaltener Gemeindebau; dahinter war das Gaswerk, wo während der Kämpfe eine Handvoll Männer die Heimwehr mit der Drohung in Schach gehalten hatte, die Stadt in die Luft zu jagen, und schließlich nur durch die Lüge, daß alle anderen Bezirke sich schon ergeben hätten, zum Aufgeben veranlaßt werden konnte. Dahinter die Berge, nah und schön. Dann ging es über die Donau, und sofort sah man die Kampfspuren – merkwürdige Absplitterungen und Löcher, in einiger Entfernung einen Häuserblock mit deutlich sichtbaren Granateneinschlägen. Wir stiegen an der Endstation aus; hier war der Verputz der Häuser voller Einschußlöcher, und die Gesichter der Menschen hatten einen anderen Ausdruck als die im Zentrum. Lass sagte mir, daß bei ihrem ersten Besuch noch überall Glasscherben herumgelegen und die Oberleitungen der Straßenbahn heruntergehangen waren. Aber alles war sehr schnell repariert worden. Die Gefühle der Menschen lassen sich jedoch nicht so schnell reparieren.

Wir begaben uns zu unserem ersten Fall, in einem schon älteren Wohnblock hinter einigen Geschäftslokalen. Eine alte Frau mit Geschwüren im Gesicht öffnete die Tür einen Spalt weit. »Haben Sie keine Angst«, sagte Lass, »wir sind Engländerinnen,

Fremde, wir kommen aus dem Ausland und wollen wissen, ob Sie Hilfe brauchen«; und sie wiederholte: »Haben Sie keine Angst.« Das sagte sie an jeder Tür, an die wir klopften und wo man sie noch nicht kannte. Schließlich öffnete die alte Frau doch die Tür und ließ uns ein, und sie und eine junge Frau starrten uns voller Angst und unvermindertem Misstrauen an. Es war eine kleine Küche; ein Kind war da. Lass gab der jüngeren Frau zwanzig Schilling (das war der übliche Betrag, den wir jeder gaben); sie nahm das Geld nach einigem Zögern. Dann brach die ältere Frau in Tränen aus und begann zu schluchzen, »Mein Bub, mein Bub« – ihr Sohn (der Mann der jüngeren Frau) war im Gefängnis; er war vierzehn Tage fortgewesen, man hörte nichts von ihm; ich versuchte, sie zu trösten; die Tränen rannen ihr über die Geschwüre im Gesicht; die jüngere Frau starrte uns noch immer an und hielt das Geld in der Hand.

Danach gingen wir die Hauptstraße hinunter zum Schlingerhof, einem der älteren Gemeindehöfe, 1925 erbaut, aber noch gut erhalten, der an holländische Architektur erinnerte und dessen schräges Dach an manchen Stellen beschädigt war. Beim Näherkommen fanden wir viele zerbrochene Fensterscheiben vor, und alle Häuser waren voller Einschußlöcher. Aber am schlimmsten waren die Gesichter. Alle schauten schrecklich krank aus. Die Mundwinkel hingen nach unten; die Haut war blaß wie vom Schock nach einer Operation; niemand sprach laut oder lachte. Sie nahmen von uns Fremden überhaupt keine Notiz. Die Frauen schauten aus, als stünden sie vor dem Ausschuß zur Prüfung der Bedürftigkeit; Augen und Nasen waren rot, die Taschentücher zerknüllt.

Wir gingen zur ersten Adresse, wo Lass schon früher gewesen war: zwei Zimmer – beide geräumig –, eines eine Wohnküche, das andere ein Schlafzimmer mit zwei gleichen Betten, soliden Möbeln, sauberem Bettzeug. In einem Bett lag eine Frau, die kreidebleich war, nach Lass' Händen griff, diese küßte und schnell und aufgeregt zu reden begann. Neben ihr stand ein Mann, der blaß und seltsam aussah – er war groß und kräftig, mußte aber

Schlimmes durchgemacht haben. Er war ihr Gatte, gerade aus dem Gefängnis entlassen; sie hatte fünf Brüder – ich glaube, sie waren alle nicht mehr eingesperrt, aber die meisten waren im Gefängnis gewesen. Ihre Mutter kam herein und erzählte unter Tränen von neuen Schießereien in Linz. Sie jammerte über ihre Nervosität und darüber, wie sich das auf ihren Magen schlägt. Sie war krank gewesen, als alles begonnen hatte. Alle grüßten uns – wie die meisten später – mit einem »Grüß Gott«.

Die nächste Familie war anders als die übrigen: eine Frau mit acht Kindern – aber eine starke, intelligente Frau, die sich bemühte, mit der Situation fertig zu werden. Ihr zufolge waren die Kinder mit den Nerven so herunter, daß sie wegen der Polizisten und Soldaten nicht in den Kindergarten gehen wollten (im selben Gebäude), obwohl die Polizei jetzt versuchte, sich gut mit ihnen zu stellen. Die Kinder schrien, wenn sie nur aufs Klo gingen, weinten und hielten sich die Ohren zu. Ich möchte betonen, daß es sich um bessere Leute handelte, die im Großen und Ganzen in der Lage waren, sich genügend Möbel, Bettwäsche und so weiter, also einen gewissen Lebensstandard zu leisten. Sie sind das, was man in England *a good class of tenant* nennen würde. Sie hielten die Wände sauber; selten war ein Geruch im Stiegenhaus; sie hatten Messingschilder mit ihren Namen auf den weißgestrichenen Türen – und immer ein kurioses kleines Guckloch, dessen Klappe im Innern sich bewegte, bevor sie uns einließen, und durch das sie uns musterten.

Wir querten die Straßenbahnschienen, gingen Straßen hinunter und über einen Bahnübergang, vorbei an diesen immergleichen Gruppen von zwei oder drei Flüsternden und sich Umschauenden, bis wir endlich die Gartenstadt erreichten. Lass war hier noch nie gewesen, hatte aber die Namen von einer Freundin bekommen. Das ist ein besonders schöner Gemeindebau, hoch, luftig und großzügig angelegt, mit Balkonen und großen Höfen und mit Aussicht auf die Hügel. Davor ist ein mit Gras bewachsener Halbkreis mit Büschen und Blumenbeeten, Flieder mit schon prallen Knospen und jungen Eichen. Auf die Stämme waren

Hakenkreuze gemalt und halb weggewischt – am anderen Haus wehte noch die weiße Fahne; sie müssen das tun. Wir klopften an eine Tür, und eine verschreckte Frau öffnete. Lass fing an: »Wir sind aus England – Fremde – bitte haben Sie keine Angst.« Aber die Frau war furchtbar erschrocken und wollte uns zuerst nicht hineinlassen. Dann kam eine Nachbarin, schaute uns prüfend an und redete beruhigend auf die Frau ein. Ich möchte diese Nachbarin beschreiben: Sie war kräftig und gut gebaut, nicht sehr groß, mit schönem, goldbraunem, gewelltem Haar, blauen Augen, einem Lächeln um den Mund – sehr nordisch im Aussehen, deutsch vielleicht, und doch erinnerte sie mich an King's Norton und den besten Menschenschlag dort; sie war aus dem Stoff, aus dem Arbeiterparteien gemacht sind. Sie war jung und lebendig und noch voller Hoffnung. Vielleicht hege ich diesbezüglich romantische Gefühle, aber sie erschien mir wie der Geist der Demokratie – sie war stark und hilfreich wie die Athenischen Frauen, die das Vordach des Erechteions stützen. Es tat gut, ihre Hände zu berühren. Sie beruhigte die ältere Frau dann, und wir kamen in das übliche saubere, fröhliche kleine Heim mit so viel mehr frisch gewaschenen Vorhängen und glänzendem Geschirr als in den meisten Häusern in England. Schließlich erzählte uns die Frau, daß ihr Neffe »fort« sei und seine Frau und drei Söhne im Gefängnis seien. Sie hatte nichts.

In der nächsten Unterkunft war wieder eine verängstigte alte Frau, aber die Nachbarin, die ich Frau T. nennen will, setzte sich eine Mütze auf und begleitete uns und führte uns bei den Leuten ein; dadurch brauchten wir für jeden Besuch nur die halbe Zeit. Inzwischen hätte ich gern gesagt, daß das Geld von der englischen Labourparty war, aber es schien nicht wirklich möglich. In einer Wohnung war niemand zu Hause, in einer anderen nur ein kleiner Junge, der nichts annehmen wollte. In der dritten war der Mann »fort« – das Mädchen flüsterte, daß er in Brünn in Sicherheit sei, »Gott sei Dank!« Das waren meistens Zwei- und Dreizimmerwohnungen, alle wunderschön hell, einige mit einer prächtigen Aussicht, die meisten Bewohner hatten gutes Mobiliar und eine Menge Nippes. Alles war außergewöhnlich gepflegt, im Gegensatz zu einem englischen »Musterheim«. Die hellen, freundlichen Stiegenhäuser waren selbstverständlich mit sinnvoll montierten Geländern gesichert. Auf jeder Etage waren zwei oder vier Türen, jede glänzend weiß gestrichen, mit hellen Messingbeschlägen und einem Namensschild. Aber jetzt zeigten alle Türen Spuren von Gewaltanwendung; unter der weißen Farbe war das Holz aufgerissen und abgesplittert.

Ich beschloß, Frau T. unbedingt noch einmal aufzusuchen – sie sprach ein gutes Deutsch, das ich verstehen konnte, und außerdem – ja, ich mochte sie, und ich glaube, sie mochte mich auch. Ich sagte, ich würde an jenem Abend wiederkommen; und ich sagte außerdem noch: »Auf Wiedersehen, Genosse«, und für einen Moment drückte sie mir ein wenig fester die Hand; ich hatte mir bisher nicht zugetraut, dieses Wort zu verwenden. Natürlich hätte ich Genossin sagen müssen! Das letzte Mal hatte mich eine junge Russin, die Deutsch sprach – eine Flugzeug-Ingenieurin – im Zug von Odessa nach Kiew so angesprochen; auch sie war hübsch und stämmig gewesen und hatte auf mich den Eindruck von Stärke gemacht.

Wir kehrten zum Schlingerhof zurück. In der ersten Wohnung saß die Frau an einem Tisch und weinte bitterlich; eine Nachbarin öffnete die Tür. Sie nahm das Geld, ohne uns anzuschauen; ihr Mann befand sich vor dem *Standgericht* (Kriegsrecht); das ist das Allerschlimmste. Als wir die Stiegen hinauf- und hinuntergingen, öffneten sich manchmal Türen, und Leute lugten heraus; einmal sahen wir einen Mann mit einem nackten Fuß, der am Rist dick bandagiert war. Lass' Beine waren müde geworden, und auch mir taten die Füße weh. Die nächste Wohnung war weniger aufgeräumt als üblich, aber die Leute waren sehr freundlich – sie waren die ersten, die Lass nach den Kämpfen besucht hatte. Der Mann ist ein Straßenbahner, es gibt zwei oder drei Kinder, und die Frau ist schwanger. Es ist eine Zweizimmerwohnung (die Wohnungen haben immer ein W.C., aber kein Bad – jede Wohneinheit verfügt über ein ordentliches Gemeinschaftsbad und eine

Waschküche), aber die Zimmer sind groß und hell – selbstverständlich gibt es, wie überall, elektrisches Licht und Fließwasser und Gas zum Kochen. An der Wand hingen viele Bilder, die das Schulkind gemalt hatte; der Mann wollte mir etwas darüber sagen, aber er sprach so starken Dialekt, daß ich ihm nicht folgen konnte. Bei Lass' erstem Besuch war der Mann noch in Polizeigewahrsam gewesen; jetzt arbeitet er wieder, befürchtet aber, daß er entlassen wird. Er ist schon seit zehn Jahren in der Firma, aber das hilft ihm jetzt nichts. Jeden Tag werden zwei oder drei Arbeiter entlassen und durch neue Arbeitskräfte ersetzt; wahrscheinlich werden diese neuen Männer keine Sozialdemokraten sein, sondern »Christlich Soziale« (wie bitter der Ton war, mit dem sie das Wort christlich aussprach!). Aber das ist noch nicht alles: Die früheren Arbeiter verdienten achtundsechzig Schilling pro Woche – kein sehr fürstlicher Lohn, aber wenigstens sind die Gemeindebaumieten erschwinglich –, während die neu Eingestellten nur achtundvierzig bekommen. Alle Gewerkschaften sind aufgelöst, und die Leute, die im Gefängnis waren, werden aus dem städtischen Pensionssystem gestrichen – ihre schon eingezahlten Beiträge verfallen.

Frau H., die Ehefrau, erklärte sich bereit, uns zu begleiten – das war eine große Hilfe. Aber sie war sehr vorsichtig und sprach draußen in den Stiegenhäusern nur im Flüsterton. Einige Hauswarte (so heißen die für jede Stiege Verantwortlichen, die ein kleines Gehalt dafür bezogen, dort nach dem Rechten zu sehen, und im allgemeinen Parteimitglieder waren) sind schon entlassen und durch Spitzel ersetzt worden. Das wird vermutlich in allen Gemeindebauten geschehen.

Bei der ersten Adresse – von der uns Frau H. selbst erzählt hatte – öffnete eine Frau mit einer Wunde am Auge die Tür und ließ uns ein; während Frau H. und Lass uns vorstellten, lehnte sie am Gasherd und weinte ein bißchen. Frau H. erzählte uns, wie nach den Kämpfen jeder alleinstehende Mann über achtzehn im Schlingerhof verhaftet und abgeführt worden war, auch Krüppel und Kranke – der älteste war zweiundsiebzig –, alles in allem waren es siebenhundert Männer. Sie wurden auf die Straße getrieben. Einer, der es wissen mußte, hat mir erzählt, daß die Heimwehr hinterrücks in sie hineinschoß. Aber vielleicht sollte ich die weniger spektakuläre Version der beiden Frauen übernehmen – daß nämlich die Kämpfe zwischen beiden Gruppierungen weitergegangen und die Männer zufällig erschossen worden waren. Jedenfalls steht fest, daß man die Gefangenen an einen Ort gebracht hatte, wo einige mit Sicherheit getötet werden sollten. Wenigstens neun von ihnen sind auch wirklich umgebracht worden – mir wurde sogar eine höhere Zahl genannt. Unter ihnen befand sich ein gewisser Herr Schmidt. Er war früher ein Parteimitglied gewesen, aber im Krieg hatte er sich ein Herzleiden zugezogen und seit ein paar Jahren nicht mehr am politischen Leben teilgenommen; er war ein Eisenbahner. Frau Schmidt zog den Personalausweis ihres Mannes aus dem Mieder und zeigte uns das Foto; wir murmelten ein paar mitfühlende Worte und wußten nicht, was wir über diesen häßlichen, blonden, dumm aussehenden Mann mit dem großen Schnurrbart sagen könnten, der so sinnlos getötet worden war und dessen Frau um ihn weinte. Frau H., die in diesen Dingen praktischer veranlagt war als wir, meinte nur: »Also ich hab ihn viel dicker in Erinnerung.« Das munterte die Witwe auf. »Aber nein«, sagte sie, »der Dicke war sein Bruder, der Johann«; dann fragte sie uns, ob wir das Einschußloch sehen wollten. Wir gingen weiter; es war eine Dreizimmerwohnung, eine große Wohnküche mit einer bestickten Zierdecke hinter dem Gasherd und Geschirr in der Kredenz; im nächsten Zimmer standen zwei gleiche Einzelbetten aus lackiertem Holz für sie und den erschossenen blonden Eisenbahner; und dahinter ein Kabinett, dessen Wände mit einem Muster aus Glockenblumen und Veilchen gewalzt worden waren und in dem die beiden kleinen Töchter schlafen. Es war früh am Morgen gewesen, Mittwoch (vielleicht auch Dienstag), und sie hatte sie gerade geweckt und wußte nicht recht, was zu tun sei, als eine Kugel das Fenster durchschlug, dann den Kopfteil ihres Betts, das Bett der Mädchen, und schließlich in der Kommode steckenblieb. Sie mußte vom Haus gegenüber abgefeuert worden sein und von weiter oben, da ihre Flugbahn schräg verlaufen war – ich glaube nicht, daß ein Querschläger ein Fenster, zwei Betten und eine Gipswand durchschlagen hätte. Sonst war nichts beschädigt; sie hatte bestickte Bettdecken und bestickte Leinenstreifen über den Türen.

Als wir gingen, flüsterte Frau H., daß der Streifenwagen der Polizei gerade weggefahren sei – drei Männer und eine Frau (glaube ich) waren diesmal verhaftet worden. Es ist die ständige Angst vor dem wiederholten Verhaftetwerden, die sie verrückt macht. Sie wissen nie, wann der Streifenwagen das nächste Mal vorfahren wird. Im Stiegenhaus noch mehr aufgebrochene Türen. Wir gingen zu einer anderen Wohnung; ein paar Männer und Frauen standen darin und diskutierten. Der Mann hier sah elend aus; er war im Gefängnis gewesen; er wollte nicht mit uns sprechen. Wir unterhielten uns über ein anderes Paar, von dem der Mann verwundet worden war. Wir fragten, ob sich die Fürsorgerin seiner annehme; jemand antwortete, »die Fürsorgerin kommt nicht, von der hat man den Mann erschossen«. Jeder Mann, den wir sahen, muß im Gefängnis gewesen sein, jedenfalls ein paar Tage, und irgendwann begriffen wir den Grund hierfür. Nach einem Gesetz, das Dollfuß erst vor drei Monaten (gerade zum richtigen Zeitpunkt) erlassen hatte, wird jedem, der auch nur einen Tag eingesperrt war – und sei's auf der Wachstube – das Arbeitslosengeld gestrichen. Auch ist nicht bekannt, wann oder ob er es wieder erhält. In der Regel wird die Unterstützung nach zwei Jahren eingestellt, aber oft zahlte der Arbeitslose einem Unternehmer zehn Schilling, und so begann die Zweijahresfrist von neuem. Jetzt aber sind die Zahlungen an die Tausenden Arbeitslosen, die vergangene Woche oder die Woche davor ein paar Tage lang eingesperrt waren, eingestellt und ihre Namen aus dem amtlichen Register gelöscht worden. Das ist eine einfache Art von Sparpolitik; ich frage mich, warum sie unserer Regierung nicht eingefallen ist! Aber vielleicht ist ihnen die Idee ohnehin schon gekommen.

In einer anderen Wohnung reagierte niemand auf unser Klopfen; ein Nachbar flüsterte uns zu, daß der Mann im Untersuchungsgefängnis sei und die Frau sich gerade um eine Besuchserlaubnis bemühe. Es war alles so anders, als man es sich aufgrund der Beschaffenheit der Häuser vorgestellt hätte. Sie hatten freundliche Höfe mit Rasenflächen und Zierbüschen; es gab Kindergärten und eine Laube. Aber überall waren diese schrecklichen kleinen flüsternden Gruppen.

Wir versuchten, die Fürsorgerin zu treffen. Ein junger Mann schaute mißtrauisch aus ihrer Wohnung, die Hand an der Tür, bereit, sie vor uns zuzuschlagen; von Frau H. überredet, ließ er uns schließlich doch eintreten. Das Zimmer war voller Schußlöcher. Die Krankenschwester war seine Mutter – er war eben achtzehn geworden, sah aber jünger aus. Sie sei gerade nicht da, werde aber bald zurück sein. Er sagte in einem müden Tonfall, daß er im Polizeigefängnis gewesen sei. Ja, in der Floridsdorfer Wachstube. Von Dienstag bis Freitag. Man hatte ihm das Gesicht zerschlagen. Nein, das könne man jetzt nicht mehr erkennen, aber es sei bei seiner Entlassung noch stark geschwollen gewesen. Aber das schien ihn nicht sehr zu bekümmern; was ihn viel mehr beschäftigte, war die Erinnerung daran, wie er, kurz vor seiner Verhaftung, aus dem Fenster geschaut und seinen Vater tot auf dem Gehsteig liegen gesehen hatte. Wir fragten nach seiner Mutter und erfuhren, daß sie eine »christlich sozialistische« Krankenschwester war. Ich bin nicht sicher, was das politisch bedeutet, vermutlich nicht viel – man kann sich heutzutage nicht allzu genau nach den politischen Ansichten erkundigen. Wir unterhielten uns recht allgemein über allerlei Ereignisse; die Leute glauben, daß morgen, wenn das Ultimatum der Nazis ausläuft, nichts passieren wird. Die Krankenschwester kam nicht. Wir verabschiedeten uns von Frau H. – wir würden morgen wiederkommen. Ja, alles war furchtbar, furchtbar. Wir gingen zurück zur Endstation der Buslinie. Allmählich wurden die Dinge, die wir durch die Scheiben unseres rüttelnden Busses sehen konnten, wieder normal: Geschäfte mit bunten Kleidern und Blumen und Lebensmitteln oder Süßigkeiten; Leute, die zügig ausschritten oder vergnügt dahinschlenderten; Automobile; Eleganz; der gotische Dom.

WALTER FISCHER

Wöllersdorf

Bei der Verhandlung des Schöffengerichts im Juli fand sich kein einziger Belastungszeuge, der gegen mich ausgesagt hätte. Die schwarze Greißlerin, die in einer Anzeige behauptet hatte, ich hätte mich am Bau von Barrikaden beteiligt, schrieb aus der Nervenheilanstalt, sie könne nicht zur Verhandlung kommen. Da sie täglich mit dem Tod bedroht worden sei, hätte man sie mit einem Nervenzusammenbruch in die Anstalt einweisen müssen. Die Liebe der Laaerberger hatte einen undurchdringlichen Schutzwall um mich errichtet. Sogar die geistlichen Schwestern des Kindergartens hatten Kardinal Innitzer gebeten, für meine Freilassung zu intervenieren, eine Bitte, die der Kardinal natürlich ablehnte. Aber schon während meiner Untersuchungshaft hatte man mich wissen lassen, man werde das Verfahren gegen mich unverzüglich einstellen, wenn ich eine Erklärung für die Vaterländische Front abgäbe. Da es für mein Verhalten am 12. Februar keine Zeugen gab, hatte der Untersuchungsrichter versucht, auf dem Laaerberg Belastungsmaterial nach dem § 144 (Abtreibungsparagraph) aufzutreiben. Vergeblich. Er stieß auf eine Mauer des Schweigens. Obwohl ich bei der Verhandlung erklärte, ich würde auch in Zukunft immer auf Seiten der Ärmsten und ihres Rechts stehen, reichte das Belastungsmaterial nur für sechs Monate Kerker wegen Aufruhr, denen auf dem Verwaltungswege vier Monate Anhaltelager Wöllersdorf folgten.

Nach der Brutalität der Gefängniswärter der Polizei in den Februartagen mußte ihre Freundlichkeit im Juli, als wir nach Abbüßung der Strafhaft, vor dem Transport nach Wöllersdorf, wieder eine Sammelzelle auf der Liesl bevölkerten, geradezu verblüffen. Des Rätsels Lösung war nicht schwer zu finden. In der Arbeiterschaft kursierte die Parole: »Von den Februarkämpfen zum Roten Oktober!« Die Beamten der Polizei nahmen diese

Parole wörtlich. Und so erlebten wir recht sonderbare Fragen, wie: »Wenn ihr zur Macht kommt – werdet ihr uns dann alle umbringen? Schauts, wir sind ja gar nicht so. Was hätten wir denn im Februar tun sollen? Dienst ist Dienst ...« Ich gestehe: solche Reden taten uns wohl.

Als wir Mitte September in die Kommunistenbaracke 244 (ich glaube, das war die Nummer) des Wöllersdorfer Anhaltelagers eingeliefert wurden, empfingen uns deren Insassen nach Erledigung der Aufnahmeformalitäten mit erhobener Faust und dem Gruß »Rot Front!« Die Bewachungsmannschaft hörte geflissentlich weg. In der großen Fabrikhalle mit den Stockbetten zu beiden Seiten wurde eine Empfangsfeier inszeniert. Für die »Hausherrn« sprach der Buchhändler Julius Deutsch, der uns als Kampfgenossen begrüßte. Für die siebzehn Neuankömmlinge erwiderte ich den Gruß. Als ich erklärte, nach dem 12. Februar hätten wir der nicht mehr existierenden Sozialdemokratie den Rücken gekehrt und seien entschlossen, als Mitglieder der Kommunistischen Partei den Kampf weiterzuführen, brauste jubelnder Beifall durch die Halle. Niemand kümmerte sich um den Barackenkommandanten, der hereinkam und vergeblich mit dem Finger an den Lippen »psst!« deutete. Nach der Verbrüderung der alten und der neuen Kommunisten sangen wir gemeinsam alle Kampflieder, die wir kannten. Erst dann folgten wir dem flehenden Appell des Barackenkommandanten, der Angst hatte, der Lagerkommandant könnte unser Festkonzert hören.

Am nächsten Tag wurde vereinbart, ich solle bei der Lagerleitung protestieren, daß ich als alter Sozialdemokrat in die KP-Baracke eingewiesen worden sei, und meine Transferierung in eine andere Baracke fordern, um dort, bei den Sozialdemokraten, die politische Leitung der KP-Zelle zu übernehmen. Tatsächlich wurde ich bald in die »Nobel«-Baracke 14 verlegt. Dort gab es Zwei- bis Vierbettzimmer. Mit meinem Freund Draskowitsch teilte ich ein Zweibettzimmer. Ein anderes Zimmer beherbergte Julius Braunthal, den Stadtrat Speiser und den leitenden Funktionär der Gendarmeriegewerkschaft Krisch.

Nachdem ich die etwa zwei Dutzend Kommunisten in der Baracke 14 und der Nachbarbaracke 77 in Fünfergruppen organisiert hatte, versuchte ich, mit Braunthal eine gewisse Zusammenarbeit von Kommunisten und Sozialisten gegenüber der Lagerleitung zu besprechen. Aber Braunthal wehrte sich sofort mit Händen und Füßen. »Ich denke gar nicht daran, hier politisch zu arbeiten. Hier haben wir eine einzige Aufgabe: so bald als möglich wieder herauszukommen.« »Na schön«, meinte ich, »aber du warst doch immerhin Mitglied des Parteivorstandes. Was gedenkst du denn zu tun, wenn du herauskommst? Wirst du illegal arbeiten?« Braunthal geriet in höchste Aufregung: »Ich? Illegal? Bei meinem Format?! Ich brauche Weite!« Nach einer Pause fragte ich: »Also, was willst du denn dann machen?« Braunthal: »Ich? Ich werde auswandern und eine große illustrierte Zeitschrift herausgeben.« »Also, dann wandre halt aus.« Dieses Gespräch machte mir einen so tiefen Eindruck, daß ich es bis zum heutigen Tage fast wörtlich im Gedächtnis behalten habe.

Über das Regime in Wöllersdorf hatten wir uns nicht zu beklagen, wenn es auch nicht zu den größten Freuden des Lebens zählt, getrennt von Frau und Kind hinter Stacheldraht zu vegetieren. Die Verpflegung war gut und reichlich, und von draußen kamen immer wieder Pakete. Als der Barackenkommandant auf dem Boden eines Lebensmittelpakets einen Zettel fand mit der Aufschrift: »Das ist von der Roten Hilfe«, forderte er zu größerer Vorsicht auf. Am Nachmittag, während der Ausgangszeit, hielt ich in meinem Zimmer mit den Gruppenleitern einen politischen Schulungskurs ab, der am Abend in den einzelnen Gruppen weitergegeben wurde. Als Grundlage diente Lenins Arbeit über »Staat und Revolution«, die uns in einem Bibeleinband zugeschickt worden war. Eines Tages stieß Draskowitsch nach Beendigung eines solchen zentralen Kurses im Gang auf einen Hilfsgendarm, der ihn beiseitezog und flüsterte: »Der Blecherne (so nannten wir den Barackenkommandanten wegen seiner Ordensbrust) hat mich auf den Dachboden geschickt, ich soll abhorchen, was ihr da macht. Also was ich da gehört habe! Das ist ja die reinste kommunistische Hochschule. Wenn ihr das noch einmal macht, muß ich euch anzeigen.« Von nun an waren wir vorsichtiger. Allerdings hatten wir keine allzu große Angst vor dem Blechernen; denn er war auf unsere Hilfe angewiesen. Er mußte täglich eine Meldung schreiben, bei wem die Zeit der Anhaltung ablief. Nun hatte er zwar ein großes Buch, in dem jeder Häftling mit allen Daten eingetragen war, aber um herauszufinden, wer jeweils zur Entlassung vorgesehen war, hätte er jeden Tag stundenlang das ganze Buch durchstudieren müssen, wenn wir ihm nicht geholfen hätten. Wir hatten nämlich einen Zettelkataster, der nach Entlassungsdaten geordnet war. Vom Wohlverhalten des Blechernen hing es ab, ob er die Daten für seine tägliche Meldung von uns bekam oder nicht.

In den Stunden der Ausgangszeit wurde von den Insassen der beiden Baracken 14 und 77 auf einer großen Wiese Faustball oder Schlagball gespielt. Wenn Schlagball gespielt wurde, gab es beim Feldwechsel oft ziemlich viel Geschrei. Als der Lärm einmal besonders laut war, stürzte der Blecherne heraus aufs Spielfeld und schrie: »Ihr weckt ja den Herrn Lagerkommandanten im Mittagsschlaf auf. Wenn es noch einmal so einen Krawall gibt, laß ich alle in die Baracken einrücken.« Nach kurzem unbotmäßigen Murren ging das Spiel weiter. Und schon gab es wieder einen Feldwechsel und den dazu gehörigen Lärm. Jetzt machte der Blecherne mit seiner Drohung ernst. Alle fluchten. Am empörtesten aber war Julius Braunthal, der sich niemals an den sportlichen Spielen beteiligte, sondern auf einer Decke in der Sonne lag und irgendein Buch las. Als ich sein Zimmer betrat, hörte ich, wie er geradezu kreischte: »Das ist unerhört! Da muß etwas geschehen!« »Was soll denn geschehen?« fragte Speiser. »Man müßte – man müßte die Fenster einschlagen!« Darauf Speiser: »Schlag sie halt ein!« »Nein, nicht ich – die Leute! Die Leute müßten die Fenster einschlagen!« »Ach so, die Leute«, sagte Speiser ironisch. »Na, so sags ihnen halt!« »Nein! Spontan müßten die Leute die Fenster einschlagen!« »Aha, spontan ...« Damit beendete Speiser das Gespräch.

Ich mischte mich nicht ein. Aber die Szene erschien mir wie ein kurzer Lehrgang sozialdemokratischer Politik: Man müßte ... nicht ich ... die Leute ... spontan. Die Ereignisse des Jahres 1933 stiegen in meinem Gedächtnis auf: lebende Illustration zu Braunthals Worten.

Am 19. Dezember war meine Frist abgelaufen. Man bescheinigte mir die bedingte Entlassung mit wöchentlich zweimaliger Meldepflicht bei der Polizei. Quer über die »Heide«, einen aufgelassenen Artillerie-Schießplatz, ging der Weg nach Wiener Neustadt, zur Bahn. Auf halbem Wege begegneten uns – wir waren zu dritt – einige Arbeiter im blauen Schlosseranzug. Sie grüßten uns freundlich: »Von Wöllersdorf?« »Ja. Von Wöllersdorf.« »Was seid ihr: rote Bolschewiken oder braune Bolschewiken?« »Rote.« »Macht nichts, wir sind braune Bolschewiken. Aber wir wollen ja doch dasselbe: Schluß mit dem schwarzen Gesindel!«

Nach dem Zusammenbruch der Sozialdemokratie im Februar waren in Niederösterreich oft ganze Ortsgruppen des Republikanischen Schutzbundes zur illegalen SA gegangen ...

Am 5. Jänner 1935 reiste ich mit einem legalen Paß, den mir der Vertreter der Society of Friends, Anton Afritsch, illegal beschafft hatte, nach Prag. Wenige Tage später folgten meine Frau Magda und meine noch nicht siebenjährige Tochter Ruth.

Übrigens: Wöllersdorf war der einzige Ort, an dem ich unbedingt Wert darauflegte, als Herr Doktor angesprochen zu werden. Wenn der Blecherne rief: »Fischer!«, zuckte ich mit keiner Wimper, er mochte rufen, solange er wollte. Erst wenn er sagte: »Na, was ist denn, Herr Doktor?« antwortete ich höflich erstaunt: »Ach so, Sie meinen mich?« Dieses Verhalten hatte seinen Grund. Im Herbst 1933 hatte der damalige Justizminister der Regierung Dollfuß die Sonderbestimmungen für politische Verbrecher aufgehoben und sie in allem den Kriminellen gleichgestellt. Das bedeutete im Falle der Verurteilung den Verlust der »bürgerlichen Ehrenrechte«, zu denen auch das Doktorat zählt. Grund genug, um konsequent diesen Titel zu beanspruchen.

MELITTA BREZNIK

Kapfenberg August 1934

Im August des Jahres 1934 verließ ein Zug langsam den Bahnhof Bruck an der Mur in Richtung Wien. Max und Edgar beugten sich, soweit sie konnten, aus dem Fenster, um das heftige Winken ihrer Mutter zu sehen. Im schwarzrauchigen Ruß der Lokomotive glitten draußen die letzten vertrauten Häuser und der Schloßberg vorbei, an dessen Hängen noch die Einschußkrater der Kämpfe vom Februar sichtbar waren. Eduard hatte sich neben den Herrn gesetzt, der den Kindern die Rucksäcke abgenommen hatte, zwei Mädchen und vier Buben, alle drängten sich in die Bänke und redeten durcheinander. Sie hatten ihre Mütter und Großmütter am Bahnhof zurückgelassen, ihre Väter waren entweder verhaftet, verwundet oder tot, alle waren sie Schutzbundkinder aus Kapfenberg, Bruck oder Eisenerz. Der Mann, Herr Ansperger, der sie begleitete, war ein hagerer, großgewachsener Lehrer mit welligen schwarzen Haaren, die ihm wie Gestrüpp vom Kopf abstanden. Die Mutter hatte den Buben erklärt, er würde freiwillig bei der »Roten Hilfe« arbeiten und mit seiner Frau Schutzbundkinder über die Grenze in die Tschechoslowakei bringen. Von dort würden sie in die Sowjetunion weitertransportiert werden und in Moskau dann in die Schule gehen oder eine Handwerksausbildung beginnen können. Es gab bereits Nachrichten von den geflohenen Februarkämpfern, die vor Wochen dort angekommen waren und in verschiedenen Fabriken und auf Baustellen Arbeit gefunden hätten. Manche wollten bald ihre Frauen ins gelobte Land nachkommen lassen. Die Mutter hatte erzählt, Ansperger sei für einen Wiener Genossen eingesprungen, der, nachdem er ab März als Fluchthelfer einige Dutzend Arbeiter über die Grenze in die Tschechoslowakei gebracht hatte, selbst nach Brünn geflohen war, weil ein

Verdacht der Österreichischen Behörden auf ihn gefallen war. Ansperger sammelte die Zettel von Max und Edgar ein, die sie mitgebracht hatten. Darauf waren in Schönschrift ihre Namen, die Geburtsdaten und die Adressen notiert. Nachdem er die Papiere aller Kinder in seiner Jackentasche verschwinden hatte lassen, versuchte er sie mit ihrem Vornamen anzureden und ein wenig Ordnung in die Gruppe zu bringen, damit es aussah, als sei eine Großfamilie unterwegs. Sie würden ihn ab jetzt am besten mit Onkel anreden. Wenn sie jemand fragen würde, wohin sie fuhren, dann sollten sie sagen, zu den Großeltern nach Geras, nahe der tschechischen Grenze. Dann holte er aus einem Rucksack einen Laib Brot und reichte ihn seiner Frau, die mit einem großen Messer Scheiben abzuschneiden begann und sie an die Kinder verteilte. Dazu gab es für jeden die Hälfte einer getrockneten Birne und mit einem Mal war es still im Abteil, während draußen die grünbergige Landschaft des oberen Mürztals vorbeizog. Die Frau begann von Wien zu erzählen, wohin sie zuerst fahren würden, und schärfte ihnen ein, auf dem Bahnhof und in der Straßenbahn immer eng zusammenzubleiben. Frau Ansperger war groß gewachsen wie ihr Mann, sie trug einen grauen Rock und einen grauen Pullover, darunter eine weiße Bluse, ihre blonden Haare waren zu einem Bubikopf geschnitten, die hellen Augenbrauen kaum sichtbar, und sie machte auf Max den Eindruck, als würde sie eine Uniform tragen, dazu passte der Ton, in dem sie die Kinder pausenlos mit etwas beschäftigte, er erinnerte ihn an die Schule. Max kaute lustlos auf dem Obstschnitz, er mochte Birnen nicht besonders gern, wusste aber, dass er dankbar sein musste, einen bekommen zu haben, das hatte ihm die Mutter eingebläut, und er wollte auch nicht auffallen. Eduard war mit Otto in ein Kartenspiel vertieft, die beiden saßen jetzt etwas abseits der übrigen Kinder, die zwei Mädchen aus Bruck waren eingeschlafen und lehnten mit den Schultern aneinander, über die Knie gebreitet lagen ihre Mäntel, die für die Jahreszeit viel zu warm waren, aber erahnen ließen, dass ihre Reise weiter führen und länger dauern würde, als sie es sich selbst eingestehen mochten. Der Zug kroch langsam über die weit ausladenden Kurven der Semmeringstrecke, vorbei an Felswänden und auf hohen Viadukten über Schluchten, mäandrierend durch das saftige Grün im Licht eines klaren Augustnachmittags.

Bei der Einfahrt im Wiener Südbahnhof saßen die Kinder müde in den Bänken und hielten die Augen nur mit Mühe offen, während draußen vor den Fenstern die ersten Häuserfassaden im Halbdunkel, bereits von den Lichtern der Straßenlaternen erleuchtet, vorbeiglitten. Ansperger hob die Gepäckstücke aus dem Netz über ihren Köpfen und begann sie zu verteilen. Seine Frau half Max den schweren Rucksack auf den Rücken zu laden, die dicken Lederriemen drückten auf den Schlüsselbeinen, der Sack hing ihm bis zu den Oberschenkeln und behinderte ihn beim Vorwärtskommen. Sein großer Bruder zog ihn ungeduldig am Arm, damit sie direkt hinter dem Schaffner Aufstellung nehmen konnten, um als Erste auf den Bahnsteig zu springen. Die Fahrt ging, nachdem sie das Bahnhofsgebäude verlassen hatten, mit der Straßenbahn weiter, die Gruppe war inzwischen aufgeteilt worden. Die Frau des Lehrers hatte nach einem kurzen Abschiedsgruß mit den Mädchen eine Straße überquert, Ansperger fuhr mit den Buben nach Floridsdorf, dort wurden sie von einem freundlichen älteren Herrn und seiner Frau erwartet. In einer Werkstatt im Hinterhof eines alten, heruntergekommenen Mietshauses bezogen sie auf einem provisorischen Bett aus alten Matratzen und Decken ihr Lager für die Nacht und am Morgen sollten sie früh aufstehen, um die Reise bis an die tschechische Grenze fortzusetzen. Von dort aus würden sie über die Felder und Wiesen nach Znaim wandern, ein paar Stunden würde der Marsch dauern, sie sollten jetzt schlafen. Ansperger sah Max und Edgar streng an, weil beide noch miteinander tuschelten und Edgar Max beschuldigte, ihm das Taschenmesser aus seinem Rucksack genommen zu haben, was dieser vehement abstritt. Jeder der Buben hatte vom Großvater ein Messer geschenkt bekommen, dessen Griff mit Hirschhorn belegt war, und am hinteren Ende hatte er in schwungvollen Lettern ihre Initialen eingraviert. Als sie unter dem Kopfkissen von Max endlich fündig wurden, kehrte Ruhe ein und innerhalb kürzester Zeit schliefen alle.

Auf dem Weg nach Znaim begannen Maxens Füße zu schmerzen. Die Schuhe, die er vom Koglerbauern geschenkt bekommen hatte, waren zu groß. Dessen Sohn war zu schnell aus ihnen herausgewachsen, die Schuhe waren fast nicht getragen, gute Schusterarbeit aus starkem Pferdeleder. Die braunen Wollsocken hatten Maxens Fersen nach dem langen Wandern durch die Felder blutig gescheuert, der Rucksack drückte auf den Schultern, die Haut über den Schlüsselbeinen war wund. Vor der kleinen Gruppe, an deren Spitze Ansperger mit großen Schritten das Tempo angab, streckten sich die Äcker und Wiesen im Dunst des Abends, hinter ihr lagen die von den letzten Sonnenstrahlen beschienenen Weinreben an sanft ansteigenden Hängen. Bevor sie dort die Grenze zur Tschechoslowakei überschritten hatten, mahnte der örtliche Schmuggler, der sie seit einem Halt in einem Gasthaus begleitete, sie sollten geduckt durch die Spaliere der Reben weitergehen, am Ende des Weingartens dann nach der Abzweigung nach rechts und immer weiter geradeaus, sie würden bis zu den ersten Häusern auf tschechischer Seite zwei Stunden benötigen, wenn sie zügig marschierten. Die Trauben, die Max von den Stöcken gepflückt hatte, waren sauer gewesen, er hatte sie hinuntergewürgt, obwohl die letzte Mahlzeit im Keller des Gasthauses vor der Grenze erst eine Stunde zurücklag und er noch keinen Hunger hatte. Die Mädchen hatte man bis zum nächsten Transport in Wien einquartiert, jetzt waren nur die Buben übrig, Edgar, Max, die Brucker und die Eisenerzer, die zwei Kleinsten und Ängstlichen, die sich meist hinter Herrn Ansperger versteckten, auch wenn sie sich zu Anfang vor seinem Blick gefürchtet hatten, der durch ein Glasauge, das sich vom anderen in seiner Helligkeit unterschied, manchmal unlesbar schien. Auf dem weiteren Weg hatte Max irgendwann angefangen, nicht mehr an seine Fersen zu denken. Er schleppte sich im Trott der Schritte des Lehrers fort, der vor ihm ging, und im hohen Gras, das Max fast bis zu den Schultern reichte, setzte er einen Fuß vor den anderen.

Manchmal schlug ihm ein abgeknickter Halm ins Gesicht und langsam begann sich ein sanftes Abendlicht über die wandernde Gruppe zu legen. Der Schmuggler hatte versichert, wenn sie die Grenze erreicht hätten, würde ihnen niemand mehr etwas tun, selbst wenn die Gendarmerie sie aufgreifen würde. Max fühlte sich mitten in der stumm marschierenden Gruppe allein und er dachte an seine Mutter, die ihm erzählt hatte, dass es in der Sowjetunion genügend zu essen geben würde. Sie wanderten über Wiesen, durch kleine Wälder und an einem Bach entlang, der sie mit seinem Gemurmel einhüllte. Jeder von ihnen schien in Gedanken versunken. Als die Gruppe lange Zeit so dahingetrottet war, stieß sie auf eine geschotterte Straße, die links und rechts von Wassergräben begleitet wurde. Weiter vorne sahen sie in der Dämmerung das dunkle Dach einer Scheune, dahinter einen Kirchturm. Ihre Schritte wurden schneller, kurz bevor sie die Ortschaft erreichten, hielt sie der Lehrer an und richtete jedem von ihnen den Rucksack und die Jacke und versuchte die zerzausten Haare der Buben mit den Fingern zu glätten. Ansperger klopfte, nachdem er die Hausnummer kontrolliert hatte, an das zweite Haus in der Straße, in die sie nach der Scheune eingebogen waren, und wartete darauf, was geschehen würde.

Zwei Tage später wurden die Kinder zum Bahnhof gebracht, nachdem sie sich von Ansperger verabschiedet hatten. Er ging wieder zurück nach Österreich und wollte den nächsten Transport begleiten. Mit dem Zug und gemeinsam mit weiteren Kindern, die seit einigen Tagen auf die Abreise gewartet hatten, ging es Richtung Sowjetische Grenze. Sie hatten von einem groß gewachsenen Herrn, der gut Deutsch sprach, rote Fahnen ausgehändigt bekommen. Max saß staunend neben Edgar, sie hatten eine Blechdose mit Esswaren auf dem Schoß. Im Zug wurden Lieder gesungen, und die Begleiterinnen bemühten sich, den Kindern russische Texte beizubringen, die sie bei ihrer Ankunft in Moskau vortragen sollten. An der ersten Grenzstation zur Sowjetunion durften sie aussteigen. Es ertönte Musik, Reden wurden gehalten, Essen wurde ausgeteilt, Fahnen geschwungen, und sie versuchten, das erste Mal die Internationale zu singen. Eines der älteren Mädchen mit kurzen Haaren in einer blauen Arbeiterbluse hielt eine Ansprache und schrie zuletzt den Dank der Genossen in Österreich und den Dank der Schutzbundkinder, die von der kommunistischen Partei der Sowjetunion gerettet wurden, in die Menge, die begeistert zurückjubelte. Max konnte seinen Augen und Ohren nicht trauen. Er war vom Taumel der Freude angesteckt und saugte auf der Weiterfahrt nach Moskau das Bild der vorbeigleitenden flachen Landschaften mit saftigen Wiesen, kleinen Weilern, unendlichen Wäldern in sich auf und wünschte, seine Mutter würde ihn sehen und erst der Vater und der Großvater, die eigentlich hier gefeiert werden sollten.

FRANZ KAIN

Begegnung in Holzleithen

Sie habe ihn schon tagelang um das Haus schleichen sehen, berichtete die Frau aus dem Bergarbeiterdorf Holzleithen im Hausrucker Kohlenrevier.

Seit ihr Mann in der Nacht vom 12. auf den 13. Februar 1934 von Angehörigen des österreichischen Bundesheeres erschossen worden war und sie von der Bergwerksverwaltung für sich und ihre Kinder keinen Groschen an Rente oder an sonstiger Unterstützung bekam, mußte sie ständig vor den Geheimen auf der Hut sein. Da fragte ein Fremder scheinheilig in den Wirtshäusern herum, wovon denn die armen Leute eigentlich lebten, die in den Februartagen ihren Ernährer verloren hatten. Da kam solch ein auffällig unscheinbarer Gast langsam den Hügel zum Arbeiterheim herauf, blieb dort ein wenig stehen und schaute in die Ebene nach Bruckmühl hinaus. Dann, aufmerksam die grauen Fronten der Bergarbeiterhäuser betrachtend, ging er langsam den aufgeschütteten Bahndamm entlang, von dem schon lange die Gleise entfernt worden waren, nach Hausruckedt hinüber.

Dieser da war gestern schon zweimal vor dem Haus gestanden und hatte sich immer wieder umgeblickt, als suche er etwas. Forschte auch der nach der Unterstützung, die den Hinterbliebenen des 13. Februar von einer geheimnisvollen Organisation zuteil wurde?

Es war ein Tag, an dem sich der Frühling ankündigte. Auf der Ebene nach Bruckmühl hinaus waren die Felder schon schneefrei, und in den schwarzen Wäldern des Hausruck hatten die eingesprenkelten Buchen bereits jenen Schimmer angesetzt, der dem Aufspringen der Knospen vorangeht. Drüben, an der windgeschützten Stelle, wo das schwarze Loch des Tunnels in den

Hang hineinführt, hatten Kinder dieser Tage die ersten Märzenveilchen gefunden.

An diesem Vorfrühlingstag also klopfte jemand an die Tür der Bergarbeiterwitwe. Sie machte auf und schaute dem Eintretenden mißtrauisch entgegen. Es war ein Mann von etwa dreißig Jahren, der unschlüssig den weichen Filzhut in der Hand hielt. Er trat ein, und sein Blick richtete sich wie gebannt auf ein Bild, das über dem Tisch in der Ecke an der Wand hing. Die Pendeluhr tickte leise, und ein winziger Sonnenstrahl fiel schüchtern in die Stube.

Der Fremde sagte unvermittelt: »Frau, ich bin der Soldat, der Ihren Mann erschossen hat.«

Die Frau mit dem grauen Haar bekam ein hartes Gesicht und wich einen halben Schritt in das Halbdunkel der Stube zurück. »Und da kommen Sie zu mir?« fragte sie barsch. »Da wollen Sie gar noch prahlen damit, und ausgerechnet bei mir?« Jetzt trat sie dem Fremden einen Schritt entgegen.

»Nein«, sagte der schnell, »nein, ich wollte Ihnen nur alles erklären.« Als die Frau schwieg, fuhr er fort: »Frau, ich hab ja nur meine Pflicht getan!«

Die Frau drehte das Gesicht weg. Der Fremde stand unsicher in der Stube. Sein Blick war wieder auf das Bild gerichtet, das einen Mann von etwa vierzig Jahren in einer schwarzen Bergmannstracht zeigte.

»Das haben sie mir schon hundertmal gesagt«, antwortete jetzt die Frau, und der Fremde spürte das Abweisende in der Stimme.

»Frau«, sagte er zögernd, »es war ja Aufruhr, was sich hier abgespielt hat. Wir hatten unseren Eid und mußten eingreifen.«

»Ihr habt alles umgedreht, nicht wir, unsere Männer haben verteidigt, was gewesen ist!«

Der Fremde verzog ein wenig sein Gesicht. »Was die schon versteht«, sagte sein Ausdruck, und belehrend fuhr er fort: »Was reden Sie denn! Wir waren doch auf den Staat vereidigt, nicht sie.«

Aber die Frau hatte dafür kein Ohr. Sie setzte sich neben den Tisch auf einen Holzschemel und legte die Hände in den Schoß.

»Was ist denn noch da von damals?« fragte sie. »Hat sich denn nicht einer laut gerühmt, daß jetzt Gott sei Dank die Arbeiter nichts mehr zu reden haben? Das ist's, was ihr fertiggebracht habt. Nichts habt ihr verteidigt!«

»Frau«, sagte jetzt der Fremde ärgerlich, »ich hab mich nie mit Politik beschäftigt.«

Die Frau blickte den Fremden lauernd an. »Sind Sie auch einer, der von mir erfahren möchte, wer uns unterstützt? Möchten auch Sie von der Roten Hilfe was wissen? Was wollen Sie denn eigentlich von mir?«

»Es ist nicht leicht, mit euch zu reden«, sagte der Fremde.

»Da schießt ihr uns zuerst den Vater nieder, und dann sollen wir euch auch noch aus der Hand fressen«, fuhr die Frau den Fremden an, »was glaubt ihr denn von uns?«

Der Fremde, der bis jetzt gestanden war, rückte einen Schemel an den Tisch und setzte sich. Beide schauten schweigend zum Fenster hinaus auf das ehemalige Arbeiterheim.

»Da drüben«, sagte die Frau, »da habt ihr sie wie die Hunde erschossen. Ihr habt sie noch auf die Bühne gestellt dabei, ohne daß sie sich wehren konnten!«

»Nein, ich nicht«, sagte der Fremde, »ich bin nicht dabeigewesen.« Er schwieg eine Weile und sagte dann: »Ihr Mann aber auch nicht, er ist nicht auf der Bühne erschossen worden, das wissen Sie auch.«

»Aber das gehört alles zusammen«, sagte die Frau.

»Es war eine traurige Faschingszeit, damals vor zwei Jahren«, sagte der Fremde nachdenklich.

»Wir sind in Ried stationiert gewesen«, begann der Soldat zu erzählen, »und im Bataillonsbefehl hat es geheißen, daß im Kohlenrevier ein blutiger Aufruhr ausgebrochen sei. Da wurde das ganze Bataillon in Marsch gesetzt, um die Ordnung wiederherzustellen.«

»Es war ein Alpenjägerbataillon, nicht wahr?« fragte die Frau.

»Ja«, antwortete der Fremde, »was wollen Sie damit sagen?«

»Ich mein nur, daß es in Ried ganz flach ist, was haben denn dort Alpenjäger zu tun?«

»Ich weiß nicht recht, was Sie wollen«, sagte der Fremde unschlüssig.

»Da habt ihr euch gar nichts gedacht, als ihr schon ein halbes Jahr vor dem Februar aufs flache Land und ausgerechnet hinter den Rücken des Kohlenreviers versetzt worden seid?«

»Nein, da haben wir uns nichts gedacht dabei«, antwortete der Fremde, und seiner Stimme war anzumerken, daß er mit einem aufkeimenden Gedanken nicht recht fertig wurde.

»Unsere Männer haben sich schon was gedacht dabei«, sagte die Frau nur.

Der Fremde fuhr sich mit der Hand durch das Haar. »Ich weiß nur, daß wir am 12. Februar nach Holzleithen geschickt wurden, um dem Aufruhr entgegenzutreten.«

»Weil sich unsere Männer nicht mehr haben alles gefallen lassen, das nennt ihr Aufruhr!« sagte die Frau bitter.

»Ich weiß nicht, wovon Sie reden«, sagte der Fremde noch einmal unsicher.

»Glaubt ihr, wir haben vergessen, wie er seine bezahlten Leute hat aufmarschieren lassen in Ampflwang drüben und wie er mit der Reitpeitsche dabeigestanden ist, der großmächtige Fürst Starhemberg?«

»Aber Frau«, sagte der Fremde bestimmt, »wir sind doch der Regierung unterstanden und nicht einem Privatmann!«

»Der sofort Vizekanzler geworden ist, als euer blutiges Geschäft getan war.«

»Wie verhetzt Sie doch sind«, sagte der Fremde rasch, setzte aber gleich nachdenklich hinzu: »Ich kann's ja verstehn.«

»Wir haben's ja mitgemacht, nicht ihr«, sagte die Frau. Dann überlegte sie einen Moment und fuhr fort: »Sie können ja zu den Geheimen gehen nach Linz und ihnen alles erzählen, ich hab ihnen ohnehin immer dasselbe gesagt, es wird für sie nichts Neues sein.«

»Nein«, wehrte der Fremde ab, »ich wollte Ihnen nur erklären, wie alles gekommen ist.«

»Wie es gekommen ist, das wissen wir selbst. Aber wissen Sie denn etwas von unserer Not und von den tausend Kränkungen, die man uns angetan hat?«

»Nein«, sagte der Fremde, »davon hat man uns Soldaten nichts erzählt.«

»Schon im April 1933 haben wir gewußt«, begann die Frau mit stockender Stimme, »daß sie uns an den Kragen wollten. Damals sind unsere Männer in den Hungerstreik getreten. Über Nacht war mehr als die Hälfte aller Arbeiter drüben in Wassenbach gekündigt.

Da sind die Leute nicht mehr ausgefahren«, fuhr sie fort, »mein Mann ist auch dabeigewesen. Sie wollten so lange im Stollen bleiben, bis die Kündigungen zurückgenommen sind. Sie haben sich in der Grube verbarrikadiert. Wir Frauen sind zur Direktion nach Thomasroith hinausgezogen, um unseren Männern zu helfen. Mit der Gendarmerie hat man uns auseinandergetrieben. Aber unsere Männer haben standgehalten. Nach vier Tagen hat die Direktion erklärt, sie wolle verhandeln. Als sich aber unsere Männer auf dieses Versprechen verlassen haben und wieder ans Tageslicht gekommen sind, hat die Direktion ihr Wort gebrochen, und die Streikenden wurden bis auf den letzten Mann entlassen.«

Die Frau seufzte schwer. Der Fremde hatte aufmerksam zugehört. »Aber«, sagte er jetzt, »das war ja alles lange vorher.«

»Wir haben damals schon gewußt«, fuhr die Frau fort, »daß wir von denen keine Gnade zu erwarten haben. Auch mein Mann wurde ausgesperrt. Dabei ist er ein Bergmann mit Leib und Seele gewesen. Länger als zwanzig Jahre hat er in der Grube gearbeitet und hat hundertmal sein Leben aufs Spiel gesetzt. Wie oft hat er sich damals nach seiner Entlassung hinaufgeschlichen auf den Urhamerberg und hat sehnsüchtig hinuntergeschaut nach Wassenbach, wo die Loren aus dem Stollen herausgekommen sind. Tagelang war dann nicht mit ihm zu reden.

Dem größten Teil der Familien in unserer Siedlung ist es nicht besser ergangen. Scharenweise mußten die Frauen zu den Bauern betteln gehen, damit die Kinder nicht verhungerten. Die starken Männer aber saßen zu Hause, weil die Direktion sie mürbe machen, weil sie ihre Seelen kaufen wollte. Und dazu die Reden der Heimwehr in Ampflwang drüben! ›Jetzt werden wir's ihnen zeigen, den Roten, die Brut wird schon weich werden!‹ hat es immerzu geheißen.«

Der Fremde schwieg.

»So kam der Februar heran. Unsere Männer haben genau gewußt, daß es ein verzweifelter Kampf werden würde. Aber hätten sie sich denn dem Heimwehrgrafen mit Haut und Haar ausliefern sollen?«

»Aber man hat die Polizei mit Waffengewalt angegriffen«, warf der Fremde ein.

»Nachdem man die Arbeiter bis aufs Blut gepeinigt hat!« rief die Frau. »Nein, sie haben nicht leichtfertig gehandelt. Mein Mann hat am 12., als es hieß, der Generalstreik sei ausgerufen worden, zu mir gesagt: ›Maria, jetzt wird's ernst. In Linz ist es heut nacht losgegangen. Wir haben schon viel zu lang gewartet, aber jetzt ist die allerletzte Gelegenheit gekommen, sonst ziehen sie uns noch bei lebendigem Leib die Haut ab, die Lumpen.‹«

»Da waren wir schon von Ried her auf dem Anmarsch«, sagte der Fremde, »und gegen Abend waren wir da.«

»Unsere Männer haben sich auf dem Rücken über der Siedlung eingegraben«, fuhr die Frau fort, »und ich weiß noch, als wäre es gestern gewesen, wie wir in den Häusern gezittert haben, als die ersten Schüsse krachten. Dann ist es gegen Abend noch einmal ruhig geworden, und es hat geheißen, die Unseren hätten einen Offizier und zwei Leute gefangen.«

Der Fremde nickte. »Es war unser Zugführer, der um eine Unterredung angesucht hat, weil er erstaunt war über den massiven Widerstand.«

»Ja, diese Unterredung werd ich nie vergessen, ich war ja selber dabei«, sagte die Frau und fuhr sich über die Augen. »Der Kommandant unserer Siedlung hat geglaubt, es gäbe Reibereien zwischen der Heimwehr und dem Bundesheer, die man ausnützen könnte. Er wollte den Offizier überzeugen, daß die Bergarbeiter im Recht sind. Der Offizier hat auch immer wieder den Kopf geschüttelt, als er erfuhr, was man uns alles angetan hat. Die Frauen haben ihn angeschrien: »Wollt ihr uns auch noch die Bettelsuppe nehmen?« Er hat getan, als ob er uns verstünde.

Mein Mann war außer sich, als er von dieser Unterredung erfuhr, man mußte ihn mit Gewalt zurückhalten, sonst wär er auf den Offizier losgegangen. ›Was gibt's da noch zu verhandeln?‹ war seine Rede. ›In Linz und Steyr knallen sie unsere Leute nieder, jetzt geht's auf Biegen oder Brechen!‹«

»Aber man hat doch ein Übereinkommen getroffen«, sagte der Fremde. »Es wurde vereinbart, daß wir bis nächsten Mittag nicht über den Hausruck gehen und eure Leute auch nicht, wir haben also einen richtigen Waffenstillstand geschlossen mit euch!«

»Ich weiß«, sagte die Frau müde, »am nächsten Tag haben wir gemerkt, was dabei herausgekommen ist, bei diesem Waffenstillstand.«

»Frau, ich sag Ihnen noch einmal, ich bin nicht dabeigewesen bei dieser Geschichte«, rief der Fremde wieder beschwörend aus.

»Aber eure Leute waren es, die sechs Männer, darunter die Sanitäter, an die Wand gestellt haben!«

»Das Welser Regiment, das am nächsten Tag das Arbeiterheim und die Siedlung angriff, hat hohe Verluste gehabt«, sagte der Fremde leise.

»Im Kampf«, brachte die Frau hervor, »aber ihr habt waffenlose Männer auf die Bühne gestellt und niedergemacht, als alles schon vorbei war! Siebzig Einschüsse hat man an der Wand hinter der Bühne gezählt, da hat sich eure Tapferkeit ausgetobt!« Und mit tränenerstickter Stimme fuhr sie fort: »Ich hab damals noch nicht einmal gewußt, was aus meinem Mann geworden war. Er ist am Abend fort, weil er den Vereinbarungen mit dem Bundesheer nicht getraut hat. ›Ich trau dem Frieden nicht‹, war sein letztes Wort, und er ging in den Wald hinüber zum Tunnel, um zu sehen, ob sich die Soldaten wirklich zurückgezogen haben. Erst am nächsten Tag habe ich erfahren, daß er niedergeschossen worden war. ›Da draußen liegt einer‹, haben die Soldaten gesagt, ›vielleicht ist's der.‹«

Der Fremde senkte den Kopf.

»Ich war Korporal«, begann er, »und ich hab mit zwei Leuten zusammen den Tunnelausgang besetzt gehabt. Es war schon dunkel, und wir wollten, daß die ganze Geschichte vorbei wäre. Unser Leutnant hat uns gewarnt und hat gesagt, daß wir es mit Leuten zu tun hätten, die eine große Erfahrung haben. Einige von ihnen hätten im Krieg die höchsten Auszeichnungen des alten Österreich bekommen.«

Die Frau nickte schweigend.

»Da hörten wir im Tunnel vorsichtige Schritte. ›Jetzt kommen sie‹, sagte einer meiner Leute. Da sah man auch schon, wie eine dunkle Gestalt aus dem Tunnel herausschlich. Ich war erschrokken und aufgeregt, rief schnell: ›Halt!‹ und drückte, ohne zu warten, was werden würde, auch gleich ab. Die Gestalt stürzte am Eingang des Tunnels nieder. Nach einer Minute sprangen wir auf den Bahndamm hinunter. Beim Schein der Taschenlampe sah ich, daß der Schutzbündler tot war, die Kugel hatte ihm die Halsschlagader aufgerissen. In der Hand hielt er eine Armeepistole, die er auch noch im Tode fest umklammerte.« Der Fremde wischte sich den Schweiß von der Stirne.

Nach einer Pause stieß er hervor: »Frau, ich bin ja nicht Soldat geworden, damit ich auf Bergarbeiter schieß. Ich bin zum Militär gegangen, weil es hieß, daß wir nachher eine Staatsanstellung bekämen. Ich hab nach dem Februar auch sofort abgerüstet, noch vor meiner Zeit, und hab geheiratet.«

Er griff dabei in seine Brusttasche und legte ein Bild auf den Tisch. Es zeigte eine junge, blasse Frau, die ein Kind im Arm hielt, das forschend und staunend in die Welt blickte.

Da schluchzte die Bergarbeiterfrau auf und schlug die Hände vors Gesicht. »Er ist ein guter Familienvater gewesen«, brachte sie mühsam hervor, »er hat Tag und Nacht gearbeitet für uns.«

»Ich hab vieles erst aus den Zeitungen erfahren«, fuhr der Fremde fort. »Meine Frau, der ich alles erzählt hab, hat gemeint, ich soll zu Ihnen fahren. Und so bin ich jetzt da.« Der Soldat griff nach den Händen der Frau und stieß verzweifelt hervor: »Frau, ich möchte meinen Frieden machen mit Ihnen!«

In diesem Augenblick kam ein Mädchen von sieben Jahren zur Tür herein. Es sah verwirrt auf die beiden, die sich da am Tisch gegenübersaßen. Dann kam es näher, und die Mutter fragte mit rauher Stimme: »Hast etwas Warmes gehabt in der Schul?«

»Ja«, sagte das Mädchen, »heiße abgerahmte Milch, von den Quäkern, sagt die Lehrerin, aber sie schmeckt immer so bitter.«

Dann erstarrte das Kindergesicht, und die Kleine fragte fassungslos: »Was hat er denn?«

Der Fremde hatte die Arme über das Bild seiner Familie gebreitet und den Kopf darauf sinken lassen.

»Später«, sagte die Mutter, »später werd ich dir alles erzählen.«

Leise verließ der Fremde das Haus.

Die Leute, die am Tunnel wohnen, sagten später, sie hätten an diesem Tag einen Mann beobachtet, der langsam in den Tunnel hineingegangen sei. Sie hätten ihm nachgeschaut, und drüben am anderen Ende, wo man ihn nur noch als kleines Pünktchen gesehen habe, sei er lange, lange stehengeblieben.

FRANZ KAIN

Der Steinwurf

Am Dorfplatz hatte schon mancher über ihn den Kopf geschüttelt. Er war nämlich nicht, wie die anderen, im Spalier stehengeblieben, bis der Zug vorüber war, sondern er hatte sich bemüht, auf der Höhe des Sarges zu bleiben.

Er zwängte sich ruhelos immer wieder durch die Menschen. Ihn schienen die Verwandten des Fürsten überhaupt nicht zu interessieren die da im Zug gingen, er schaute nur zu dem Sarg hinüber, der, auf einem mit grünem Tannenreis geschmückten Brückenwagen gelagert, von vier schwarzen Pferden gezogen wurde.

Der Mann hatte auch dieselben Trachtenkleider an wie die offiziellen Trauergäste, aber seine Kleider waren etwas zerschlissen, und sein grauer Schnurrbart schien sich widerborstig zu sträuben.

Das Begräbnis des Fürsten war gerade so pomphaft, wie es notwendig war, um zu zeigen, daß ein besonderer Mann gestorben ist, und gerade so bescheiden, daß man nicht sagen konnte, man hätte bei dem Begräbnis des Mannes, der eine so unheilvolle Rolle in der jüngsten Geschichte des Landes gespielt hatte, eine Demonstration veranstaltet. Auf alles militärische und offizielle Gepränge war verzichtet worden, aber die leutselig blickenden und doch betont vornehm tuenden Zivilisten, die hinter dem Sarg einherschritten, hatten vor nicht langer Zeit mit ihm zusammen, der im Sarg durch die engen Straßen des kleinen Dorfes geführt wurde, mit eiserner Hand das Land regiert, und auch jetzt schienen ihre hoch erhobenen Häupter sagen zu wollen: »Wir sind schon wieder da, wartet nur!«

Der graubärtige Mann drängte sich in die alte Kirche hinein, nahe heran an den Eingang zur Gruft, in die der Fürst beigesetzt werden sollte. Er hielt den von der Sonne gebleichten Hut in der

Hand, und sein Haar war ebenso grau und so struppig wie sein Schnurrbart.

Er war von weit her gekommen, um bei diesem Begräbnis dabeizusein.

»Ihn muß ich in die Gruft fahren sehen«, hatte er seiner Frau gesagt, und vergeblich hatte die gemahnt: »Vergiß es doch einmal, vergiß es doch.«

Nun stand er inmitten von Leuten, die er nicht kannte, in der dämmerigen Kirche. Durch ein hohes Fenster fiel, durch die blaue, rote und grüne Glasmalerei vielfach gebrochen, ein Bündel Sonnenstrahlen. Die Strahlen tasteten um ein düsteres Bild an der hohen Säule herum, die einige Meter hinter dem bekränzten Sarg stand. Sie fielen auf den heiligen Sebastian, der schmerzhaft sein Gesicht verzerrte unter den tödlichen Pfeilschüssen.

Der grauhaarige Mann beobachtete zerstreut die kirchlichen Zeremonien. Die Verwandten saßen auf hohen Stühlen um den Sarg herum. »Wie kalt und teilnahmslos sie alle sind«, dachte er. Die Brüder erkannte man sofort an den starken raubvogelartigen Nasen. Ihre Frauen waren so dicht verschleiert, daß man ihre Gesichter nicht sehen konnte. Schwarz und hager saßen sie da wie dunkle, steinerne Bildsäulen. Kalt schien es herüberzuwehen von diesen Gestalten bis zu dem Platz hinter der Säule, wo der fremde, grauhaarige Mann stand.

Mitten unter den Verwandten des Verstorbenen saß sein Sohn. Das Gesicht glich genau dem des Vaters, wie es der grauhaarige Mann in Erinnerung hatte. »So ist er damals mit der Gendarmerie durch unsere Stadt gefahren, genauso war das Gesicht, und genauso hat er das Kinn vorgereckt, wie dieser da«, dachte er.

Dann trat der Generalvikar in Vertretung des Bischofs vor den Sarg hin und begann seine Totenrede. Er sprach die nach jahrhundertealtem Rituell festgelegten Sätze, daß jetzt der Fürst heimkehre in die Gruft seiner Väter. Er rühmte die Verdienste des Geschlechtes um die Kirche und um das Land. Er beschwor die Zeit herauf, da einer der Vorfahren des Verstorbenen bei der letzten Türkenbelagerung Wiens der Verteidiger der Kaiserstadt gewesen war.

»Das ist schon langer her«, dachte grimmig der Mann hinter der Säule, »das zählt heute nicht mehr.« Dann sprach der Priester von der Vaterlandsliebe des Toten, und er erinnerte daran, daß sich der Siebzehnjährige freiwillig gemeldet habe, als das Vaterland in höchster Not gewesen sei.

»Zu den Viererdragonern«, sagte grimmig der Mann hinter der Säule und erschrak, als sich einige Leute mißbilligend nach ihm umwandten. »Das war das noble Regiment der Grafen und Barone, da ist es hoch hergegangen. Wie er eingerückt ist, da hab ich schon zwei Jahre Isonzo hinter mir gehabt, und während wir langsam verbluteten, haben sie Paraden abgehalten. Und das Dörrgemüse hat er nie gegessen, und nichts hat er gewußt von der Verzweiflung über das sinnlos verpulverte Leben, der Fürst.«

Er hörte nur halb hin, als der Prediger davon sprach, daß der Verstorbene sich auch in den folgenden Jahren für das, was er als richtig erkannt hatte, mit allen Kräften eingesetzt habe. Er wurde von Unruhen erfaßt und trat von einem Bein auf das andere. »Im Baltischen hat er sich herumgetrieben, als ob ihn dort jemand gerufen hätte, den Landsknecht«, dachte er.

Der Prediger hob jetzt die Stimme.

»Wer wäre so vermessen und vermöchte von sich zu sagen«, rief er aus, »daß nicht auch sein Leben zeitweise von einem tragischen Irrtum überschattet gewesen sei?«

Der Grauhaarige räusperte sich. »Die verstehen's, über alles hinwegzureden«, dachte er, »was heißt da schon Irrtum. Vom Anfang an ist er gegen uns zu Feld gezogen, und er hat eine Privatarmee ausgerüstet, um sein Ziel zu erreichen.«

»Sein Ziel war ein starkes Vaterland«, rief der Prediger aus.

»Und er hat uns so schwach und so elend gemacht, daß wir leicht eine Beute Hitlers geworden sind«, widersprach in Gedanken der Mann hinter der Säule. Und die schmerzlichen Jahre tauchten in seiner Erinnerung wieder auf. Die Leute des Fürsten waren durchs Land gezogen, und die Regierung, deren Aufgabe es gewesen wäre, die Verfassung zu schützen, schwieg dazu. Eine Krise nach der anderen schüttelte das Land. Er, der Fürst, verhandelte mit Mussolini in Italien und mit dem Stahlhelm in Deutschland. Er holte Waffen ins Land, die er gegen die armen Leute in Stellung brachte. Und er hatte das Schlagwort geprägt: »Hinaus mit den Asiaten aus dem Wiener Rathaus und aus dem Parlament.« Und mit den »Asiaten« hatte er die Männer gemeint, die in Wien Schulen, Wohnhäuser und Kindergärten gebaut hatten, und mit dem Wort »Asiaten« hatte er begonnen, jene Gefühle zu mobilisieren, an die der andere dann nur anzuknüpfen brauchte und die dann Hunderttausende unserer Landsleute in Tod und Verderben hineinrissen.

Jetzt sprach der Vikar von den bitteren Jahren, die der Fürst fern der Heimat zugebracht habe.

»Ja, in der Schweiz, im Nobelhotel, hat ihn der Hitlereinmarsch überrascht, und er war gerade auf dem Weg zur Riviera. Das war die Zeit, wie sie uns aus den Häusern geholt und in die Schutzhaft gesperrt haben.«

»Und im fernen Argentinien, jenseits des Ozeans, hat der heimatlose Flüchtling schließlich Asyl gefunden«, sagte der Prediger.

»Und dort hat er über eine Ranch geherrscht, die so groß war wie ganz Oberösterreich, während unsere Jugend in den Tod gejagt wurde für das, was er hier angezündet hat!« dachte mit Bitterkeit der Mann hinter der Säule.

Aber sosehr er sich auch gegen alles wehrte, was er da hörte, er konnte sich doch dem feierlichen Eindruck nicht entziehen, der in der Kirche herrschte. Der Geruch von Weihrauch hing in der Luft, und die stillen und sanften Lämpchen an den Seitenaltären verbreiteten ein warmes Licht. Etwas von Versinken, Vergessen und Verzeihen war da, wie immer, wenn ein Toter beerdigt wird.

Der Mann hinter der Säule erinnerte sich an die näheren Umstände dieses Sterbefalles, dessen Kunde vor einigen Tagen durch das Land gegangen war.

Der Fürst war schon seit Wochen wieder im Land, aber er wich allen Städten aus, in denen er von früher durch seine politische Tätigkeit bekannt war. Solange die Besatzung im Land war, hatte der Fürst es nicht gewagt, österreichischen Boden zu betreten

– der größte Teil seiner Güter lag in der russischen Zone. Und mit Zwiespalt im Herzen dachte der Mann hinter der Säule, daß die Wiedererlangung der Freiheit auch den Fürsten begünstigt hatte. Sein Kommen war zusammengefallen mit der allgemeinen Freude über den Abzug der Besatzungstruppen. Der Oberste Gerichtshof hatte einen Parlamentsbeschluß aufgehoben, nach dem alle Güter des Fürsten dem Staat zufallen mußten. Eine Staatsanklage gegen den Fürsten war oft verlangt, aber nie erhoben worden, und für das Oberste Gericht war der Fürst daher nur ein Privatmann. Aber immerhin war die Unruhe bei seinem Auftauchen noch groß genug gewesen, daß der Fürst sich abwartend an der Grenze aufhielt. Zuerst an der italienischen, später an der schweizerischen, sozusagen immer auf dem Sprung, wieder zu gehen, wenn im Land die Empörung ausbrechen würde. Man sagte, er sei zurückgekommen, um einige Ärzte zu konsultieren. Aber der Advokat der Familie setzte alle Hebel in Bewegung, die noch unter öffentlicher Verwaltung stehenden Güter auch formell freizubekommen, und alles deutete darauf hin, daß der Fürst jetzt wirklich zurückkommen und wieder den Herrn spielen wollte.

Da tauchte in dem Sanatorium in Vorarlberg, wo sich der Fürst aufhielt, plötzlich ein junger Journalist auf. Und als der Fürst bei einem Spaziergang war, trat ihm dieser Journalist entgegen. Er hatte eine Kamera in der Hand. Da war der Fürst mit erhobenem Stock auf den Journalisten zugestürzt. Wer wagte es, seine Ruhe zu stören! Aber bevor er den jungen Mann erreichte, brach er zusammen. Ein Herzschlag hatte ihn hinweggerafft.

»Vor einer Kamera ist er in die Knie gegangen«, dachte der grauhaarige Mann, »er, der auf uns die Maschinengewehre hat richten lassen!«

»Aber jetzt ist er tot«, hatte seine Frau gesagt, »vergiß.« Und unschlüssig stand der graue Mann hinter den Trauergästen.

Gott urteile anders als die Menschen, sagte jetzt der Generalvikar, und vor ihn trete man als der Gleiche hin, ob man auf der Erde ein Fürst oder ein Bettler gewesen sei. Dann senkte er die Stimme und deutete auf den Sohn des Fürsten. »Möge die Welt nicht am Sohne vergelten, was sie gegen den Vater vorzubringen hatte. Und ihr, die ihr heute versammelt seid, ich bitte euch, gebt dem Sohn die Heimat wieder, die der Vater die letzten zwanzig Jahre hat vermissen müssen, laßt den Sohn die Ruhe finden, die der Vater nicht mehr gefunden hat.«

Der Mann hinter der Säule beobachtete den Sohn des Verstorbenen, der starr und wie ohne Leben inmitten seiner Verwandten saß. Vielleicht hatte er gar nicht verstanden, was hier gesagt wurde. Man munkelte ja, daß er gar nicht richtig Deutsch verstünde, denn er war in Spanien erzogen worden, und man sagte, daß er Gedichte in spanischer Sprache verfasse. Er saß da, das Kinn vorgestreckt, ganz der Vater, und nur die Augen schien er von der Mutter zu haben, die einmal eine große und berühmte Künstlerin gewesen war. Auch nicht die kleinste Spur einer Bewegung war in diesem glatten, weißen Gesicht zu unterscheiden.

»Was ist das für ein Sohn«, dachte der graue Mann, und während die Zeremonien an ihm vorbeigingen wie ein ferner Strom, überwältigte ihn wieder die Erinnerung an seinen eigenen Sohn, den er durch den verloren hatte, der jetzt im Sarge lag.

Es war im Februar 1934 gewesen, einen Tag nachdem der Aufstand der Arbeiter zusammengebrochen war. Der Fürst selbst hatte die Kämpfe gegen die Arbeiter geleitet, die sich auf der Ennsleite in der Stadt Steyr verzweifelt wehrten. Artillerie hatte auf die Arbeiterhäuser geschossen, und als sich der Pulverdampf verzogen hatte, hatten die Scharen des Fürsten fürchterliche Rache geübt für die Niederlagen, die sie in Steyr immer wieder hatten einstecken müssen. Der Fürst selber war in den Wohnungen der Arbeiter erschienen, die Reitpeitsche in der Hand und das Kinn vorgereckt.

Es war der 14. Februar gewesen. »Bleibt im Haus«, bat die Frau ihren Mann und ihren Sohn, die lieber hinausgegangen wären, um sich Rat zu holen, was man jetzt nach dem Zusammenbruch tun sollte. »Bleibt, damit ich nicht allein bin, wenn sie kommen.«

Dann hatte man draußen auf der Straße brüllen gehört: »Fenster zu!« Zugleich krachte auch ein Schuß, und als sie in die

Küche kamen, lag lang auf dem Boden ausgestreckt der neunzehnjährige Sohn. Er war gerade vor dem Spiegel gestanden, um sich zu rasieren. Die Kugel hatte ihm die Schläfe zerschmettert. Gleich darauf kamen auch schon die Heimwehrleute in die Wohnung. Sie packten ihn und nahmen ihn sofort mit, während zwei Mann Hausdurchsuchung machten und Geschirr, Bettwäsche und Bilder auf den Boden warfen. Sie sperrten den Vater in das alte Schloß ein, das zu einem provisorischen Gefängnis eingerichtet worden war.

Der Mann hinter der Säule stöhnte. Sein Rücken schmerzte so wie damals, als sie ihn blutig geschlagen hatten.

Wie er später erfahren hatte, war der Fürst auch in seiner Wohnung gewesen, nachdem man seinen Sohn in die Totenkammer gebracht hatte. Wie immer die Reitpeitsche in der Hand, hatte er ein gelangweiltes Gesicht gemacht. Kein Wort hatte er gesagt zu der zitternden Frau. Er schien lediglich kühl zu mustern, was hier vorgefallen war.

Und dann hatten die Behörden den Totenschein auf den 13. Februar ausgestellt. Bis zu diesem Tag hatte nämlich Standrecht geherrscht, und die Regierung brauchte keinerlei Verpflichtungen für die Opfer der Massaker zu übernehmen. Es mußte vertuscht werden, daß der Sohn noch nach der Aufhebung des Standrechtes sein Leben lassen mußte, weil ein vom Fürsten ausgehaltener Mann den Finger locker am Abzug gehabt hatte. So laut auch später der Vater gefordert hatte, den richtigen Todestag einzusetzen, keine Behörde fand sich dazu bereit. Und von diesen Tagen an ballte er die Faust, wenn er an den Fürsten dachte.

»Vergiß, er ist tot, vergiß«, hatte die Frau gesagt, als er heute früh die Stadt verließ, um zum Begräbnis zu fahren. Und jetzt stand er in der Kirche, und das Herz schmerzte, als ob er lange bergauf gestiegen wäre.

Und nun trat der Generalvikar vor den Sarg hin, und nach alter Überlieferung sprach er mit erhobener Stimme die Worte: »Fürst, bevor du hinabsteigst in die Gruft deiner Väter, frage ich die versammelte Gemeinde: Ist noch jemand unter euch, der auf dich, der du jetzt vor einen höheren Richterstuhl trittst, einen Stein wirft?«

Der grauhaarige Mann sah wieder das schmerzverzerrte Bild des heiligen Sebastian vor sich, die Züge der Mater dolorosa verschwammen ihm mit den verweinten Zügen seiner Frau, die sie gezeigt hatte, als er damals aus dem Gefängnis nach Hause gekommen war. Er sah wie durch einen Nebel den Sohn des Fürsten starr in seinem Stuhl sitzen, und er dachte an seine eigenen, einsamen, alten Tage und trat hinter der Säule hervor.

JOSEF TOCH

Der steinerne Gast

Ich war wegen eines alten Magenleidens im Spital: nur auf zehn Tage, zur Überprüfung und Probebehandlung. Ich war erst kurz dort, als eines vormittags ein neuer Patient eintraf, der sofort Aufmerksamkeit im Saal erregte. Es war ein Riese von einem Mann, ein wandelnder Turm. Das Bett, das ihm die Saalschwester zugewiesen hatte, war zu kurz für ihn, seine Füße ragten weit durch das Gitterende heraus. Niemand aber lachte oder lächelte darüber. Dieser Mann sah nicht so aus, als ob er jemals Heiterkeit oder Freude erweckt hätte. Starr und klotzig war er, wie eine überlebensgroße archaische Statue, die man von ihrem Standort entfernt und nun hier obszönerweise in ein Spitalsbett gelegt hatte. Sein enormer kantiger Schädel war unbehaart und glatt wie aus poliertem, grau-gelblichem Sandstein; wie aus Stein gehauen war auch sein Gesicht, der Mund nur eine haardünne Linie.

Der Mann war mir nicht fremd, obwohl es schon lange her sein mußte, daß ich ihn irgendwo gesehen hatte. Es war, als ob er nie anders als jetzt ausgesehen hätte, als ob sein Gesicht nie jung und weich gewesen wäre. Ich schätzte ihn auf ungefähr fünfundsechzig Jahre. Die junge Zimmerärztin, die sich an sein Bett gesetzt hatte, um seine Krankengeschichte aufzunehmen, kam damit nicht weiter: er war fast völlig taub. Aus seinen Papieren entnahm sie, daß er schon fünfundachtzig Jahre alt und daß er kaum je ernstlich krank gewesen war. Von Beruf Polizist, war er schon anfangs der dreißiger Jahre in Pension gegangen. Von Februar 1934 bis zum Februar 1935 war er nochmals zum Dienst einberufen worden.

Als der Februar 1934 erwähnt wurde, erinnerte ich mich plötzlich, woher ich ihn kannte. Meine Begegnungen mit diesem Mann waren nicht gut verlaufen. Ja, zweimal war ich mit ihm

1934 zusammengetroffen, beide Male unter wenig erfreulichen Umständen.

Das erste Mal am Morgen des 13. Februar 1934, in einem Personenzug der Nordbahn, auf der Fahrt von Lundenburg nach Wien. Ich kam aus der Tschechoslowakei, wo ich in den letzten Monaten mit Gretka in Brünn gelebt hatte. In Österreich war ich infolge der Krise arbeitslos gewesen – ich war es auch nachher, in Brünn. Dort jedoch hatte Gretka, die tschechoslowakische Staatsbürgerin war, eine Anstellung als Kindergärtnerin gefunden und konnte uns beide erhalten. Am späten Nachmittag des 12. Februar wurden Extra-Ausgaben der Zeitungen ausgerufen. Es wurde berichtet, daß in Österreich bewaffnete Kämpfe zwischen sozialdemokratischen Schutzbündlern und Regierungstruppen ausgebrochen seien. Als wir in unserem Untermietzimmer beim Nachtmahl saßen und aus dem Radio nähere Berichte über die Kämpfe in Österreich hörten, sagte ich: »Morgen früh fahre ich nach Wien.« Gretka sagte: »Das habe ich mir gedacht.«

Am Morgen begleitete sie mich zur Bahn. Aus dem Zugsfenster sah ich sie in ihrem Homespuns-Wintermantel mit dem Pelzkragen auf dem Bahnsteig immer kleiner werden, bis der Zug in eine Kurve bog.

Wer mit einem Personenzug fuhr, mußte damals an der Grenze in Lundenburg aus dem Waggon und zur Paß- und Zollkontrolle ins Stationsgebäude. Der österreichische Beamte fragte mich: »Wohin fahren Sie?« Ich sagte: »Nach Wien.« Er blickte mir ins Gesicht. »Sie wissen doch, was dort los ist? Müssen Sie gerade jetzt fahren?« Ich sagte: »Ich habe meine Familie dort und bin besorgt.« Darauf antwortete er nicht mehr und stempelte den Paß ab. Was er dachte, konnte mir gleich sein, solange er es nicht aussprach.

Auf der Fahrt durch das vom eisigen Februarwind schnee- und menschenleer gefegte Marchfeld war nichts von einem Bürgerkrieg zu bemerken. In den Stationen stiegen nur wenige Leute zu. Es waren meist ältere Männer, die einander zu kennen schienen. Polizisten und Gendarmen, die von der Regierung wegen der alarmierenden Lage einberufen worden waren. Sie lebten in den kleinen Orten Niederösterreichs, auch jenseits der Grenze, weil das Leben dort billiger kam. Im Zug sprachen sie von den Kaninchen, die sie züchteten und vom Gemüse, das sie anbauten, nicht vom Bürgerkrieg. Nur einmal sagte einer unvermittelt: »Wird eh' nix los sein.«

Einer von ihnen hielt sich mit streng-verschlossenem Gesicht abseits und nahm nicht an den Gesprächen teil. Dabei war er bestimmt einer von ihnen. Sogar im Sitzen überragte er die anderen um zwei Kopflängen. Genauso müßte eine Stütze der herrschenden Macht aussehen: hart, argwöhnisch, unzugänglich, sogar für die eigenen Kollegen. Denen schien nichts an ihm zu liegen. Sie überließen ihn sich selbst. In mir weckte er mit seinem massiven Schädel, seinen tellergroßen Pratzen ein Gefühl von Furcht und Ohnmacht. Ich empfand das umso stärker, da ich wußte, daß er und ich uns sehr wohl nach dieser Bahnfahrt wieder begegnen konnten – nicht mehr als Mitreisende, sondern als Feinde.

Auf der rechten Seite der Bahnstrecke zeigten sich jetzt häufiger niedrige Häuser. Wir fuhren langsam in die erste Wiener Vorortstation, in Stadlau ein. Als wir sie wieder verließen, beschleunigte der Zug jedoch nicht das Tempo, sondern kroch nur langsam voran. Plötzlich erkannten wir, daß wir mitten durch den Bürgerkrieg fuhren. An der linken, überhöhten Böschung des Bahndamms lagen Soldaten des Bundesheeres in feldgrauen Uniformmänteln, mit Stahlhelmen auf den Köpfen und Gewehren in den Händen. Drei von ihnen kauerten hinter einem Maschinengewehr. Neben ihnen kniete ein junger Offizier und richtete einen Feldstecher auf die andere Seite des Bahndamms. Sehen konnte er nichts, da ihm unser Zug die Sicht verdeckte. Dort unten irgendwo mußten die Schutzbündler stehen, da die Gewehre der Soldaten in diese Richtung zielten. Ich eilte deshalb zur rechten Fensterseite des Waggons. Entlang der Bahnstrekke verlief eine schmale Straße, die von einigen kleinen Häusern flankiert wurde. Hinter der Ecke eines dieser Häuser sah man sie, gleichfalls mit Gewehren bewaffnet, doch in Zivil. Zwei hatten nicht einmal Mäntel, um sich vor dem bitterkalten, schneidenden Februarwind zu schützen. Einer hielt den Lauf eines Maschinengewehrs wie ein Baby an die Brust gepreßt. Sie waren zu spät gekommen, um auf der erhöhten linken Böschung eine vorteilhafte Stellung zu beziehen. Zusammengedrängt würden sie dem Beschuß der Bundesheergruppe in dem Augenblick ausgesetzt sein, in dem unser Zug zwischen den beiden Parteien vorbeigeglitten war. Wenn der Zug stehenblieb, wäre es noch Zeit, sich zurückzuziehen, sich in Sicherheit zu bringen. Wer konnte den Zug anhalten? Der Lokomotivführer konnte kein Interesse daran haben, sonst wäre er der Generalstreikparole gefolgt und nicht zur Arbeit gegangen. Da war noch die Notbremse über dem Fenster, ich brauchte nur am Griff zu ziehen. Aber das war nur ein flüchtiger Gedanke. Wer war ich schon, um hier einzugreifen? Jetzt erst, hier im Spital, wurde mir bewußt, daß das nur eine Ausrede gewesen war, und daß ich es aus Angst vor dem mir gegenüber sitzenden Riesen nicht getan hatte.

So war der Zug damals weitergefahren, zuerst noch langsam, dann plötzlich sehr schnell, als wollte der Lokomotivführer die gefährliche Zone so schnell als möglich hinter sich lassen. Vor welchem Riesen hatte er Angst?

Von da ab bis Wien geschah nichts Ungewöhnliches mehr, außer, daß der Zug nicht auf dem Nordbahnhof ankam, sondern auf dem Ostbahnhof. Ich fand damals nichts Besonderes daran. Erst Jahre später erfuhr man, daß die Nordbahnstrecke an jenem Morgen von den Schutzbündlern besetzt gewesen war und daß das Offenbleiben der Ostbahn der Regierung ermöglicht hatte, Verstärkungen nach Wien zu bringen.

Der Platz vor dem Ostbahnhof – wenn möglich noch schäbiger als sonst – war menschenleer und still, obwohl die Abenddämmerung erst einsetzte. Die Straßenbahnen verkehrten nicht. Auf dem Wiedner Gürtel kam mir eine Abteilung von Zivilisten mit umgehängten Gewehren und rot-weiß-roten Armbinden entgegen. Sie gingen auf dem Gehsteig in Zweierreihen wie eine Schulklasse – doch folgsamer und stiller als Kinder – hinter einem Anführer, der weit besser als sie gekleidet war. Er trug einen grünen Velourhut mit Gamsbart, hohe Schaftstiefel und einen kurzen Jagdpelz. Am Überschwung hing eine Militärpistolentasche. Die Mannschaft sah genauso schäbig und durchfroren aus wie ihre Gegner vom Stadlauer Bahnhof: Dauerarbeitslose, deren Notstandsunterstützung schon lange nicht mehr ausreichte, um abgetragene Kleidung und ausgetretenes Schuhwerk zu erneuern.

Als ich zu Hause ankam, sagte meine Schwester, als sie die Wohnungstür öffnete: »Als ob ich nicht gewußt hätte, daß du jetzt nach Wien kommen wirst.« Mein Vater sagte zu ihr: »Mach ihm einen Tee und ein Schmalzbrot« und zu mir: »Ich bitt' dich, laß dich auf nichts ein. Was können sie denn tun? Sie haben die Staatsmacht gegen sich.«

Draußen war Nacht, die Bogenlampen brannten nicht, der Strom war noch immer abgeschaltet. Auf der Straße riefen Patrouillen zu den Häusern hinauf: »Fenster zu, sonst wird geschossen!« Von weit weg, aber doch noch im Stadtgebiet, hörte man Kanonen schießen. »Hörst ja«, sagte mein Vater, »Kanonen! Es hat keinen Sinn mehr.« Ich wußte, daß er aus Angst um mich so sprach.

Am nächsten Morgen ging ich zu Roman nach Mariahilf. Seine Eltern hatten dort ein Hutstumpen-engros-Geschäft im gleichen Stockwerk wie die Wohnung. So kam es vor, daß in der Buchhaltung Kaffeegeschirr und ein Gugelhupf herumstanden und der Zugang zu den Ehebetten der Eltern im Schlafzimmer mit Hutkartons verstellt war. Roman war mein Vorgesetzter in der Partei gewesen, bis ich in die ČSR gegangen war. Sie hatten nichts dagegen gehabt, als ich Österreich aus wirtschaftlichen Überlegungen verließ. Daß ich nun wieder zurückkam, war so selbstverständlich, daß wir beide kein Wort darüber verloren. »Wie steht's?«, fragte ich. »Nicht gut«, sagte Roman, »der Aufstand ist im Abflauen, aber für uns beginnt jetzt die eigentliche Arbeit: Einsammeln der verlorenen Schafe.«

Neun Monate später wurde *ich* »eingesammelt«. Ich war in der Wohnung Ludwig Bartas, eines kommunistischen Schriftstellers, angetroffen worden, als er mir aus einem ziemlich schlechten Versuch zu einem Roman über den Aufstand vorlas. Die Polizei hatte daraufhin auch meine Wohnung durchsucht und illegale Flugblätter gefunden. Ich wurde zu einer mehrmonatigen Arreststrafe verurteilt, die ich in einer Reihe von Polizeigefängnissen absaß. Im Augenblick befand ich mich im größten auf der Elisabeth-Promenade – nicht ohne Gefühlsbezug von den Insassen »Liesl« genannt. Der riesige Bau war vom Keller bis zum Dach mit Gefangenen aller drei verbotenen politischen Parteien vollgestopft. Ich war mit gut hundertfünfzig anderen in einem großen Saal. Und da geschah es, daß – wie immer zu Mittag – die massive Saaltür zur Essenausgabe aufgesperrt und aufgezogen wurde. Da stand der riesige Schließer mit dem Schlüsselbund in der Hand, begleitet von zwei Häftlingen. Die beiden hielten eine hölzerne Trage, auf der sich verbeulte Menageschalen aus Zinkblech befanden, in denen eine graue Suppe trübe hin- und herschwappte. Worauf die »Aktion« startete. Sie war von den, den meisten Häftlingen unbekannten, geheimen Führern im Saal bis ins kleinste Detail abbesprochen worden. In dem Augenblick nun, in dem die Essenträger begannen, uns die Menageschalen zu reichen, rief diese »Initiativ-Gruppe« im Chor: »Wir verweigern die Annahme von dem Fraß!« Es war schwer, sich bei diesem Satz nicht zu verhaspeln, zumal wir nicht wenig aufgeregt waren. Der Augenblick war dramatisch und erinnerte ein wenig an die klassische Szene in dem russischen Film »Panzerkreuzer Potemkin«, dessen Matrosen ebenfalls die Essensannahme verweigert hatten und deshalb füsiliert werden sollten. Nur daß hier bei uns nichts dergleichen geschah. Der Schließer würdigte uns nicht einmal eines Blickes. Er gab den Essenträgern ein stummes Zeichen, darauf stellten sie die Menageschalen auf den Estrich und verließen den Saal. Der Schließer schlug die schwere Türe von draußen krachend ins Schloß. Es war, als hätte er sie uns direkt an den Kopf geschmissen.

Da standen wir nun etwas belämmert vor den Menageschalen und wußten nicht weiter. Kein wutentbrannter Kommandant kam und las uns die Kriegsartikel vor, kein Kommando Bewaffneter erschien, um uns mit vorgehaltenen Gewehrläufen zum Essen der Suppe zu zwingen. Am Abend als die übliche kalte Mahlzeit ausgegeben wurde – bestehend aus einer Knackwurst, einem Ekkerl Schmelzkäse mit einem Stück Brot sowie einem Blechhäferl Himbeerblättertee – nahmen wir alles widerspruchslos entgegen. Bei dieser Gelegenheit verschwanden auch die Menageschalen, deren Inhalt von den Kalfaktern in eine fahrbare Tonne geschüttet wurde. Am folgenden Tag kamen neue Häftlinge, andere Insassen verließen uns. Nicht ausgesprochen, aber nichtsdestoweniger vorhanden war das Gefühl, daß wir uns durch die Unerschütterlichkeit des Schließers lächerlich gemacht hatten.

Und so war es immer zwischen ihm und uns. Die anderen Wächter, mit denen wir es auf der »Liesl« zu tun hatten, vermochten wir auf die eine oder andere Weise anzusprechen. Die auf den Gängen außerhalb der Gefangenensäle postierten Hilfspolizisten der »Heimwehr« und der »Ostmärkischen Sturmscharen« waren schon aus Langeweile froh, wenn wir mit ihnen zu diskutieren versuchten. Sogar der Leiter des Gefangenenhauses, der ironisch-überlegene Major Kristen, ging nicht ungern auf ein philosophisches Streitgespräch unter vier Augen in seiner Kanzlei ein. Nur dem »steinernen Gast« – wie ihn ein Opernkenner unter uns genannt hatte – vermochte nichts seine Ruhe zu stören: weder gutes Zureden, noch Ironie, noch Versuche zum Streit. Wenn einen etwas demoralisierte und die Ohnmacht des Eingesperrtseins fühlen ließ, dann dieser undurchdringliche wandelnde Wachturm in seiner verblichenen flaschengrünen Uniform.

Seltsam, damals im Polizeigefängnis wurde mir die ganze Zeit über nicht bewußt, daß es derselbe Mann war, mit dem ich im Februar von Lundenburg nach Wien gefahren war, obwohl seither nur neun Monate vergangen waren. Jetzt, dreißig Jahre später, erinnerte ich mich seiner sofort, als er in dem Spitalsbett, wenige Meter von mir entfernt, hilflos dalag, und nun auch ein zweiter Arzt vergebens versuchte, mit dem stocktauben Menschen zu einem Gespräch zu gelangen. Und jetzt wurde mir auch mit einem Schlag klar, worin seine ganze Undurchdringlichkeit und Unerschütterlichkeit bestanden hatte: in seiner Taubheit. Sie hatte ihn schon damals im Februar 1934 von seinen eigenen Kollegen ferngehalten und durch sie waren unsere lauten Proteste im Gefangenenhaus ähnlich einem entfernten Säuseln gar nicht in sein Bewußtsein eingedrungen. All seine übermächtige Stärke war in Wirklichkeit nur ein armseliges menschliches Gebrechen und machte ihn jetzt zum Gegenstand des Mitleids. Und gleich hier – in den nächsten Stunden – wurde ich Zeuge, wie sich das Verhängnis dieses Defektes an ihm erfüllte. Er zeigte eine Starre, die keinen menschlichen Kontakt zuließ und ihn wie eine immer härter werdende Kruste umgab. Vielleicht hatte sie ihn zuweilen auch vor Zweifel und Anfechtungen bewahrt. Noch mehr jedoch war sie ihm zur Isolierzelle seiner selbst geworden. Darin gefangen, geriet er in panische Angst vor allem, was hier im Spital – einem an sich schon von alten Menschen gefürchteten Ort – vor sich ging, was immer es auch sein mochte. Als zwei Krankenwärter kamen und ihn auf eine Rollbahre heben wollten, um ihn zum Röntgen zu bringen, wehrte er sich wie ein wildes Tier dagegen. Kopfschüttelnd ließen sie von ihm ab, der in keuchender Panik verblieb. Und so keuchte sich sein mächtiger Körper mit immer rasenderen Atemstößen in die Agonie, ins Ende. Dann lag er da, starr und bewegungslos wie ein vom Bildhauer unvollendeter und im Stich gelassener Steinblock, und war tot: nur zwanzig Stunden nach seiner Ankunft im Spital. Ganz verstehen konnte ich es nicht. Der Arzt sagte mir, daß Menschen dieser Art oft viel jäher zusammenbrechen als andere, die immer schwach und anfällig waren oder sonstwie viel im Leben durchgemacht haben.

VII
In achtzig Jahren

MIROSLAV KRLEŽA

Wiener Variationen

Es ist Fasching. Wir leben in einer Zeit feierlicher Bälle. Die Wiener *Neue Freie Presse* vom 11. Februar 1934, die bei uns wie der letzte Wiener Gruß vor der Katastrophe eingetroffen war, hat folgenden Ballkalender veröffentlicht: Das fünfunddreißigste Schlesierkränzchen, Ball der Kroaten in Wien, Frontkämpferfest, Die Touringklub-Redoute, Ball der Talente, Wiener Hausfrauenball 1934, Jubiläums-Schützen-Kränzchen, Bulgarischer Abend, Gesellschaftsabend der »Concordia«, Weiß-Schwarze Redoute des Vereins deutscher Mediziner, Postlerball (»Auge Gottes«), Blunzendorfer Kirta, Sängerbund »Liedestreue« undsofort.

Dieselbe Ausgabe der sehr renommierten *Neuen Freien Presse* enthielt auch einen Bericht über die diesjährige Wiener St. Sava Feier. »Die St. Sava Feier der jugoslawischen Kolonie hat sich in den letzten Jahren immer mehr zu einem Wiener Eliteball entwickelt ... Man sah die Minister a. D. Heinl und Jakoncig, den früheren Kabinettsdirektor Dr. Löwenthal, den Präsidenten der österreichisch-jugoslawischen Handelskammer (Prinzen) Dr. Liechtenstein und Vizepräsident von Stierling, die Generale Klabotschnigg und Klepsch-Kirchner, den Legationsrat Dr. Schmidt, die (Prinzessinnen) Liechtenstein und Eloira von Bayern (Gräfin Wrbna), die Barone Szilaghy, Ottenfels, Willissen, Heine, die Baroninnen Willissen, Ottensen, Perglas, Czehovic, Sekulic, Cuvay, Heine, Operettensängerin Maja Rajic ...« undsofort undsofort. Nach dem Kolo, mit dem die Gemahlin von Herrn Miklas den Tanz eröffnet hatte, spielte die Kapelle des Doktor Sánchez de la Cerda den Donauwellenwalzer, und die Frauen Baroninnen Cuvay undsofort stellten zum Takt des Donauwellenwalzers der Wiener Elite ihre allerneuesten Abendroben zur Schau.

Genau wie vor sechsundachtzig Jahren. Beim Slawischen Ball in Wien waren 1848 anwesend: die Fürsten Liechtenstein, Schwarzenberg, Lambach, die Grafen Harrach, Czernin, Kolovrat, Salm-Salm, Gesstetich, Leo Thun, Kinski, Sándor-Sándor, Orsich sowie noch zahlreiche Patrioten und slawische Ordensträger. Der Tanz (1848) wurde mit der Milada-Polka eröffnet; nach der Slawa-Quadrille wurde ihre slawische Halbschwester, die Kohanka-Polka, aufgespielt auf der slawischen Linie, im patriotischen Kampf gegen die nichtslawischen Tänze. All die Grafen von Wrbna, die Fürsten von Liechtenstein, die Barone von Ottensen und die Kinskis und Czernins tanzen, so scheint es, ohne Unterlaß bereits die sechsundachtzigste Saison auf den slawischen Bällen in Wien, und im Schatten ihres adeligen Ansehens tauchen heute, nach sechsundachtzig Jahren, irgendwelche bürgerlichen, ganz neuen Namen auf, wie: Gavrilov (Salami), Mardezic (Sardinen), Baronin Cuvay (eine Dame, die sich mit dem Baronentitel jenes Cuvay rühmt, der gerade auf allslawischer Seite Unvergeßliches geleistet hat: Wenn einer als Blutsauger und Tyrann des eigenen Volkes von einem fremden Herrscher mit dem Baronentitel ausgezeichnet wird, so genügen zwei verflossene Jahrzehnte, und schon rühmen sich die Nachkommen so eines traurigen Barons, daß ihnen Baron Cuvay als Erbe so ein ruhmreiches Baronat hinterlassen hat wie das Cuvaysche).

In jener fernen Zeit der slawischen Wiener Bälle um 1848 war alles, was »patriotischen Wert« hatte, über jegliche, auch nur die harmloseste Kritik erhaben. Wie der seidene Fächer der Gräfin Rubido-Zichy das einzige Ereignis auf politischer und intellektueller Ebene eines solchen 48er Balles war, so verkörperten für uns die Don-Kosaken das Freiheitsideal, der kaiserliche Geburtstag Ferdinands V. war unser größter Feiertag, die Gedichte von Tarnksi empfand man als genial, und alle Begriffe wurden auf den Kopf gestellt. Über das Gedicht »So soll meine Maid sein« des Großbanus Jelačić diskutierte man auf den Bällen als über das wichtigste literarische Ereignis, und während Jelačić in Wien österreichische Föderalisten erschoß und vor den Wiener Kirchen

Galgen aufstellte, veröffentlichte unser einziger Lichtblick, die illyrische Zeitschrift *Danica*, diese Liebesfantasie des Schlächters:

Glaub sie nicht, daß sie alle Welt begehr
Soll nicht stolzieren gleich dem Pfau
Daß sie sich nach den Helden nicht verzehr
Von solch Gemüt sei meine Frau.

Wer nicht davon überzeugt war, daß solche Verse das unsrige, das slawische, illyrische, geniale politisch-kulturelle Programm darstellen, daß »Gottesfurcht« und »Nationalität« zwei unzertrennliche Schwestern sind, wer nicht in dieser illyrischen, »gottesfürchtigen«, also einzig rettungsbringenden Weise dachte, und zwar so, daß all unsere Damen, Fräulein, Schönen, die angesehenen Baroninnen und Gräfinnen Camellutti, Cuvay, Rubido-Zichy, Wrbna und Orsich den »kroatischen Neid« besiegten, indem sie wohltönend »Wo die Heimat mein ist« sangen, während unsere wackeren Männer, das heißt Grenzsoldaten, Gendarmen, Söldner und andere illyrische Patrioten in Wien fortschrittliche Intellektuelle töteten, wer nicht an die Logik dieses illyrischen Programmes glaubte, war ein Abtrünniger, eine Ausgeburt und ein Magyarone!

Am Bankett in Stockerau bei Wien, welches am 24.3.1850 von den Bürgern ihrer Stadt zu Ehren des illyrischen Befreiers von Wien, des Dichters und Banus Jelačić, bereitet wurde, sprach der neu ernannte Bischof von Djakovo, Josip Juraj Strossmayer, zu Ehren des patriotischen Gefeierten den Toast: »Dieses Glas erhebe ich auf die Gesundheit jenes großen Helden Österreichs, welcher an der Spitze seines ehrbaren, mit unermeßlicher Liebe dem Kaiserhause ergebenen und von der Idee einer großen Heimat begeisterten Volkes den tausendköpfigen Drachen des Aufruhrs und den seine eigenen Eingeweide zersetzenden Bürgerkrieg bezwang …«

Vergleicht man diese bischöfliche Ansprache mit den Reden des Vizekanzlers und Reservemajors, des Ritters des Theresianischen Ordens, Herrn Emil von Fey, oder mit den Reden seiner Eminenz, Kanzler Doktor Engelbert Dollfuß, oder mit der Grabrede Seiner Eminenz, Kardinal und Primus der österreichischen Kirche Innitzer, vorgetragen beim Requiem für die Opfer und Helden der legitimen Exekutive, so wird auch der unparteiische Leser zugeben, daß es keineswegs scheint, zwischen jener bischöflichen Ansprache von 1850 und jener Grabrede von 1934 seien achtzig Jahre vergangen. Das heißt: die heutigen Gräfinnen Wrbna, Orsich, Ottensen, Salm-Salm und Cuvay, das sind dieselben holden Schönen von 1848, und die heutige Ideologie der bischöflichen Ansprache in Stockerau, das ist die gestrige des Engelbert Dollfuß; und das, was Felix Salten heute in der *Neuen Freien Presse* über die »Bravour der Regierungstruppen« schreibt, das hat schon gestern ein Dubrovniker Dichter zu Ehren des Hochwohlgeborenen Banus Jelačić gedichtet.

Was Strossmayer im Jahre 1848 in politischer Weitsicht den »tausendköpfigen Drachen des Aufruhrs« nannte, hat der Ritter des Theresianischen Ordens Emil von Fey sechsundachtzig Jahre später »bezwungen und zur Strecke gebracht«, und daß dies im Sinne der »göttlichen Vorsehung« geschah, das wurde ihm durch seine Eminenz, den Hochwohlgeborenen Kardinal Innitzer bestätigt, als er den Heiligen Paulus und Kant zitierte. Überhaupt wird in letzter Zeit Kant viel und von vielen zitiert; unsere gesamte Epoche könnte man als neukantisch bezeichnen. Nachdem wir einige hunderte Frauen und Kinder bezwungen und zur Strecke gebracht haben, zitieren wir Kant. Und der Habsburgische Schatten taucht über der »Residenzstadt« auf, mit Kants Buch über den ewigen Frieden in der Hand. Habsburg erwartet, daß seine Neukantianer noch stärker »im Kreise vereint das stolze Stadttor stützen«, und morgen kann Habsburg sich getrost in eine Fokker setzen und als Engel des »Ewigen Friedens« am Michaelerplatz landen. Die sozialistische Bande, dieses einzige materialistische, vulgäre, antikantianische Wiener Bollwerk ist nunmehr bezwungen und zur Strecke gebracht worden.

Der Kanzler, Herr Engelbert Dollfuß, hat am Vorabend des

Faschingsdienstages über die Presse eine sehr höfliche Einladung an die »marxistischen Zauderer« verschickt für seinen neukantischen idealistischen Kanzlerball, einen Ball, welchen er mit einem echten, ursprünglichen, kaiserlichen Vorkriegs-Ehrensalut aus zwölf schweren Batterien zu eröffnen gedachte: »Die Regierung übernehmend, habe ich nun eingesehen, daß ich nur die ausführende Person von Tendenzen einer neuen Zeit bin, welche die Überzeugung kennzeichnet, daß es mit dem alten Parlamentarismus auf Parteibasis ein Ende hat ...« Undsofort undsofort.

Die fatale Phrase von der »heiligen Sache des Vaterlandes« und die geheimnisvolle Kraft dieser Phrase im allgemeinen ist eines der finstersten Schreckgespenster der Geschichte. »Wir kämpften Schulter an Schulter wie die Löwen«, sagte der unterlegene sozialdemokratische Schutzbundkommandant Julius Deutsch nach der Schlacht von Wien zu einem Reporter in Požun. »Wir kämpften wie die Löwen, Schulter an Schulter mit Starhemberg«, sagte der Vizekanzler und Reservemajor Ritter von Fey, als er nach der siegbringenden Schlacht bei Floridsdorf mit Vertretern der Presse sprach. Er kämpfte Schulter an Schulter löwengleich, wie auch Feldmarschalleutnant von Höfer, der 1914 bis 1918 volle vier Jahre ebenfalls »wie ein Löwe Schulter an Schulter für die heilige Sache des Vaterlandes« kämpfte sowie auch Kanzler Dollfuß, der als Christlichsozialer bereit war, »Schulter an Schulter mit den marxistischen Zauderern« die Habsburger herbeizuführen.

Im Triumphgeschrei der Wiener Presse fühlt man, wie nach den düsteren Tagen des marxistischen Alptraumes endlich und tatsächlich ein Feiertag angebrochen ist, an dem die Skelette in der Kapuzinergruft aus einem dumpfen und langen Schlaf erwacht sind, um sich nun fröhlich an den Fußsohlen und unter den Achseln zu kratzen und vor Langeweile blasiert zu gähnen, weil sie wieder einmal »Schulter an Schulter für die heilige Sache des Vaterlandes« kämpfen müssen. Der große Sieg der Kaiserlichen Truppen bei Wien. An die vierhundert Tote und siebentausend gefangene Hochverräter, neun Todesstrafen, zehntausend Jahre schweren Zuchthauses.

Wien ist jene kaiserliche Residenzstadt, die alle Schlachten und alle Kriege in den Jahrhunderten ihres Bestehens verloren hat und ausschließlich in Wien selbst – einem Löwen gleich – ihre eigenen Bürger besiegte: während der Gegenreformation, 1848 und heute. Welcher Fluch lastet schon seit Jahrhunderten auf dieser Stadt, der einen gesunden Menschenverstand dazu verurteilt, ewig »bezwungen und zur Strecke gebracht« zu werden, welcher Fluch, daß hier zwischen den Galgen des Jelačić und des Dollfuß die Mehrheit der Bewohner betreten schweigt, bespuckt und gebrandmarkt wie Hochverräter...

Zur Zeit des Kaiserreiches, während der francojosephinischen liberalen Periode, als der kaiserliche Hof dem Oberhaus, den Magnaten und den handeltreibenden Parvenus zum Trotze ein »allgemeines, gleiches und geheimes Stimmrecht« forcierte, um so dem Geld ein natürliches soziales Gegengewicht zu schaffen, waren die Sozialdemokraten in ihrem trüben Gewässer so glücklich wie süße kleine Goldfischlein in ihrer Glaskugel. Mit dem geheimen Stimmrecht hat sich ihnen die parlamentarische Schokoladenseite zugewendet, und jeder neomarxistische Buchhalter hatte die Aussicht, kaiserlicher Hofrat zu werden.

Die Phrasen von der österreichischen Kultur-Mission an der Donau, von der »Ostmark«, von der slawisch-deutschen Symbiose, von der ökonomisch-geographisch einzigartigen Basis zwischen Donau, Alpen und Karpaten, von der agrar-feudalen Grundlage, die man industrialisieren und von Wien aus – als dem natürlichen geographischen Zentrum – lenken soll, von der legendären Ost-West-Straße: Hamburg–Bagdad, und Nord-Süd: Danzig–Triest, die Theorie von Staat und Überstaat, all die zahlreichen Rennerschen leeren Phrasen bildeten die Grundlage für die österreichische sozialistische Politik zur Zeit des Aufschwungs um die Jahrhundertwende, zur Zeit der Annexionskrise, am Vorabend des Weltkrieges und während des Krieges bis 1918. Diese kaiserliche Hofratspolitik befand sich in einer Sackgasse des Nachkriegschaos, als eines Tages dreiundzwanzig Millionen Slawen im Nebel verschwanden und sich so die Lügen von Symbiose, gemeinsamer

Basis und Mission wie Phantome auflösten, und den Sozialisten blieb das Wiener Rathaus als einzige reale Grundlage zur Durchführung marxistischer Politik. Die Angelegenheiten des Rathauses sehr gewissenhaft und human erledigend, sodaß Wien in Fragen der Sozialhilfe, des Gesundheitswesens und kultureller Einrichtungen zu einer modernst ausgerichteten Stadt wurde, hatten diese alten Politisierer aber vergessen, sich um die Kräfteverhältnisse rings um ihr verzaubertes Rathaus zu kümmern. Und während sie feierliche internationale Musikveranstaltungen organisierten, während sie im Gotischen Rathaushof Büchners »Dantons Tod« aufführten, fiel um sie herum eine Festung nach der anderen, und über Tirol und in der Steiermark wurde der Schatten des Urenkels von Wiens Sieger und Befreier aus dem Jahre 1683, Fürst Ernst Rüdiger Starhemberg, immer dunkler. Verzaubert wie Dornröschen, träumte diese Verwaltung ihren wunderschönen Traum, an der Richtigkeit ihrer Hoffnungen selber zweifelnd, aber fortwährend unbeweglich, als fürchte sie, daß sie, aus ihrer Lethargie aufgerüttelt, womöglich mit jener Wirklichkeit konfrontiert werde, die sie seit 1918 fürchtete. Die Wirklichkeit tauchte eines Tages vor diesen klugen Wiener Stadtvätern in Form von Galgen und Kanonen auf. Wie auch 1914, als das sozialdemokratische Konzept angesichts kaiserlicher Galgen und Kanonen einer schlechtgebauten Brücke gleich zusammenbrach. Heute, als es die österreichischen Kanonen durch ihre Beweiskraft ein zweites Mal besiegt hatten, liegt es nun, bezwungen und zur Strecke gebracht, leblos da. Seine Rolle als Hofrat ist ausgespielt. Diesem heute verachteten Armen, Obdachlosen und Hochverräter will weder Habsburg noch Fey noch Starhemberg irgendein Verdienst am Kaiserhaus zuerkennen. Er hörte heute auf, hoffähig zu sein, und es steht ihm keinesfalls Gutes bevor: Hitler ist bereit, sie alle aufzuspießen, Mussolini hat sie wegen der Matteotti-Affäre zum Tode verurteilt, Dollfuß vernichtet sie mit Kanonen, und Felix Salten, Präsident des österreichischen PEN-Clubs, nennt sie verbrecherische Wahnsinnige.

»Es war für uns eine schwere nervliche Zerreißprobe«, schrieb

Salten in der *Neuen Freien Presse* vom 18. Februar 1934 unter dem Titel »Nervenprobe«: »Der Gedanke an die Männer der Exekutive, welche ergeben und heldenhaft ihre Pflicht erfüllten, die in ihrer heldenhaften Bravour die äußerste Grenze der Furchtlosigkeit erreichten.«

In ein fremdes Haus einzubrechen, Frauen und Kinder zu ermorden, mit Kanonen auf Küchen und proletarische Töpfe zu schießen, ganze Vorstädte mit Dynamit in die Luft zu sprengen, und dies alles als »Nervenprobe« und »heldenhafte Bravour« zu bezeichnen, der Präsident des österreichischen PEN-Clubs zu sein und beim Kongreß in Dubrovnik teilzunehmen, dort für die antideutsche Resolution zu stimmen und parallel dazu mit Habsburg und Dollfuß zu kokettieren, Kant zu zitieren und ein Mitarbeiter der *Neuen Freien Presse* zu sein, Felix zu heißen, Semit und Antisemit zugleich zu sein, dies alles in einer Person heißt Felix Austria Salten …

Dieser Dollfußsche Faschingsdienstag endete traurig. Falls sich in achtzig Jahren (2014) wieder einmal jemand in unserer Situation befinden sollte, die Wiener Grafen und Gräfinnen auf den slawischen Bällen unter Kanonendonner und im Schatten der Galgen zu beschreiben, erinnere dieser jemand sich, daß es in Wien vor achtzig Jahren (1934) und vor hundertsechzig Jahren (1848) so war, wie auch vor dreihundertsechsundneunzig Jahren (1618), und daß man in Wien seit Menschengedenken im Schatten von Galgen und unter Kanonendonner tanzt.

BIO-BIBLIOGRAPHISCHE ANGABEN

Von den Herausgebern gewählte Überschriften (bei Auszügen aus umfangreichen Werken) sind mit einem Sternchen versehen. Die Jahreszahl hinter dem Titel verweist auf das Datum der Niederschrift oder Erstveröffentlichung. Irrtümer bei der Datierung von Ereignissen und der Schreibweise von Namen sowie Satzfehler wurden stillschweigend korrigiert. In Fällen, da die Rechteinhaber trotz Recherche nicht ausfindig gemacht werden konnten, bittet der Verlag um Benachrichtigung.

Jean Améry
als Hans Mayer 1912 in Wien geboren. Kindheit in Bad Ischl, Buchhändlerlehre in Wien. 1938 Flucht nach Antwerpen. 1940 Internierungslager Gurs, 1941 Rückkehr nach Belgien, antinazistischer Widerstand in der Österreichischen Freiheitsfront. 1943 Verhaftung, Fort Breendonk, dann Auschwitz, Buchenwald, Bergen Belsen. Nach der Befreiung 1945 Schriftsteller in Brüssel. Gestorben 1978 in Salzburg.

Der unsichtbare Aufstand. Aus: Werke in neun Bänden. Hrsg. Von Irene Heidelberger-Leonard. Band 2: Jenseits von Schuld und Sühne. Unmeisterliche Wanderjahre. Örtlichkeiten. Hrsg. von Gerhard Scheit. Klett-Cotta, Stuttgart 2002.*

Anonym
Einer gegen siebzig (1936). In: Schutzbundkämpfer erzählen vom Februar 1934. Zusammenstellung J. Mirow, Red. H. Fischhof. Verlagsgenossenschaft Ausländischer Arbeiter in der UdSSR, Moskau 1936.

Die darin veröffentlichten Erzählungen entstanden auf der Grundlage stenographisch aufgezeichneter Augenzeugenberichte. Hans Fischhof war das Pseudonym des Wiener Publizisten und Buchhändlers Hans E. Goldschmidt (1908–1984). Jakow Mirow (d. i. Alexander Abromow) war ein sowjetischer Komintern-Funktionär und wurde 1937 wegen behaupteter trotzkistischer Umtriebe hingerichtet.

Erich Barlud (d. i. Lajos Barta)
weiteres Pseudonym: Balla Béla. Geboren 1907 in Kassa/Košice, damals Ungarn. Nach der Niederschlagung der Räterepublik 1919 mit den Eltern nach Wien emigriert. 1929 Mitglied der KPÖ. Bund der proletarisch-revolutionären Schriftsteller Österreichs. Nach Verhaftung 1935 Flucht in die ČSR, 1938 nach Großbritannien, dort Mitglied des Austrian Centre. Ab 1947 Ungarn. Gestorben 1996 in Budapest.
Februar (1934). In: Das Wort (Moskau) 2, Februar 1938.

Ulrich Becher
geboren 1910 in Berlin, studierte Jus in Genf und Berlin. Grafikschüler von George Grosz. 1933 Flucht nach Wien, wo er die österreichische Staatsbürgerschaft annahm, 1938 in die Schweiz, 1941 nach Brasilien. 1944 Übersiedlung nach New York. 1948 Rückkehr nach Österreich, ab 1954 in Basel, wo er 1990 starb.
Für den Galgen gepflegt (1969). Aus: Murmeljagd. Roman. Schöffling & Co Verlagsbuchhandlung GmbH, Frankfurt am Main ²2009.*

Willi Bredel
geboren 1901 in Hamburg. Dreher, Seemann, Taxichauffeur, dann Journalist. Seit 1919 Mitglied der KPD. 1933/34 »Schutzhäftling« im KZ Fuhlsbüttel. 1934 Flucht über Prag nach Moskau, dort Mitherausgeber der Zeitschrift *Das Wort.* 1937/38 in Spanien, Kommissar des Thälmann-Bataillons der XI. Internationalen Brigade. 1939 Rückkehr in die Sowjetunion, ab 1945 in Deutschland, SBZ, DDR. Gestorben 1964 in Berlin.
Jeder denkt: Österreich (1934). Aus: Die Prüfung. Roman. Verlag Philipp Reclam jun., Leipzig 1981.*

Melitta Breznik
geboren 1961 in Kapfenberg. Nach dem Studium der Medizin Chirurgin, Fachärztin für Psychiatrie und Psychotherapie, Leiterin einer Rehaklinik. Lebt in Basel und Zürich.
Kapfenberg August 1934 (2013). Aus: Der Sommer hat lange auf sich warten lassen. Roman. Luchterhand Literaturverlag, München, in der Verlagsgruppe Random House GmbH 2013.

Veza Canetti
als Venetiana Taubner-Calderon 1897 in Wien geboren. Privatlehrerin. Veröffentlichte Erzählungen, u. a. in der *Arbeiter-Zeitung*, unter den Pseudonymen Veza Magd, Veronika Knecht und Martha Murner. 1934 Heirat mit Elias Canetti. Ende 1938 Flucht über Paris nach London, wo sie 1965 starb.

Drei Helden und eine Frau (1934). Aus: Geduld bringt Rosen. Erzählungen, © 1992 Carl Hanser Verlag, München.

Tibor Déry
geboren 1894 in Budapest. Mutter Österreicherin. Kaufmännische Ausbildung. Teilnahme an der Revolution 1918 und an der Räterepublik 1919. Nach deren Niederschlagung Flucht nach Wien. 1926 Rückkehr nach Budapest. Ab Dezember 1933 Wien, konspirative Arbeit in der Roten Hilfe. Teilnahme an den Februarkämpfen 1934. Flucht nach Mallorca, ab 1935 wieder in Ungarn. Unter dem Horthy-Regime eingesperrt. Nach dem Aufstand 1956 zu neun Jahren Haft verurteilt, 1960 begnadigt. Gestorben 1977 in Budapest.

Evi aus Budapest (1934–1938). Aus: Der unvollendete Satz. Aus dem Ungarischen von Ita Szent-Iványy und Resi Flierl. Band 1, Verlag Volk und Welt, Berlin 1954.*

Ilja Ehrenburg
geboren 1891 in Kiew. Ab 1895 Moskau. Als Gymnasiast acht Monate Haft wegen revolutionärer Aktivitäten. 1909 Emigration nach Paris. 1915 Kriegsberichterstatter. 1917 Rückkehr nach Rußland. 1921–1941 Korrespondent sowjetischer Zeitungen in Deutschland, Österreich, Frankreich sowie im Spanischen Bürgerkrieg. Während des Zweiten Weltkriegs Frontkorrespondent der Roten Armee. Mit Wassili Grossman Dokumentation des nazideutschen Völkermords an den sowjetischen Juden. Gestorben 1967 in Moskau.

Der Bürgerkrieg in Österreich (1934). In: Neue Deutsche Blätter (Prag) 7, März 1934.

Reinhard Federmann
geboren 1923 in Wien. Nach der Matura 1942 Einberufung zur Deutschen Wehrmacht. 1945 Rückkehr aus sowjetischer Kriegsgefangenschaft und Beginn eines Jusstudiums. Ab 1947 freier Schriftsteller,

Journalist und Übersetzer. Arbeitsgemeinschaft mit dem Schriftstellerfreund Milo Dor. 1972–1975 Herausgeber der Zeitschrift *Die Pestsäule*. Gestorben 1976 in Wien.

Voll Wunden (1959). Aus: Das Himmelreich der Lügner. Roman. Picus Verlag, Wien 1993.*

Walter Fischer
geboren 1901 in St. Pölten. Kindheit und Jugend in Graz, Studium der Medizin. 1920 Mitglied der SDAP und der Sozialistischen Jungfront. Praktischer Arzt in Favoriten. An den Februarkämpfen am Laaerberg beteiligt. Nach der Entlassung aus Wöllersdorf Exil in Moskau und der Wolgadeutschen Republik, ab November 1936 in Spanien im Sanitätsdienst der Internationalen Brigaden. 1940–1945 Redakteur und Sprecher der österreichischen Sendung von Radio Moskau. Rückkehr nach Wien. Mitglied des ZK der KPÖ. 1972 Parteiaustritt. Gestorben 1978 in Wien.

Wöllersdorf (1969). Aus: Kurze Geschichten aus einem langen Leben. Persona Verlag, Mannheim 1986. © persona verlag Lisette Buchholz 1986.

Martha Florian (d. i. Friederike Manner)
geboren 1904 in Wien. 1939 Emigration über die Schweiz nach Jugoslawien. Gedichte, Essays und Erzählungen in Schweizer Zeitschriften, nach ihrer Rückkehr aus dem Exil 1945 auch in Österreich. Journalistin, Lektorin und Rezensentin, u. a. für die Periodika *ÖGB Bildungsfunktionär* und *Buch und Büchereien*. Gestorben 1956 in Wien.

Es schießt (1948). Aus: Die dunklen Jahre. Roman. Wiener Verlag, Wien 1948.*

Oskar Maria Graf
geboren 1894 in Berg am Starnberger See. Bäcker. 1915–1917 wegen Kriegsdienstverweigerung im Irrenhaus. Teilnahme an der Münchner Novemberrevolution. 1933 Exil in Wien. 1934–1938 ČSR, in Prag Mitherausgeber der *Neuen Deutschen Blätter*. 1938 Flucht in die USA. Mitbegründer des Aurora-Verlags. Gestorben 1967 in New York.

Die Flucht nach Uhorská Ves (1936). Aus: Der Abgrund. Roman. List Verlag, München 1994.*

John Gunther
geboren 1901 in Chicago. Bachelor of Philosophy der Universität Chica-

go. 1924–1936 Korrespondent der *Chicago Daily News* in London, Berlin, Wien, Moskau, Rom und Paris. 1942–1945 Kriegsberichterstatter in Europa. Massenerfolg mit einer Reihe von »Inside …«-Büchern, über die Lebensumstände und politischen Veränderungen auf allen Erdteilen. Gestorben 1970 in New York.

Die Barrikaden (1964). Aus: Die verlorene Stadt. Roman. Aus dem amerikanischen Englisch von Sibylle Reich. Verlag Fritz Molden, Wien 1964.*

Michael Guttenbrunner
geboren 1919 in Althofen (Kärnten). Maurergehilfe, Roßknecht. 1935 wegen illegaler Propaganda für die Revolutionären Sozialisten sechs Monate Arrest. 1937 Graphische Lehr- und Versuchsanstalt in Wien. 1938 drei Monate »Schutzhaft«. Einberufung zur Deutschen Wehrmacht, ab Oktober 1944 strafweise in der SS-Sondereinheit Dirlewanger. Nach Kriegsende Klagenfurt, dann Wien. 1966–1978 Herausgeber der Zeitschrift *Das Ziegeneuter*. Gestorben 2004 in Wien.

Beim Pflügen auf einem Acker (1994). Aus: Im Machtgehege II. Rimbaud Verlag, Aachen 1994.*

Erich Hackl
geboren 1954 in Steyr. Nach dem Studium der Germanistik und Hispanistik Lektor und Lehrer. Seit 1983 Schriftsteller und Übersetzer in Wien und Madrid.

Kleine Stadt der Arbeitslosen (1984). Aus: In fester Umarmung. Geschichten und Berichte. Diogenes Verlag AG, Zürich 1996.

Alfred Hirschenberger
geboren 1919 in Wien. Ausbildung zum Werkzeugmacher, Werkmeister, dreijährige Abendschule am Technischen Gewerbemuseum. 1939 zur Deutschen Wehrmacht eingezogen, ab Frühjahr 1944 in sowjetischer Kriegsgefangenschaft. Im Herbst 1945 Rückkehr nach Wien. Betriebsleiter einer Metallwarenfabrik. Lebt in seiner Geburtsstadt.

Um eine Hoffnung ärmer (1982). Aus: Spiegelung. Geschichten und Erzählungen. Uhlen Verlag, Wien 1983.

Franz Höllering
geboren 1896 in Baden bei Wien. Nach Kriegsdienst Jusstudium in Berlin. Filmkritiker und Zeitungsherausgeber. 1925–1928 Redakteur

der *Arbeiter-Illustrierte-Zeitung*, anschließend der *B.Z. am Mittag*. Ende 1931 aus politischen Gründen entlassen. 1933 Exil in Prag, dort Gründer und Chefredakteur des *Prager Mittag*. 1938 Flucht nach New York. Im Zweiten Weltkrieg Leiter der New Yorker Übersee-Abteilung im Office of War Information. Drehbuchautor und Übersetzer. Kurz nach seiner Übersiedlung in die BRD 1968 in München gestorben.

Schnellzug nach Wien und Zum ersten Mal ein Gewehr* (1940). Aus: Die Verteidiger. Roman. Europa-Verlag, Wien-Zürich-New York 1947. (1941 unter dem Titel »The Defenders« in den USA erschienen.)*

Franz Kain
geboren 1922 in Goisern (Oberösterreich). Abgebrochene Zimmermannslehre, Arbeit als Holzknecht. Mitglied des Kommunistischen Jugendverbands. 1936 erste Verhaftung wegen Verbreitung illegaler Flugblätter. 1942 wegen Vorbereitung zum Hochverrat zu drei Jahren Zuchthaus verurteilt und zur Strafdivision 999 eingezogen. 1943–1946 in US-amerikanischer Kriegsgefangenschaft. Nach der Entlassung Journalist in Linz. 1953–1956 Berlin-Korrespondent der *Österreichischen Volksstimme*. 1957–1982 Chefredakteur der *Neuen Zeit*, 1977–1986 KPÖ-Gemeinderat in Linz. Gestorben 1997 in Linz.

Begegnung in Holzleithen und Der Steinwurf (1958). Aus: Die Lawine. Erzählungen. Verlag »Bibliothek der Provinz«, A-3970 Weitra 1994.

Revolutionsferientage (1974). Aus: Der Weg zum Ödensee. Erzählungen. Verlag »Bibliothek der Provinz«, A-3970 Weitra 1996.

Kurt Kläber
geboren 1897 in Jena. Schlosserlehre. 1914–1918 Soldat, dann Mitglied des Spartakusbundes und der KPD, Bergarbeiter im Ruhrgebiet und Leiter der Arbeiterhochschule Bochum. 1924 Heirat mit der Kinderbuchautorin Lisa Tetzner. Mitbegründer des Bundes Proletarisch-Revolutionärer Schriftsteller Deutschlands. 1929–1933 Redakteur der *Linkskurve*. 1933 inhaftiert, nach seiner Freilassung Flucht in die Sowjetunion. Sozialkritische Jugendbücher unter dem Pseudonym Kurt Held. 1948 Schweizer Staatsbürger. Gestorben 1959 in Carona (Tessin).

Karl (1935). In: Deutschsprachige Erzählungen 1900–1945. Bd. III: 1933–1945 »Ruhe auf der Flucht«. Hrsg. von Wulf Kirsten und Konrad Paul. Aufbau Verlag, Berlin 1981. © Verlag Sauerländer, Aarau.

Rudolf Jeremias Kreutz
als Rudolf Kříž 1876 in Rozdalowitz (Böhmen) geboren. Kadettenschule in Wien. Ab 1894 Berufssoldat. Im Ersten Weltkrieg in russischer Kriegsgefangenschaft. 1918 Ausscheiden aus dem Militärdienst. Pazifist, aktiv in der Friedensbewegung von Henri Barbusse. 1933 Verfasser einer Resolution des Österreichischen PEN-Clubs gegen »die geistige Unterdrückung des Individuums« in Nazideutschland. 1935 Verbot seiner »sämtlichen Schriften« in Deutschland. Nach der Annexion Österreichs Berufsverbot. Ab 1946 leitender Feuilletonredakteur der Zeitung *Die Presse*. Gestorben 1949 in Grundlsee (Steiermark).

Immer im Traum (1940–43). Aus: Ich war ein Österreicher. Roman. Amandus Verlag, Wien 1959.*

Miroslav Krleža
geboren 1893 in Agram/Zagreb. 1908–1913 Kadettenschule in Pécs und Militärakademie in Budapest. Nach dem gescheiterten Versuch, in die serbische Armee einzutreten, 1915/16 Kriegseinsatz auf seiten der Österreichisch-Ungarischen Streitkräfte. 1919 Mitglied der Kommunistischen Partei Jugoslawiens. Freundschaft mit Josip Broz Tito. Herausgeber mehrerer Zeitschriften, u. a. *Danas* (1934) und *Pečat* (1939–1940). 1939 Parteiausschluß wegen Kritik an stalinistischen Praktiken. 1941 kurze Zeit in Gestapohaft. 1950 Direktor des Jugoslawischen Lexikographischen Instituts. Gestorben 1981 in Zagreb.

Wiener Variationen (1934). Aus dem Serbo-Kroatischen von Irena Jandroković. In: Literatur und Kritik 255/256, Juli 1991.

Franz Leschanz
geboren 1904 in Linz. Ab 14 Jahren Kellner. Nebenher Studium der Bildhauerei. 1924 Mitglied der SDAP und des Schutzbundes. 1929 arbeitslos, 1933 Magazineur. Schwiegersohn von Richard Bernaschek, dem Schutzbundführer Oberösterreichs. Bei den Kämpfen im Hotel Schiff verhaftet. Vor der Gerichtsverhandlung Flucht in die ČSR und weiter in die Sowjetunion. Mitglied der KPÖ. 1936 Aberkennung der österreichischen Staatsbürgerschaft. Arbeit im Verlagshaus der Zeitung *Izwestija* und im Betrieb Mosgorodformlenje. Im April 1938 Verhaftung durch den NKWD und wegen behaupteter konterrevolutionär-faschistischer Aktivitäten zum Tod durch Erschießen verurteilt. Am 2. August desselben Jahres in Butowo bei Moskau hingerichtet.

Die ersten Schüsse in Linz (1936). In: Schutzbundkämpfer erzählen vom Februar 1934. Verlagsgenossenschaft Ausländischer Arbeiter in der UdSSR, Moskau 1936.

Naomi Mitchison
als Naomi Haldane 1897 in Edinburgh geboren. Studium an der Universität Oxford. Hilfsschwester im Ersten Weltkrieg. 1916 Heirat mit dem späteren Labour-Party-Abgeordneten Gilbert Mitchison. Mitglied der Fabian Society und der Labour Party. Nach den Februarkämpfen 1934 in Wien, um die Angehörigen von eingesperrten oder gefallenen Schutzbündlern zu unterstützen. Gestorben 1999 in Carradale, Schottland.

Wien, 27. Februar 1934, Nachmittag (1934). Aus dem Englischen von Hans Raimund. Aus: Vienna Diary. Victor Gollancz, London 1934, Nachdruck: Kennedy & Boyd 2009. © The Estate of Naomi Mitchison mit Erlaubnis von Kennedy & Boyd.

Kurt Neumann
geboren 1902 in Judenburg. Studium des Welthandels und der Staatswissenschaften in Leipzig, Wien und Graz. Mitglied der Sozialistischen Jungfront und Redakteur der Zeitung *Arbeiterwille* in Graz. Nach dem Februar 1934 in Haft. Übertritt zur KPÖ. Mitherausgeber der illegalen *Roten Fahne*. In Paris aktiv im Weltkomitee gegen Krieg und Faschismus. 1937 Rückkehr nach Österreich, Initiative zur Gründung einer antinazistischen Zeitung. Im März 1938 Flucht in die ČSR und weiter nach Frankreich. Emigration in die USA, in Hollywood als Journalist, Schauspieler und Manager eines Tanzensembles tätig. Gestorben 1984 in Canoga Park, Kalifornien.

Der Waffenkeller (1939/40). Aus: Gefangen zwischen zwei Kriegen. Roman. Hrsg. von Heimo Halbrainer und Christian Teissl. Clio, Graz 2012.*

Robert Neumann
geboren 1897 in Wien. Studium der Medizin, Chemie, Germanistik. 1923–1925 Leiter einer Lebensmittel-Importfirma. Ab 1927 freier Schriftsteller. Nach dem Februar 1934 Emigration nach London. Drehbücher und Romane in englischer Sprache. 1938 Gründer des Österreichischen PEN-Clubs im Exil. Mitarbeiter des *Zeitspiegel*, der Zeitschrift des Austrian Centre. 1941–1945 Mitarbeiter der BBC. 1957

britischer Staatsbürger. Ab 1959 Locarno. 1970 Vizepräsident des Internationalen PEN. Gestorben 1975 in München.

Lewy oder Die Romantik (1939). Aus: An den Wassern von Babylon. Treibgut. Romane. Verlag Kurt Desch, Wien u. a. 1960.

Margarete Petrides
geboren 1901 in Wien. Schneiderin. Mitglied der SDAP und der Vereinigung sozialistischer Schriftsteller. Nach dem Februar 1934 wegen illegaler kommunistischer Betätigung mehrmals in Haft. Nach der Befreiung 1945 Funktionärin der KPÖ. Gestorben 1973 in Wien.

Zwei Schwestern (1947). Aus: Hedwig Zadinek. Roman einer Wiener Arbeiterin. Globus Verlag, Wien 1947.*

Margarete Rainer (d. i. Gerda Lerner)
als Gerda Kronstein 1920 in Wien geboren. Nach der Okkupation Österreichs in Geiselhaft für ihren geflohenen Vater, nach Freilassung Flucht nach Frankreich. Ab 1939 New York, Arbeit als Röntgenassistentin. Mit ihrem zweiten Mann, dem Filmcutter Carl Lerner, Übersiedlung nach Hollywood. Bis 1956 Mitglied der KP der USA. 1959–1966 Studium der Geschichte in New York. Lehrte und erforschte Frauengeschichte an der Universität von Wisconsin. Gestorben 2013 in Madison, Wisconsin.

Vaters Geburtstag (1951). Aus: Es gibt keinen Abschied. Ein Wiener Roman. Aus dem amerikanischen Englisch von Edith Rosenstrauch. Globus Verlag, Wien 1953. (Im Original unter dem Titel »No farewell« 1955 in New York erschienen.)*

Otto Roland
als Otto Lechle 1904 in Wien geboren. Anfang der zwanziger Jahre erstes Engagement am Lustspielhaus im Prater, dann Schauspieler, später auch Regisseur und Oberspielleiter am Dramatischen Theater in Berlin, am Deutschen Nationaltheater in Weimar, an der Berliner Volksbühne, am Deutschen Theater in Lille und nach Kriegsende am Staatstheater Schwerin, am Deutschen Theater in Berlin, von 1962 bis 1978 an den Städtischen Bühnen Leipzig. Gestorben 1984 in Leipzig.

Aschermittwoch. Aus: Nacht über Österreich. Roman. Verlag der Nation, Berlin 1982.*

Anna Seghers
als Netty Reiling 1900 in Mainz geboren. Nach dem Studium der Kunstgeschichte freie Schriftstellerin in Berlin. 1928 Mitglied der KPD. 1933 Exil in Paris, im März 1941 Flucht von Marseille nach Mexiko. 1947 Rückkehr nach Berlin. 1952 Präsidentin des Schriftstellerverbandes der DDR. Gestorben 1983 in Berlin.

Zopfband (1935). Aus: Der Weg durch den Februar. Roman. Sammlung Luchterhand, Neuwied-Darmstadt. © Aufbau Verlag GmbH & Co. KG, Berlin 1997*

Der letzte Weg des Koloman Wallisch (1934). Aus: Gesammelte Werke in Einzelausgaben. Band 9. Erzählungen 1926–1944. © Aufbau Verlag GmbH & Co. KG, Berlin 1977. Dieser Band erschien 1977 im Aufbau Verlag GmbH & Co. KG-Verlag; Aufbau ist eine Marke der Aufbau Verlag GmbH und Co. KG.

Jura Soyfer
als Juri Soyfer 1912 in Charkow geboren. 1920 Flucht mit der Familie nach Wien. Studium der Germanistik und Geschichte. Ab Anfang der dreißiger Jahre Gedichte und Reportagen in der *Arbeiter-Zeitung*. Autor für das Politische Kabarett der SDAP sowie die Kleinkunstbühnen ABC im Regenbogen und Literatur am Naschmarkt. Nach dem Februar 1934 Mitarbeit bei der KPÖ. Im März 1938 beim Versuch, in die Schweiz zu flüchten, verhaftet. Im Juni 1938 Überstellung in das KZ Dachau, im September 1938 Verlegung nach Buchenwald. Kommando Leichenträger. Gestorben im Februar 1939.

Waffensuche (1934). Aus: So starb eine Partei. In: Das Gesamtwerk. Hrsg. von Horst Jarka. Europaverlag, Wien u. a. 1980. [Die in eckigen Klammern stehenden Passagen sind nur in der englischen Übersetzung von John Lehmann erhalten geblieben und wurden von Horst Jarka ins Deutsche rückübersetzt.]

Franz Taucher
geboren 1909 in Eggenberg bei Graz. Maurer- und Tischlerlehre. Hilfsarbeiter. Mitglied der Sozialistischen Arbeiter-Jugend. 1935 Assistent im Grazer Volkskundemuseum. 1940–1943 Feuilletonredakteur der *Frankfurter Zeitung*. Zwangsverpflichtung zum *Völkischen Beobachter* in Wien. Gestapohaft, Einberufung zur Deutschen Wehrmacht, Desertion. Nach der Befreiung 1945 Mitglied im Verband demokratischer Schrift-

steller und Journalisten Österreichs. Chefredakteur der *Wiener Bühne*, Mitglied der Programmdirektion des ORF. Gestorben 1990 in Wien.

Neugier und Schrecken (1973). Aus: Schattenreise. Von Landsleuten und anderen Menschen. Europaverlag, Wien 1973.*

Josef Toch

geboren 1908 in Wien. Kaufmännischer Angestellter. 1929 Auswanderung nach Palästina. Kibbuz. 1932 Rückkehr nach Wien. KPÖ. Nach dem Februar 1934 vier Monate Wöllersdorf. Im Oktober 1936 nach Spanien. XI. Internationale Brigade, Ski-Bataillon und Panzereinheit. 1938 Evakuierung nach Frankreich. Emigration nach England. 1947 Rückkehr nach Wien. Journalist und Schriftsteller. 1957 Parteiausschluß. 1959 Beitritt zur SPÖ und zum Bund Sozialistischer Akademiker. Lebte ab 1973 abwechselnd in Österreich und Israel. Gestorben 1983 in Wien.

Der steinerne Gast. In: Literatur und Kritik 173/174, April/Mai 1983.

Alois Vogel

geboren 1922 in Wien. Feinmechanikerlehre. Einberufung zur Deutschen Wehrmacht. Nach Rückkehr aus Kriegsgefangenschaft 1945 Studium der Malerei an der Akademie der bildenden Künste. Diverse Brotberufe. Ab 1960 freier Schriftsteller und Herausgeber mehrerer Literaturzeitschriften und Lyrikreihen. Gestorben 2005 in Pulkau (Niederösterreich).

Alles vergessen (1976). Aus: Schlagschatten. Roman. Verlag Kremayr & Scheriau, Wien 1977.*

Prežihov Voranc

als Lovro Kuhar 1893 in Köttlach/Kotlje (Kärnten, heute Slowenien) geboren. Forstarbeiter. 1914 Einberufung zum Militär, 1916 Desertion. 1919 Mitglied der KP Jugoslawiens. 1930 Verfolgung durch die Militärdiktatur und Flucht nach Österreich. Nach den Februarkämpfen 1934 einige Monate lang eingesperrt. 1937 Paris, 1939 illegale Rückkehr nach Jugoslawien. Ab 1941 Mitglied der Slowenischen Befreiungsfront und leitender Redakteur ihres Senders Radio Kričač. 1943 Verhaftung. KZ Sachsenhausen, dann Mauthausen. Nach der Befreiung 1945 Rückkehr nach Jugoslawien. Gestorben 1950 in Maribor.

Punt heißt Aufstand (1946). Aus dem Slowenischen von Erwin Köstler.*

Aus: Lovro Kuhar – Prežihov Voranc, Dunja. In: Zbrano delo. Band 9. Hrsg. von Drago Druškovič. Državna založba Slovenije, Ljubljana 1973.

Karl Wiesinger
geboren 1923 in Linz. Ausbildung zum Dentisten. 1941 Einberufung zur Deutschen Wehrmacht, wegen Widerstandshandlungen Verhaftung, in der Haft zog er sich ein schweres Lungenleiden zu. Ab 1945 Mitglied der KPÖ und journalistische Tätigkeit für die *Neue Zeit.* 1958–1960 Dentist, dann freier Schriftsteller in Linz, wo er 1991 gestorben ist.
Bulgari (1973). In: Wespennest 13, Dezember 1973.